Migrantenjugendliche zwischen Schule und Beruf

Can M. Aybek

Migrantenjugendliche zwischen Schule und Beruf

Individuelle Übergänge und kommunale
Strukturen der Ausbildungsförderung

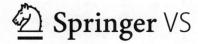

Can M. Aybek
FLSHASE
Université du Luxembourg

Universität Bremen, Dissertation, 2009

ISBN 978-3-531-16762-6 ISBN 978-3-531-92077-1 (eBook)
DOI 10.1007/978-3-531-92077-1

Die Deutsche Nationalbibliothek verzeichnet diese Publikation in der Deutschen Nationalbibliografie; detaillierte bibliografische Daten sind im Internet über http://dnb.d-nb.de abrufbar.

Springer VS
© Springer Fachmedien Wiesbaden 2014
Das Werk einschließlich aller seiner Teile ist urheberrechtlich geschützt. Jede Verwertung, die nicht ausdrücklich vom Urheberrechtsgesetz zugelassen ist, bedarf der vorherigen Zustimmung des Verlags. Das gilt insbesondere für Vervielfältigungen, Bearbeitungen, Übersetzungen, Mikroverfilmungen und die Einspeicherung und Verarbeitung in elektronischen Systemen.

Die Wiedergabe von Gebrauchsnamen, Handelsnamen, Warenbezeichnungen usw. in diesem Werk berechtigt auch ohne besondere Kennzeichnung nicht zu der Annahme, dass solche Namen im Sinne der Warenzeichen- und Markenschutz-Gesetzgebung als frei zu betrachten wären und daher von jedermann benutzt werden dürften.

Gedruckt auf säurefreiem und chlorfrei gebleichtem Papier

Springer VS ist eine Marke von Springer DE. Springer DE ist Teil der Fachverlagsgruppe Springer Science+Business Media.
www.springer-vs.de

Danksagung

Bei der vorliegenden Studie handelt es sich um die überarbeitete Fassung meiner Dissertation, die im Jahr 2009 von der Universität Bremen zur Erlangung der Doktorwürde angenommen wurde. Sie ist durch die Unterstützung von zahlreichen Personen und Institutionen mit ermöglicht worden, für die ich mich an dieser Stelle bedanken möchte.

Mein Dank gilt an allererster Stelle den beiden Hauptbetreuern dieser Arbeit an der Universität Bremen und meiner externen dritten Betreuerin: Prof. Dr. Johannes Huinink, Prof. Dr. Walther R. Heinz und Prof. Dr. Sigrid Baringhorst (Universität Siegen). Sie haben mich auf dem Weg zur Promotion stets ermutigt und unterstützt und die Arbeit mit zahlreichen Anregungen, weiterführenden Hinweisen und kritischen Kommentaren begleitet.

Zugleich gilt mein Dank der Bremen International Graduate School of Social Sciences, der ich sowohl mein Doktorandenstipendium als auch ein äußerst anregendes Forschungsumfeld und zahlreiche Freundschaften während der Promotionsphase verdanke.

Ebenso danke ich herzlich Prof. Dr. Michael Windzio, von dessen profunden methodischen Kenntnissen ich sehr profitiert habe. Seine Anregungen und Hinweise haben mir bei einigen Teilen dieser Arbeit sehr geholfen.

Einen besonderen Dank möchte ich außerdem dem Bundesinstitut für Berufsbildung, namentlich Dr. Joachim Gerd Ulrich und Michael Friedrich, für die Bereitstellung des hier verwendeten quantitativen Datensatzes aussprechen.

Mein Dank geht auch an alle Gesprächspartner, die im Bereich der kommunalen Berufsbildungs- und Integrationspolitik in Frankfurt am Main und München tätig waren bzw. sind und sich zu ausführlichen Gesprächen über ihre Erfahrungen und Sichtweisen in den jeweiligen Tätigkeitsfeldern bereit erklärt haben.

Herzlichst gedankt sei auch meinen langjährigen Freunden und Unterstützern Ferdinand Mauck, Gaby Straßburger und Hasan Cobdak, die verschiedene Teile und Fassungen des Manuskripts gelesen und mir wertvolle Hinweise und Anregungen gegeben haben.

Für die verbliebenen Mängel bin selbstverständlich ich allein verantwortlich.

Schließlich möchte ich mich bei meinen Eltern Suna und Saffet Malatacık bedanken, die sich während ihrer Tätigkeit als Lehrer in der Bundesrepublik Deutschland stets für eine bessere Bildung von Kindern und Jugendlichen aus Zuwandererfamilien eingesetzt haben. Ihnen soll diese Arbeit gewidmet sein.

Walferdange, September 2013   Can Aybek

Inhaltsverzeichnis

Danksagung..5

Abbildungsverzeichnis..11

Tabellenverzeichnis...15

1 Einleitung **17**

2 Migration, Lebenslauf und der Übergang von der Schule in die Ausbildung:
theoretische Einleitung und Erklärungsmodell **21**
2.1 Migration und Integration im Kontext des Lebenslaufs.....................22
2.2 Ethnische Ungleichheit und der Einfluss
des institutionellen Umfelds 23
2.3 Übergangsprozesse im europäischen Vergleich.................................24
2.4 Der Einfluss des Wohlfahrtsstaats auf den Lebenslauf......................26
2.5 Übergangsregime als Konzept des
wohlfahrtsstaatlichen Vergleichs 28
2.6 Kritische Reflexion der Ansätze zur Erklärung von Übergangsprozessen 34
2.7 Der Übergang Schule-Ausbildung als Mehrebenenprozess 35

3 Fragestellung, Design und Methoden der Untersuchung **39**

4 Quantitative Analyse des Übergangs von der Schule in
die Ausbildung bei schulisch niedrig qualifizierten Jugendlichen...........**43**
4.1 Überblick über die empirische Forschung..44
4.2 Die Datengrundlage: Design der Datenerhebung und
Merkmale des Datensatzes..57
4.3 Datenaufbereitung für die anschließende Analyse.............................60
4.4 Deskriptiva..61
4.5 Statusverteilungen von Hauptschulabsolventen auf
verschiedene Stationen im Übergangsprozess.....................................69
4.6 Kaplan-Meier-Verfahren: Übergangsfunktionen
der Jugendlichen in eine berufliche Ausbildung.................................78
4.7 PCE-Modell: der Einfluss individueller Merkmale
auf den Übergangsprozess 85
4.8 Zusammenfassung der wesentlichen Ergebnisse................................92

8 Inhaltsverzeichnis

5 Integrations- und Berufsbildungspolitik auf kommunaler Ebene **95**

5.1   Das methodische Vorgehen 95

     5.1.1   Fragestellung der qualitativen Fallstudien 95

     5.1.2   Fallauswahl 96

     5.1.3   Dokumentenanalysen 98

     5.1.4   Experteninterviews 99

          5.1.4.1 Sampling-Strategie 99

          5.1.4.2 Durchführung, Transkription und
Aufbereitung der Interviews 100

          5.1.4.3 Überblick zu Interviewpartnern 101

     5.1.5   Vorgehensweise bei der Datenanalyse und Ergebnisdarstellung 101

     5.1.6   Aufbau der Ergebnispräsentation 102

5.2   Demografische und wirtschaftliche Rahmenbedingungen
in den untersuchten Kommunen 103

     5.2.1   München 104

     5.2.2   Frankfurt a. M. 108

5.3   Die institutionelle Ausgestaltung der Integrationspolitik in
München und Frankfurt a. M. 113

     5.3.1   München: Integrationspolitik nach dem Neuen Steuerungsmodell 113

     5.3.2   Frankfurt a. M.: Integrationspolitik ausgehend
vom Amt für multikulturelle Angelegenheiten 119

5.4   Die institutionelle Ausgestaltung der Berufsbildungspolitik 124

     5.4.1   Der Arbeitskreis „Jugend, Bildung, Beruf" in München 125

     5.4.2   Das Netzwerk „Jugend und Arbeit" in Frankfurt a. M. 131

     5.4.3   Zwischenfazit 136

5.5   Kommunale Entscheidungsträger und
ihre Situationswahrnehmung 137

     5.5.1   Einschätzung des Ausbildungsmarkts 137

     5.5.2   Non scholae, sed vitae –
Kritik an der Realitätsferne der Schule 139

     5.5.3   Defizitorientierte Sicht auf die Jugendlichen
und ihre Eltern 141

     5.5.4   Zwischenfazit 143

5.6   Implementation der Integrations- und Berufsbildungspolitik
aus der Sicht von kommunalen Entscheidungsträgern und Praktikern 143

     5.6.1   Implementationsstrategien aus der Sicht der Entscheidungsträger 144

          5.6.1.1 Herstellen von Nähe zu Betrieb und Praxis 144

          5.6.1.2 Neue Konkurrenz? Anwerbung von
Auszubildenden nach München 148

          5.6.1.3 Die Verantwortung und Gestaltungsmacht
der Kommune 150

     5.6.2   Implementationsstrategien aus der Sicht der Praktiker 151

          5.6.2.1 Kooperation mit Schulen 152

          5.6.2.2 Elternarbeit in Kooperation mit Schulen und
Migrantenorganisationen 153

Inhaltsverzeichnis

5.6.2.3 Mobilisierung von Unternehmern mit Migrationshintergrund – eine besondere Form der Lehrstellenakquise 155

5.6.2.4 Außerschulische Bildungs- und Projektarbeit sowie Zertifizierung 156

5.6.2.5 Betriebspraktika als zentrale Form der Unterstützung 158

5.6.3 Künftige (zusätzliche) Handlungsprioritäten aus Sicht der Entscheidungsträger und aus Sicht der Praktiker 160

5.6.3.1 Das Bedürfnis der Entscheidungsträger nach Transparenz, Controlling und Evaluation 160

5.6.3.2 Die Forderung der Praktiker nach Erhalt und Pflege des lokalen Wissens 163

5.7 Kommunalpolitik vor dem Hintergrund des neuen Steuerungsmodells 166

6 Zusammenfassung der zentralen Ergebnisse und Ausblick 171

Literaturverzeichnis 175

Abbildungsverzeichnis

Abbildung 2-1: Die Institutionalisierung des Lebenslaufs durch den Wohlfahrtsstaat 27

Abbildung 2-2: Mehrebenen-Erklärungsmodell 36

Abbildung 3-1: Forschungsdesign 41

Abbildung 4-1: Höhe des Ausbildungsplatzangebots und Anzahl der sozialversicherungspflichtig Beschäftigten im Zeitverlauf (1992-2006) 45

Abbildung 4-2: Angebot und Nachfrage auf dem Ausbildungsmarkt (1992-2007) 46

Abbildung 4-3: Einmündungsquote in betriebliche Ausbildung 47

Abbildung 4-4: Entwicklung des Ausbildungsstellenangebots im Dienstleistungs- und Fertigungsbereich (1994-2006) 48

Abbildung 4-5: Relative Entwicklung des Ausbildungsstellenangebots seit 1994 in drei Wirtschaftsbereichen 49

Abbildung 4-6: Verteilung der Neuzugänge auf die Bereiche des Übergangssystems (1995; 2000 bis 2004) 51

Abbildung 4-7: Verteilung der Jugendlichen auf die Bereiche des Ausbildungssystems (in % der Neuzugänge pro Jahr) 52

Abbildung 4-8: Beteiligungsquote von ausländischen und deutschen Jugendlichen an der dualen Ausbildung 1993-2004 nach Geschlecht 53

Abbildung 4-9: Ausländische Jugendliche in den Bereichen des Ausbildungssystems in ausgewählten Bundesländern (2004) 54

Abbildung 4-10: Wahrscheinlichkeit des erfolgreichen Übergangs von Lehrstellensuchenden in die duale Ausbildung (in %) 56

Abbildung 4-11: Niedrig qualifizierte Personen ohne Migrationshintergrund, die einen Ausbildungsplatz suchten, nach Schulabschlussarten (gewichtete Anteile in %) 66

Abbildung 4-12: Niedrig qualifizierte Personen mit Migrationshintergrund, die einen Ausbildungsplatz suchten, nach Schulabschlussarten (gewichtete Anteile in %) 66

Abbildung 4-13:	Statusverteilungen junger Menschen mit max. Hauptschulabschluss (mit/ohne Migrationshintergrund ab dem 15. Lebensjahr)	71
Abbildung 4-14:	Statusverteilungen junger Menschen mit max. Hauptschulabschluss (ohne Migrationshintergrund und ab dem 15. Lebensjahr)	72
Abbildung 4-15:	Statusverteilungen junger Männer mit max. Hauptschulabschluss (ohne Migrationshintergrund und ab dem 15. Lebensjahr)	73
Abbildung 4-16:	Statusverteilungen junger Frauen mit max. Hauptschulabschluss (ohne Migrationshintergrund und ab dem 15. Lebensjahr)	74
Abbildung 4-17:	Statusverteilungen junger Menschen mit max. Hauptschulabschluss (mit Migrationshintergrund und ab dem 15. Lebensjahr)	75
Abbildung 4-18:	Statusverteilungen junger Männer mit max. Hauptschulabschluss (mit Migrationshintergrund und ab dem 15. Lebensjahr)	76
Abbildung 4-19:	Statusverteilungen junger Frauen mit max. Hauptschulabschluss (mit Migrationshintergrund und ab dem 15. Lebensjahr)	77
Abbildung 4-20:	Kaplan-Meier-Übergangsfunktion für Jugendliche mit maximal Hauptschulabschluss als ersten Schulabschluss ab Beginn der Ausbildungssuche (mit/ohne Migrationshintergrund) (gewichtete Daten)	80
Abbildung 4-21:	Kaplan-Meier-Übergangsfunktion für Jugendliche mit maximal Hauptschulabschluss als ersten Schulabschluss ab Beginn der Ausbildungssuche (ohne Migrationshintergrund)	81
Abbildung 4-22:	Kaplan-Meier-Übergangsfunktion für Jugendliche mit maximal Hauptschulabschluss als ersten Schulabschluss ab Beginn der Ausbildungssuche (mit Migrationshintergrund)	82
Abbildung 4-23:	Kaplan-Meier-Übergangsfunktion für junge Männer mit maximal Hauptschulabschluss als ersten Schulabschluss ab Beginn der Ausbildungssuche (mit/ohne Migrationshintergrund)	83
Abbildung 4-24:	Kaplan-Meier-Übergangsfunktion für junge Frauen mit maximal Hauptschulabschluss als ersten Schulabschluss ab Beginn der Ausbildungssuche (mit/ohne Migrationshintergrund)	84

Abbildungsverzeichnis

Abbildung 5-1:   Fallauswahl...97

Abbildung 5-2:   Deutsche und ausländische Bevölkerung in
München nach Altersgruppen (in %) 106

Abbildung 5-3:   Einwohnerinnen und Einwohner mit Hauptwohnung in
Frankfurt a.M. am 31. Dezember 2005 nach Altersgruppen,
Staatsangehörigkeit und Migrationshinweis 112

Abbildung 5-4:   Institutionelle Struktur der Integrationspolitik
in München (Stand: Januar 2008) 118

Abbildung 5-5:   Institutionelle Struktur in Frankfurt a.M.
(Stand: Januar 2008)...123

Tabellenverzeichnis

Tabelle 2-1: Klassifikation von Übergangsregimen in Europa..30

Tabelle 4-1: Gesamtüberblick über den Personenkreis ohne/mit Migrationshintergrund mit maximal Hauptschulabschluss hinsichtlich der beruflichen Absichten bei Verlassen des allgemeinbildenden Schulsystems (gewichtete Anteile in %)......................62

Tabelle 4-2: Personenkreis ohne/mit Migrationshintergrund und maximal Hauptschulabschluss hinsichtlich der beruflichen Absichten bei Verlassen des allgemeinbildenden Schulsystems nach Geschlecht und Alter bei Schulabgang (gewichtete Anteile in %) 63

Tabelle 4-3: Jugendliche, die die allgemeinbildende Schule mit maximal Hauptschulabschluss verlassen haben, nach beruflichen Absichten bei Schulende und Verteilung auf die Altersgruppen bei Verlassen des allgemeinbildenden Schulsystems´(gewichtete Anteile in %) 64

Tabelle 4-4: Personenkreis ohne/mit Migrationshintergrund und maximal Hauptschulabschluss hinsichtlich der beruflichen Absichten bei Verlassen des allgemeinbildenden Schulsystems nach Art des Schulabschlusses (gewichtete Anteile in %)..65

Tabelle 4-5: Personenkreis ohne/mit Migrationshintergrund und maximal Hauptschulabschluss hinsichtlich der beruflichen Absichten bei Verlassen des allgemeinbildenden Schulsystems nach Abschlussnote* (gewichtete Anteile in %)......................................67

Tabelle 4-6: Personenkreis ohne/mit Migrationshintergrund und maximal Hauptschulabschluss hinsichtlich der beruflichen Absichten bei Verlassen des allgemeinbildenden Schulsystems nach Schulabgangsjahr vor/nach 2002 (gewichtete Anteile in %) 68

Tabelle 4-7: Ergebnisse der Kaplan-Meier-Schätzung für Jugendliche mit maximal Hauptschulabschluss als ersten Schulabschluss ab Beginn der Ausbildungssuche 87

Tabelle 4-8: PCE-Modell zu den Übergangsraten in eine Ausbildung................................90

Tabelle 4-9: PCE-Modell zu den Übergangsraten in eine Ausbildung mit periodenspezifischer Variation des Einflusses des Migrationshintergrunds 91

Tabelle 5-1:	Gesamtüberblick über die vertretenen Institutionen in den Interviews	101
Tabelle 5-2:	Zehn deutsche Städte mit der höchsten Anzahl an ausländischen Staatsbürgern in den Jahren 1980,1992 und 2004	104
Tabelle 5-3:	Ausländer in München nach Staatsangehörigkeit (Stand: 31.12.2006)	105
Tabelle 5-4:	Personen mit Migrationshintergrund in München (Stand: 30.06.2005)*	107
Tabelle 5-5:	Ausgewählte Großstädte Ausländeranteil Wirtschaftsindikatoren (2005)	107
Tabelle 5-6:	Anteil der Erwerbslosen nach Bildungsqualifikation (Stand 31.08.07)	108
Tabelle 5-7:	Ausländer in Frankfurt a.M. nach Kontinenten und häufigsten Staatsangehörigkeiten (2006) [1]	109
Tabelle 5-8:	Deutsche mit Migrationshinweisen in Frankfurt a. M. 31.12.2005	110
Tabelle 5-9:	Der Arbeitskreis „Jugend, Bildung, Beruf" in München	131
Tabelle 5-10:	Das Netzwerk „Jugend und Arbeit" in Frankfurt a. M.	136

1   Einleitung

Ein im Mai 2008 veröffentlichter Bericht des Konsortiums für Bildungsberichterstattung lieferte Daten zu den Schul- und Berufsabschlüssen von Kindern und Jugendlichen mit und ohne Migrationshintergrund.[1] Der Bericht basiert auf Sonderauswertungen des Mikrozensus im Jahr 2004 und zeigt, dass Kinder, bei denen ein oder beide Elternteile im Ausland geboren sind – unter Kontrolle des sozioökonomischen Status der Eltern – seltener Gymnasien besuchen und häufiger in niedrig qualifizierenden Schularten anzutreffen sind als ihre deutschen Mitschüler (Autorengruppe Bildungsberichterstattung 2008: 63). Der Bericht stellt auch fest, dass der Schulabschluss, der von Jugendlichen erreicht wird, sich unmittelbar auf die Chancen für einen Ausbildungsplatz auswirkt (ebd.: 157-158).

Aus der Lebenslaufforschung wissen wir, dass der Übergang von der Schule in die Berufsausbildung für viele Jugendliche nicht mehr direkt verläuft, der unmittelbare Eintritt in die Ausbildung im Anschluss an die Schule also nicht gelingt. Ihr Weg führt häufig zunächst in ein sog. Übergangssystem, das aus diversen Programmen und Maßnahmen besteht, die die Chancen der Jugendlichen auf einen Ausbildungsplatz verbessern sollen. Ein Teil dieser Jugendlichen profitiert tatsächlich von den Programmen, ein anderer Teil scheint dagegen eher in eine „Maßnahmekarriere" zu geraten und dabei dem Ziel einer Ausbildung keineswegs näher zu kommen (vgl. Baethge et al. 2007: 50-57, Solga 2002).

Gleichzeitig zeichnet sich ab, dass es immer schwieriger wird, ohne Berufsausbildung auf dem (ersten) Arbeitsmarkt unterzukommen. In früheren Zeiten des wirtschaftlichen Aufschwungs konnten auch Jugendliche ohne Ausbildung in bestimmten Branchen relativ leicht als An- und Ungelernte ihren Weg finden. Doch mittlerweile stellt der Abschluss einer Berufsausbildung in einem anerkannten Ausbildungsberuf gleichsam die Mindestqualifizierung für Erwerbsarbeit dar (Deutsches Jugendinstitut 2007: 8). Eine erfolgreiche Förderung von Jugendlichen, die zunächst Schwierigkeiten haben, in das Ausbildungssystem einzumünden, ist aus diesen Gründen sehr wichtig.

Die kommunale Ebene wird im Rahmen der Ausbildungsförderung oft als eine lediglich ausführende Instanz gesehen, die den Entscheidungen auf Bundes- und Landesebene untergeordnet ist. In der vorliegenden Arbeit dagegen wird davon ausgegangen, dass Kommunen durchaus über Spielräume verfügen, um eine lokale Arbeitsmarkt- und Ausbildungspolitik zu betreiben. Auf der kommunalen Ebene sind noch am ehesten die Möglichkeiten vorhanden,

---

1   Im Folgenden werden die Begriffe „Jugendliche mit Migrationshintergrund", „Migrantenjugenliche", „Zuwandererjugendliche" oder "Jugendliche aus zugewanderten Familien" u.ä. als unterschiedliche Termini benutzt, um denselben Personenkreis zu beschreiben: Jugendliche, die selbst oder deren Eltern aus dem Ausland nach Deutschland eingewandert sind. Der Leserlichkeit halber wird auf die weibliche Form des jeweiligen Begriffs verzichtet. Hiermit sei aber vermerkt, dass diese Begriffe sich – soweit nicht explizit darauf hingewiesen wird – auf beide Geschlechter beziehen. Dies gilt genauso für Begriffe wie "ausländische Schulabsolventen/ Auszubildende/Jugendliche", unter den in diesem Text Personenkreise verstanden werden, die keine deutschen Staatsbürger sind.

um ein den örtlichen Voraussetzungen angepasstes, unterstützendes „Übergangsmanagement" zu betreiben (vgl. Lex et al. 2006). Daher soll untersucht werden, ob und wie die lokalen Akteure die Möglichkeiten nutzen, die ihnen zur Verfügung stehen, um Jugendlichen den Weg in eine Ausbildung zu ebnen.

Die vorliegende Arbeit greift das Thema der ethnischen Ungleichheit im beruflichen Bildungssystem aus einer hauptsächlich lebenslaufsoziologischen Perspektive auf und konzentriert sich dabei auf den Übergang von der Schule in die Ausbildung bei Jugendlichen mit niedrigen Schulabschlüssen. Es werden individuelle Verlaufsprozesse im Übergang Schule-Beruf untersucht und die institutionellen Rahmenbedingungen analysiert, die auf kommunaler Ebene die Einmündung in eine berufliche Ausbildung beeinflussen.

Die Studie ist so gegliedert, dass im Rahmen einer theoretischen Einleitung in Kapitel 2 zunächst verschiedene Erklärungsansätze vorgestellt werden, die die Besonderheiten des deutschen Übergangssystems aus international vergleichender Perspektive deutlich machen. Anschließend soll die Erklärungskraft dieser Ansätze in Bezug auf die beobachtete ethnische Ungleichheit im deutschen Berufsbildungssystem diskutiert werden. Ausgehend von der These, dass zur Erklärung von makrosoziologischen Phänomenen, wie z. B. der unterschiedlichen Teilhabe von gesellschaftlichen Teilgruppen an der beruflichen Bildung, der Rückgriff auf Prozesse auf der Mikro- und Mesobene erfolgen sollte (Huinink 2002: 379), wird schließlich ein Erklärungsmodell vorgestellt, das den Übergang von der Schule in die Ausbildung als Teil eines gesellschaftlichen Mehrebenenprozesses konzipiert.

In Kapitel 3 wird ausgehend von diesem Mehrebenenmodell ein Forschungsdesign entwickelt, das bei der Untersuchung der Partizipationschancen von Jugendlichen mit niedriger schulischer Qualifikation im Ausbildungssystem herangezogen werden soll. Hierbei sollen sowohl individuelle als auch institutionelle Faktoren untersucht werden, die einen Einfluss auf die Teilhabechancen von Migrantenjugendlichen haben, wie sie in aggregierter Form auf der gesellschaftlichen Makrobene zu beobachten sind. Dementsprechend werden in diesem Abschnitt operationalisierbare Teilfragen für die Mikro- und Mesoebenen entwickelt. Abschließend soll erläutert werden, warum in der empirischen Untersuchung die Entscheidung getroffen wurde, auf eine Methodenkombination aus quantitativen und qualitativen Herangehensweisen zurückzugreifen.

In den darauf folgenden Kapiteln werden Ergebnisse aus empirischen Untersuchungen vorgestellt. Kapitel 4 beginnt mit einem Überblick über den aktuellen Forschungsstand zur Entwicklung des Ausbildungsmarktes und der Einmündungsprobleme, von denen Jugendliche mit Migrationshintergrund weit stärker betroffen sind als einheimische Jugendliche. Dann wird die Datengrundlage der hier präsentierten quantitativen Analysen vorgestellt. Es handelt sich dabei um eine bundesweite Erhebung des Bundesinstituts für Berufsbildung (BIBB), die im Jahr 2006 durchgeführt wurde und bei der über 7.000 junge Erwachsene detailliert über ihren Werdegang während und nach ihrer Schulzeit befragt worden sind.

Für die hier präsentierten Analysen werden aus diesem Datensatz gezielt nur Jugendliche herausgegriffen, die über eine niedrige schulische Qualifikation (maximal einen Hauptschulabschluss) verfügen. Anhand der Untersuchung der Übergangsprozesse dieser Jugendlichen soll überprüft werden, ob der Faktor Migrationshintergrund – trotz ähnlicher schulischer Qualifikation – eine Auswirkung auf die Einmündungschancen in eine berufliche Erstausbildung hat. Hierbei werden drei unterschiedliche Analyseansätze verfolgt: erstens Statusverteilungen, zweitens Kaplan-Meier-Schätzungen und drittens Ratenregressionsmodelle. Im ersten Schritt, den sog. Statusverteilungen, wird vergleichend dargestellt, welche unterschiedlichen schulischen und ausbildungsbezogenen Phasen Jugendliche mit und ohne

Migrationshintergrund im Alter von 14 bis 19 durchlaufen. Anschließend werden mit Hilfe von Kaplan-Meier-Schätzungen die Übergangswahrscheinlichkeiten verschiedener Gruppen ermittelt. Die Ratenregressionsmodelle dienen schließlich dazu, den Einfluss von einzelnen Faktoren, von denen angenommen werden kann, dass sie den Übergang in die Ausbildung beeinflussen, unter Kontrolle verschiedener individueller Merkmale zu überprüfen. Hierzu zählen neben dem Migrationshintergrund auch das Geschlecht, das Alter und die Durchschnittsnote beim Schulabschluss oder das Bildungsniveau der Eltern. Vor dem Hintergrund, dass die Übergangsprobleme von Migrantenjugendlichen bislang in erster Linie mit individuellen Voraussetzungen wie etwa schlechteren Abschlusszeugnissen oder der Bildungsferne ihrer Elternhäuser erklärt werden, besteht das Ziel der Analysen darin herauszufinden, ob das Merkmal Migrationshintergrund unabhängig von anderen Merkmalen einen signifikanten Effekt auf den Übergang in die berufliche Erstausbildung hat.

Nach dieser Analyse von Einflussfaktoren auf der Mikroebene werden in Kapitel 5 Prozesse untersucht, die auf der Mesoebene angesiedelt sind. Hier wird gefragt, wie auf kommunaler Ebene Ausbildungsförderung betrieben wird und welche Beachtung dabei die Beobachtung von ethnischen Ungleichheit im Übergangsprozess finden. Es geht um die Akteure, die Situationswahrnehmungen dieser Akteure und die Implementation der kommunalen Ausbildungsförderung, die mittels qualitativer Fallstudien in München und Frankfurt a. M. untersucht werden. Hierzu werden Dokumente zu Planungs-, Entscheidungs- und Implementationsprozessen analysiert und 44 Experteninterviews mit Schlüsselpersonen aus Politik, Verwaltung und intermediären Institutionen ausgewertet.

Nach der Darstellung der demografischen und wirtschaftlichen Rahmenbedingungen in den beiden als Fallstudien herangezogenen Kommunen wird die institutionelle Ausgestaltung der beiden Handlungsfelder Integrationspolitik und Ausbildungsförderung untersucht. Hintergrund dieser Analysen ist die Frage, ob und wie diese beiden Politikfelder miteinander in Beziehung stehen. In einem nächsten Schritt wird danach gefragt, wie die kommunalen Entscheidungsträger verschiedene Aspekte wahrnehmen und bewerten, die die Situation der Migrantenjugendlichen beim Übergang Schule-Ausbildung beeinflussen. Hier geht es beispielsweise um die Einschätzung der Entwicklung des Ausbildungsmarktes, um die Bewertung der schulischen Vorbereitung für eine Ausbildung oder darum, wie die Entscheidungsträger das Profil von Migrantenjugendlichen und den Einfluss ihrer Elternhäuser beurteilen. Dahinter steht die Annahme, dass je nach Beurteilung dieser Aspekte unterschiedliche Handlungsstrategien ergriffen werden.

Die nächsten Abschnitte beziehen sich auf die Ebene der Implementation und analysieren die bevorzugten Handlungsstrategien der Entscheidungsträger im Vergleich zu den Handlungsstrategien, die von Praktikern als hilfreich beschrieben werden, um Jugendlichen mit Migrationshintergrund zu einem Ausbildungsplatz zu verhelfen. Dabei interessiert auch, welche Prioritäten aus Sicht dieser beiden unterschiedlichen Akteursgruppen jeweils für die künftige Ausgestaltung der Ausbildungsförderung gesetzt werden sollten. Diese qualitativen Analysen münden in eine Diskussion darüber, welche Chancen und Risiken das Neue Steuerungsmodell mit sich bringt, das die Integrationspolitik und andere Handlungsfelder auf kommunaler Ebene zunehmend beeinflusst.

In Kapitel 6 werden die Ergebnisse der empirischen Untersuchungen zusammengefasst und hinsichtlich ihrer Aussagekraft für das zu erklärende Phänomen auf der Makroebene, der geringeren Teilhabechancen von Migrantenjugendlichen im Berufsbildungssystem, beurteilt.

2 Migration, Lebenslauf und der Übergang von der Schule in die Ausbildung: theoretische Einleitung und Erklärungsmodell[2]

In der Biografie junger Menschen in Deutschland stellt der Übergang von der Schule in das berufliche Bildungssystem eine der entscheidenden Phasen dar, durch die das künftige Erwerbsleben vorherbestimmt wird. Dieses Kapitel widmet sich dieser biografischen Phase und nimmt die institutionellen Rahmenbedingungen in Augenschein, die diesen Übergang in verschiedenen europäischen Staaten und insbesondere in Deutschland strukturieren. Im Fokus der Darstellung steht dabei die Gruppe der Jugendlichen mit Migrationshintergrund. Als Folge fehlender Ausbildung werden diese häufig vom Arbeitsmarkt ausgeschlossen oder müssen sich mit prekären Beschäftigungsverhältnissen zufrieden geben. Unter diesen Bedingungen scheint die Fähigkeit, ihre Biografie „auszuhandeln" (vgl. Beck 1986), sprich Alternativen aufzubauen und Möglichkeiten und Risiken von Ausbildungswegen und Beschäftigungsverhältnissen abzuschätzen, begrenzt zu sein.

Angesichts der Ungleichheit zwischen einheimischen und zugewanderten Jugendlichen, die in diesem Bereich kontinuierlich zunimmt, hat die Beauftragte der Bundesregierung für Migration, Flüchtlinge und Integration, Maria Böhmer, in einer Presseerklärung vom April 2007 bemerkt, dass die „schwierige Situation von jungen Migrantinnen und Migranten einen Schwerpunkt in der politischen Debatte über die Lage auf dem Ausbildungsmarkt bilden [muss]", und versprach, dass die „Bundesregierung (…) im Rahmen des Nationalen Integrationsplanes alle Anstrengungen unternehmen [wird], um ausländischen Jugendlichen den Weg in die Ausbildung zu erleichtern."[3]

Um ein besseres Verständnis für diese Ungleichheiten herzustellen, ist es vielversprechend – so die These hier – sich dem Thema Migration aus der Lebenslaufperspektive zu nähern. Deshalb soll in einem ersten Schritt die Bedeutung von Migrations- und Integrationsprozessen aus der Sicht der Lebenslaufforschung skizziert werden. Danach folgt eine Darstellung der Ansätze, die Unterschiede zwischen zugewanderten und einheimischen Jugendlichen hinsichtlich des erfolgreichen Übergangs ins Erwerbsleben aus international vergleichender Perspektive zu erklären versuchen. Im darauffolgenden Teil werden ergänzend

---

2   Der Text in diesem Abschnitt ist eine stark modifizierte Form des Sammelbandbeitrags, der im Jahr 2008 erschienen ist: Aybek, Can M. (2008): Jugendliche aus Zuwandererfamilien im Übergang von der Schule in den Beruf – Perspektiven der Lebenslauf- und Integrationsforschung. In: Hunger, Uwe, Can M. Aybek, Andreas Ette und Ines Michalowski (Hrsg.): Migrations- und Integrationsprozesse in Europa: Vergemeinschaftung oder nationalstaatliche Lösungswege? Wiesbaden, VS Verlag für Sozialwissenschaften, 167-189.

3   Presseerklärung der Beauftragten der Bundesregierung für Migration, Flüchtlinge und Integration, Maria Böhmer, vom 18.04.2007. http://www.bundesregierung.de/Content/DE/Pressemitteilungen/BPA/2007/04/2007-0 [Zugriff am: 12.05.2008]

Kriterien vorgestellt, die in der vergleichenden Übergangsforschung herangezogen werden. Damit sollen die Möglichkeiten verdeutlicht werden, die sich aus einer vergleichenden Perspektive ergeben, um die Situation von Migrantenjugendlichen in spezifischen nationalen Kontexten besser zu erklären. Anschließend soll aufgezeigt werden, wie individuelle Biografien durch wohlfahrtsstaatliche Regelungen strukturiert werden. Diese Perspektive soll anhand der Diskussion über sog. Übergangsregime ergänzt werden. Zugleich fokussiert dieser Abschnitt die Argumentation auf die hier zu untersuchende Thematik. Abschließend sollen die bis dahin gemachten theoretischen Ausführungen kritisch reflektiert und ein Modell vorgeschlagen werden, anhand dessen die Prozesse, die zu den beobachteten Ungleichheiten führen, besser erklärt werden können.

2.1 Migration und Integration im Kontext des Lebenslaufs

Bei der Betrachtung von Migrationsprozessen durch die Optik von Lebensläufen wird deutlicher erkennbar, mit welchen Herausforderungen Neuzuwanderer konfrontiert sind: Neben eingeschränkten sprachlichen Möglichkeiten gehört dazu auch die Tatsache, dass im Herkunftsland erworbene berufliche Kenntnisse nicht genutzt werden können. Der Transfer von Fähigkeiten ist also nicht selbstverständlich. Zudem kann der Rückgriff auf soziale Netzwerke nur eingeschränkt möglich sein. Beispielsweise kann eine Großfamilie fehlen, die ursprünglich Halt und Unterstützung geboten hat. Für Einwanderer gilt es, als Fremde zunächst die „Spielregeln" der Aufnahmegesellschaft zu erlernen (vgl. Schütz 1972: 53-69, Simmel 1995 [1908]: 509-512) und ihr Leben bzw. ihre Lebensplanung entsprechend zu gestalten.

Ein anschauliches Beispiel, wie dies vonstatten gehen kann, liefert die von Thomas und Znaniecki erstellte Studie „The Polish Peasant in Europe and America" (1984 [1918-20]), in der junge polnische Auswanderer, die zu Beginn des 20. Jahrhunderts in die USA emigriert waren, untersucht werden. Die Studie vergleicht die Erfahrungen und Perspektiven der Auswanderer mit den Lebenswelten der in Polen verbliebenen Elterngeneration. Als Grundlage für die Analyse dient der damalige Briefwechsel zwischen Polen und den USA.

Anhand dieses Briefwechsels lassen sich migrationsbedingte Unterschiede zwischen Eltern und Kindern nachzeichnen. Deutlich wird, dass die Einwanderung in eine stark von Modernisierungsprozessen geprägte Gesellschaft die Lebenswelten der Daheimgebliebenen von den Perspektiven der Auswanderer entfremdet. Die Handlungsweisen der Auswanderer und der Eltern sind nicht mehr in derselben Lebenserfahrung verwurzelt. Diese klassische Studie führt auf eindrucksvolle Weise vor Augen, dass Migration nicht nur zur Entfremdung der Generationen voneinander führt, sie zeigt auch, dass die ursprünglich im Herkunftsland gesammelten Erfahrungen am Zielort der Migration teilweise unbrauchbar sind (Weymann 2004: 153).

Die lebenslaufspezifische Perspektive betont allerdings nicht nur die intergenerationalen Unterschiede, sondern auch die zeitliche Dimension von Migrationsprozessen. Dies beschreibt Jasso wie folgt:

> „All the processes associated with migration are rooted in time. They occur in particular historical eras and bear imprints of those eras. They occur at different ages and bear the imprints of those ages. How difficult it was to migrate, how successful the migration, how permanent the move – all these depend jointly on the historical context and the migrant's age" (Jasso 2003: 331).

Hinzu kommt, dass individuelle und soziale Merkmale, wie z. B. das Geschlecht der migrierenden Person, der Bildungshintergrund, der familiäre bzw. gruppenspezifische Kontext, in den hineinmigriert wird, für den weiteren Verlauf der Biografie wie auch des Integrationsprozesses ausschlaggebend sind.

Allerdings müssen den individuellen Ressourcen, die durch den Familienhintergrund, die sozialen Netzwerke, das Selbstvertrauen und die Eigeninitiative der jeweiligen Person mehr oder minder ausgeprägt sein können (vgl. Gecas 2003), die institutionellen Strukturen im jeweiligen gesellschaftlichen Kontext entgegengesetzt werden (Reitz 2002). Erst das Zusammenspiel dieser Faktoren definiert allgemein den Handlungsspielraum, über den eine Person in ihrem Lebenslauf verfügt (Heinz und Krüger 2001). Als nächstes gilt es den Einfluss näher zu erläutern, welche Institutionen – hier vor allem wohlfahrtsstaatliche Institutionen – auf den Lebenslauf ausüben.

2.2 Ethnische Ungleichheit und der Einfluss des institutionellen Umfelds

In zahlreichen Studien, die sich mit der Integration bzw. Assimilation[4] von Zuwanderern in Deutschland beschäftigen, wird bei der Beurteilung des Bildungs- und Ausbildungserfolgs von Jugendlichen nach ethnischen Merkmalen unterschieden (vgl. etwa Alba et al. 1994). Diese Unterscheidung wird mit der Annahme begründet, dass im Rahmen der Dimensionen, die die gesellschaftliche Integration von Individuen beschreiben, eine Art „ethnische Schichtung" (Esser 2001a) zu beobachten ist. Diese Schichtung ist allerdings nicht nur zwischen der deutschen und zugewanderten Bevölkerung festzustellen, sondern auch unter verschiedenen ethnischen Gruppen innerhalb der Zuwandererbevölkerung. So wird beispielsweise oft festgehalten, dass Jugendliche türkischer und italienischer Herkunft im deutschen Bildungssystem im Vergleich zu anderen Zuwanderergruppen besonders schlecht abschneiden (vgl. Kristen und Granato 2007, Müller und Stanat 2006).

Auch in der Migrations- und Integrationsforschung im Kontext anderer Einwanderungsländer spielt dieser „Nationalitäteneffekt" eine gewichtige Rolle. Lindo (1999) z. B. unterstreicht in seiner Untersuchung zur Bildungsorientierung von türkischen und „iberischen" Migrantengruppen in den Niederlanden die Bedeutung der sozialen Netzwerke. Diese sind in der jeweiligen Gruppe unterschiedlich ausgeprägt und wirken sich – so Lindo weiter – auf den schulischen Erfolg der zweiten Generation aus (1999: 78).

Obwohl alle europäischen Einwanderungsstaaten ähnlichen Modernisierungs- und Globalisierungstendenzen unterworfen sind und teilweise auch Zuwanderergruppen aus denselben Herkunftsländern aufgenommen haben, fällt der Grad der strukturellen Integration, den die Jugendlichen aus Zuwandererfamilien in den jeweiligen Ländern erzielen, unterschiedlich aus. Heath et al. (2007: 13-18, 2008: 17-18) diskutieren vier Themenkomplexe, die bei der Erzeugung dieser Ungleichheitsstrukturen von Bedeutung sein könnten:

Erstens können Selektionsmechanismen im Zusammenhang mit der Einwanderung der ersten Zuwanderergeneration eine wichtige Rolle spielen. Wenn z. B. ursprünglich – wie auch im Falle der Bundesrepublik geschehen – relativ niedrig qualifizierte Arbeitskräfte angeworben wurden, könnte dies über die Elterngeneration auch negative Einflüsse auf die zweite und dritte Generation der Migrantenjugendlichen haben.

---

4   Hier im Sinne der „strukturellen Assimilation" wie sie von Gordon (1968: 55 ff., Vollhardt 2005) beschrieben wird.

Zweitens können Gesellschaften dazu tendieren, ethnische Minderheiten mehr oder weniger auszuschließen (vgl. neben Heath et al. 2007 auch Bourhis et al. 1997). Darunter ist nicht nur der Grad der in der Mehrheitsgesellschaft verbreiteten Vorurteile zu verstehen. Genauso wichtig ist es, ob eine Gesetzgebung zur Antidiskriminierung existiert und ob diese effizient eingesetzt wird. Die Tendenz zur Exklusion zeigt sich auch durch die Regelung des Zugangs zur Staatsbürgerschaft des Aufnahmelandes (vgl. Bauböck et al. 2006). Es kann z. B. sein, dass bestimmte Tätigkeiten im öffentlichen Dienst an den Besitz der Staatsbürgerschaft gekoppelt sind. Je größer die Vorurteile allgemein gegenüber Zuwanderern oder gegenüber bestimmten Migrantengruppen sind, je schwächer der gesetzliche Schutz vor Diskriminierung ist und je schwieriger der Erwerb der Staatsbürgerschaft ist, desto größer ist die Wahrscheinlichkeit, aufgrund ethnischer Herkunft Benachteiligungen im Bildungssystem oder im Erwerbsleben zu erfahren.

Drittens könnte ein Zusammenhang zwischen der allgemeinen Leistungskraft der Wirtschaft und der Benachteiligung von Zugewanderten bestehen. Es ist möglich, dass der Anteil der Erwerbslosen unter Zuwanderern sich stärker als der Durchschnitt erhöht, wenn die Arbeitslosigkeit allgemein steigt. Ein Überangebot an Arbeitskräften bzw. eine Nachfrage nach bestimmten Qualifikationen kann einen negativen Einfluss auf die Chancen von Zuwanderern auf dem Arbeitsmarkt haben. Im Falle des deutschen Ausbildungsmarktes wird in den späteren Abschnitten dieser Arbeit dargelegt werden, dass die wirtschaftliche Konjunktur durchaus einen Effekt auf das Ausbildungsplatzangebot hat. Die Annahme hier lautet, dass es bei einem Mangel an Auszubildenden wahrscheinlicher wird, dass Migrantenjugendliche aufgrund ihrer Herkunft nicht benachteiligt werden, wohingegen ein Überangebot an Jugendlichen, die einen Ausbildungsplatz nachfragen, zur besonderen Benachteiligung von Jugendlichen mit Migrationshintergrund führt.

Viertens meinen Heath et al. (2007) schließlich, kann eine Reihe von allgemeinen Merkmalen des Aufnahmekontextes zu mehr oder weniger Ungleichheit zwischen Zuwanderern und Einheimischen führen. Darunter verstehen sie Merkmale wie z. B. Unterschiede zwischen den Bildungssystemen, die starke oder schwache Regelung des Zugangs zu beruflichen Bildungsmöglichkeiten oder die Flexibilität des Arbeitsmarktes (vgl. Kogan 2007).

In Bezug auf diese allgemeinen Merkmale liefert die Lebenslaufforschung ein genaueres Bild, da sie den potenziellen Einfluss institutioneller Rahmenbedingungen auf biografische Übergänge immer wieder untersucht hat (Evans und Heinz 1994, Heinz 1998, 2001, Heinz et al. 1996, Marshall und Mueller 2003). Die Wahrscheinlichkeit, dass Migranten an diesen „vorstrukturierten" Übergängen – wie z. B. von der Schule in die berufliche Ausbildung, beim Einstieg in den Arbeitsmarkt oder auch vom Erwerbsleben ins Rentenalter, – Schwierigkeiten und Probleme erleben, ist größer, da sie eben keine „Standardbiografien" mit entsprechenden Dispositionen vorweisen können.

2.3   Übergangsprozesse im europäischen Vergleich

Für den hier im Vordergrund stehenden Übergang Schule-Beruf verwenden Smyth et al. (2001: 4) im internationalen Vergleich den Begriff „Übergangssysteme", um auf die „relatively enduring features of a country's institutional and structural arrangements which shape transition processes and outcomes" aufmerksam zu machen. Smyth et al. gehen in ihrer ländervergleichenden Studie CATEWE („Comparative Analysis of Transitions from Education to Work in Europe") davon aus, dass es systematische Unterschiede zwischen Ländern insofern gibt, als sie in bestimmte Gruppen zusammengefasst werden können, für die typische

Transitionsmuster festzustellen sind. Hannan et al. (1997: 3-6) diskutieren aus dem gleichen Projektkontext heraus die Faktoren, welche sich auf diese Transitionsmuster auswirken. Sie unterscheiden dabei zwischen vier Dimensionen: dem allgemeinen Kontext (1), den Bildungs- und Ausbildungssystemen (2), dem Übergangsprozess (3) und den Ergebnissen, die am Ende dieses Übergangsprozesses stehen (4).

1. Zu den Kontextfaktoren zählen z. B. die demografischen Entwicklungen in einem bestimmten Zeitraum, die Struktur des Arbeitsmarktes oder die Rahmenbedingungen für die Formulierung der (beruflichen) Bildungspolitik.
2. Merkmale, die die Bildungs- und Ausbildungssysteme auszeichnen, beziehen sich sowohl auf die Organisation und Funktionsweise dieser Systeme als auch auf ihre Rolle bei der Zuweisung von bestimmten Arbeitsmarktpositionen. Dabei spielt der Grad der Standardisierung des Bildungssystems eine Rolle (vgl. Allmendinger 1989), aber auch die Differenzierung bzw. Stratifizierung von Bildungs- und Ausbildungswegen und der Grad an Flexibilität und Durchlässigkeit innerhalb dieser Systeme. Weitere Fragen in diesem Zusammenhang sind: Inwiefern erfolgt die Ausbildung schulisch oder betrieblich? Wie sieht das Governance-System aus, durch das die Ausbildungswege geregelt werden? Welche Rolle spielen Programme und Maßnahmen, die von staatlicher Seite angeboten werden?
3. Je nach Land kann der Übergangsprozess an sich unterschiedlich strukturiert sein. Die Regeln für das Verlassen der Schule und den Übergang in die berufliche Ausbildung bzw. das Erwerbsleben können stark standardisiert sein. Die Übergänge können aber auch individuell sehr unterschiedlich ausfallen, da keine einschränkenden Regeln vorgegeben sind. Die Bildungslaufbahn und Erwerbsbiografie eines Jugendlichen können aufeinander folgen oder sich überlappen. Die durchschnittliche Dauer und inhaltliche Gestaltung von Ausbildungsgängen kann je nach Land unterschiedlich ausfallen. Deutschland z. B. gilt im internationalen Vergleich als ein Land, in dem der Übergang ins Berufsleben besonders stark reguliert wird. Dies kann zur Folge haben, dass die Möglichkeit von Jugendlichen, individuelle Pfade einzuschlagen, relativ eingeschränkt ist und der Druck, sich an die von den Institutionen bereitgestellten Wege zu halten, dafür umso größer ausfällt (Leisering 2003, Shavit 1993).
4. Die Ergebnisse der Übergangsprozesse schließlich lassen sich sowohl auf der Makro- als auch auf der Mikroebene analysieren. Auf der Makroebene stehen Fragen im Vordergrund, welchen Beitrag z. B. das Ausbildungssystem zur wirtschaftlichen Leistungskraft erbringt oder ob in einem bestimmten Zeitraum die Nachfrage nach qualifizierten Arbeitskräften gestillt wird. Auf der Mikroebene kann hingegen die Frage gestellt werden, ob eine abgeschlossene berufliche Ausbildung Jugendlichen zu Vorteilen bei der Arbeitsplatzsuche verhilft, unabhängig davon, ob diese einen Migrationshintergrund vorweisen oder nicht bzw. welche Signalfunktion von Bildungszertifikaten während Bewerbungsprozessen ausgeht (vgl. Granato und Kalter 2001, Seibert und Solga 2005).

Die Ergebnisse der Übergänge in verschiedenen Ländern können auch unter dem Aspekt verglichen werden, ob sie zur Voll- oder Teilzeitbeschäftigung führen, ob die erworbenen Qualifikationen im Falle einer Erwerbstätigkeit eingesetzt werden können oder ob Einkommensunterschiede zwischen verschiedenen Gruppen zu verzeichnen sind. Hannan et al. (1997: 8-9) weisen jedoch darauf hin, dass es im Ländervergleich schwierig ist, von mehr oder weniger erfolgreichen Übergängen der Jugendlichen zu sprechen, da aufgrund der unterschiedlichen Struktur der Systeme bestimmte Positionen im Erwerbsleben, wie z. B. eine den Qualifikationen entsprechende Beschäftigung, früher oder später erlangt werden können – ohne dass irgendwelche Unregelmäßigkeiten vorliegen. Erfolgreiche Übergänge würden in der Forschung – so die Autoren weiter – oft auf den erzielten Erwerbsstatus reduziert und Faktoren wie die Zufriedenheit junger Menschen während ihrer Ausbildung oder im Beruf vollkommen ausgeblendet. Zudem ist der Übergang ins Erwerbsleben eine biografische Phase, die auch im Zusammenhang mit anderen Ereignissen im Lebenslauf steht. Dazu gehören z. B. die Gründung eines eigenen Haushalts, der Beginn einer Partnerschaft oder die Gründung einer Familie (vgl. Huinink 2000, Konietzka und Huinink 2003).

2.4   Der Einfluss des Wohlfahrtsstaats auf den Lebenslauf

Um den Einfluss gesellschaftlicher Institutionen auf individuelle Lebensläufe weiter zu diskutieren, soll nun ein Modell herangezogen werden, das von Leisering und Leibfried (1999: 25) vorgeschlagen wurde (vgl. Abb. 2-1).[5] In diesem Modell werden drei Kernbereiche definiert: das Bildungssystem, die Altersvorsorge und ein Bereich, den Leisering und Leibfried „Risikomanagement" nennen, welcher soziale Sicherungssysteme wie z. B. Unfall- oder Arbeitslosenversicherungen, Sozialhilfe und sozialpädagogische Maßnahmen umfasst.

Ausgangspunkt dieser Überlegungen ist dabei ein dreigliedriger Lebenslauf des Individuums, wie er auch von Kohli (1985) beschrieben wird, bestehend aus der Bildungsphase, dem Erwerbsleben und dem Rentenalter. Das Modell greift damit die wesentlichen Bereiche auf, in denen der Wohlfahrtsstaat[6] seinen Einfluss geltend macht. Auf theoretischer Ebene beschreiben Leisering und Leibfried (1999: 24-26) drei unterschiedliche Effekte (vgl. auch Leisering 2003: 211-214):

1. Der Strukturierungs- bzw. Differenzierungseffekt: Mit Strukturierung sind hier institutionalisierte Pfade, wie z. B. das Schulsystem, gemeint, welche die meisten Individuen im Laufe ihrer Biografie durchschreiten. Differenzierung hingegen weist darauf hin, dass abhängig von der Mitgliedschaft in einem bestimmten Teilsystem der Gesellschaft (z. B. öffentlicher Dienst oder Selbstständigkeit) das Ausmaß der Ansprüche an den Wohlfahrtsstaat unterschiedlich ausfallen kann. Auch können Unterschiede in Geschlecht oder Staatsbürgerschaft einen Einfluss darauf haben, von welchen Rechten man Gebrauch machen kann bzw. ob man Mitglied in einem bestimmten Teilsystem des Wohlfahrtsstaats ist oder nicht.
2. Der Integrationseffekt: Wohlfahrtsstaatliche Politiken erzeugen bestimmte Erwartungshaltungen, Regelmäßigkeiten und schließlich Sicherheiten in der Bevölkerung hinsichtlich der Rechte, die sie in Anspruch nehmen kann, und tragen dadurch zur gesellschaftlichen Integration bei.
3. Der Formationseffekt: Damit sind Einflüsse gemeint, die in den meisten Fällen implizit in wohlfahrtsstaatlichen Systemen vorzufinden sind und aufgrund von sozialen, ökonomischen oder genderspezifischen Merkmalen Ungleichheiten erzeugen. Ein klassisches Beispiel wäre eine sozialrechtliche Regelung, die bestimmte Ansprüche (in Anlehnung

---

5   Leisering und Leibfried (1999: 26) beziehen sich bei diesem Modell auf einen Wohlfahrtsstaatstypus, wie er sich in der Bundesrepublik Deutschland entwickelt hat. Das Modell kann jedoch als Vorlage für einen Vergleich zwischen unterschiedlichen Typen herangezogen werden, um Gemeinsamkeiten und Unterschiede herauszuarbeiten (Leisering 2003).

6   Der hier verwendete Wohlfahrtsstaatsbegriff umfasst auch das Bildungssystem.

an den Typus des alleinverdienenden Ehemanns) an eine lückenlose Erwerbsbiografie knüpft und dadurch eine nicht erwerbstätige Ehefrau benachteiligt.

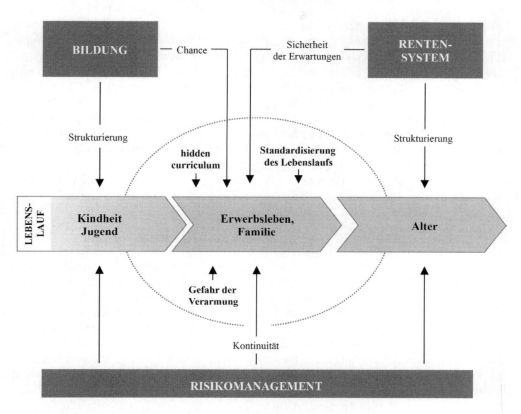

Quelle: Leisering und Leibfried (1999: 25); modifizierte eigene Darstellung

Abbildung 2-1: Die Institutionalisierung des Lebenslaufs durch den Wohlfahrtsstaat

Je nach Lebensphase fällt der Einfluss der wohlfahrtsstaatlichen Institutionen unterschiedlich aus. Hier soll vor allem der Übergang von der Jugend in das Erwerbsleben im Vordergrund stehen (vgl. linke Hälfte der Abb. 2-1). Mit diesen Übergängen von einer Lebensphase in die andere, den sog. Statuspassagen (vgl. Glaser und Strauss 1971, Heinz 1996, Levy 1991), können besondere Risiken verbunden sein. Übergänge werden in Wohlfahrtsstaaten – wenn auch in unterschiedlichem Ausmaß – institutionell geregelt. Falls eine hohe institutionelle Kontrolle hinsichtlich eines bestimmten Übergangs gegeben ist, kann das bedeuten, dass diese Statuspassage zu einem hohen Grad standardisiert wird und einzelne Personen – außer z. B auf Exit-Optionen zurückzugreifen – nur eingeschränkt über die Möglichkeit verfügen, sie individuell abweichend zu gestalten. Umgekehrt kann behauptet werden: je weniger institutionelle Regelungen vorzufinden sind, desto mehr Entscheidungs- und Gestaltungsmöglichkeiten bleiben dem Einzelnen (vgl. Heinz 1996).

Der Wohlfahrtsstaat strukturiert nicht nur Lebensläufe, indem er von der Kinderbetreuung bis ins Rentenalter Regelungen und Institutionen bereithält, sondern unterscheidet zwischen Gruppen, die adressiert werden sollen oder nicht. Im Falle der Bundesrepublik

Deutschland finden Zugewanderte einen Wohlfahrtsstaat vor, der zwischen Personengruppen eindeutig differenziert und deren Zugang zu Leistungen unterschiedlich reguliert. Für manche Zugewanderte kann als Kriterium für den Zugang zu sozialstaatlichen Leistungen der rechtliche Status herangezogen werden. So kann in Deutschland die Inanspruchnahme von Sozialleistungen bei ausländischen Staatsbürgern mit befristetem Aufenthaltstitel unter Umständen zu einer Nichtverlängerung der Aufenthaltserlaubnis führen.[7] Diese Zugangsregelungen zu Sozialleistungen können sich über die Zeit hinweg selbst bei dem gleichen Typus von Zuwanderern verändern, wie Bommes (1999) überzeugend anhand des Beispiels der Spätaussiedler in Deutschland vor Augen führt. Er hält mit Bezug auf diese Gruppe fest, dass restriktive Tendenzen insbesondere seit 1989 sowohl in der Einwanderungs- als auch der Sozialpolitik zugenommen haben und der Wohlfahrtsstaat zwar die Grundversorgung gewährleistet, aber den Einstieg in die Berufsbildung oder den Arbeitsmarkt nicht in der Zeit vor 1989 fördert. Für die davon betroffenen Personen wird es umso schwieriger, ihren Lebenslauf so zu gestalten, dass dieser den institutionellen Normen, die vom Wohlfahrtssystem aufgestellt werden, entspricht.

2.5 Übergangsregime als Konzept des wohlfahrtsstaatlichen Vergleichs

Der Begriff ‚Regime‘ wird von der vergleichenden Wohlfahrtsstaatsforschung benutzt, um Länder, die sich hinsichtlich ihrer sozialpolitischen Struktur unterscheiden, zu ordnen und zu gruppieren. Trotz ähnlicher Modernisierungs- und Globalisierungsprozesse haben sich in Nationalstaaten historisch bedingte institutionelle Merkmale herausgebildet. Nachdem bestimmte Institutionen im politischen System einer Gesellschaft etabliert werden und eine allgemeine Anerkennung finden, wird davon ausgegangen, dass deren Wiederauflösung schwierig ist. Dieser institutionelle ‚Widerstand‘ wiederum führt zu sog. Pfadabhängigkeiten. Als Konsequenz ist zu beobachten, dass in Nationalstaaten – obwohl sie mit ähnlichen Problemen und Handlungszwängen konfrontiert sind – die Art und Weise, wie sie mit externen und internen Einflüssen dieser Art umgehen, äußerst unterschiedlich ausfallen kann (Lehmbruch 1996, für eine ausbildungssystembezogene Argumentation siehe: Thelen 1999). Sie können wohlfahrtsstaatlichen Regimetypen zugeordnet werden, in denen Länder zusammengefasst sind, die sich in bestimmten Dimensionen ähneln (vgl. Esping-Andersen 1990, 1999, Ferrera und Rhodes 2000, Gallie und Paugam 2000, Titmuss 1974).

Im Rahmen dieser Diskussion haben Gallie und Paugam (2000) eine Unterscheidung zwischen vier Regimetypen vorgeschlagen:

1. liberale Wohlfahrtsregime
2. universalistische Wohlfahrtsregime
3. unterinstitutionalisierte Wohlfahrtsregime
4. erwerbsarbeitszentrierte Wohlfahrtsregime

Hinsichtlich der Diskussion über den Zusammenhang zwischen dem jeweiligen Wohlfahrtsregime und den Übergangsmustern von Jugendlichen ins Erwerbsleben hat ein europäischer Forschungsverbund eine Art Pionierarbeit geleistet. Im Rahmen dieses Verbunds wurde die Situation von benachteiligten Jugendlichen in unterschiedlichen europäischen Staaten

---

7   Siehe Aufenthaltsgesetz in der Fassung vom 30.07.2004, Art. 5(1) und Art. 8(1). URL: http://bundesrecht. juris.de/bundesrecht/aufenthg_2004/gesamt.pdf [Zugriff am: 16.07.2008]

untersucht und miteinander verglichen (Cuconato et al. 2004, Furlong und McNeish 2001, López Blasco et al. 2003, Walther und Stauber 2002, Walther et al. 2004). Ein gemeinsames Argument, das diese Studien kennzeichnet, ist die Feststellung, dass die „klassischen" Ansätze zu Wohlfahrtsregimen wichtige Aspekte des Übergangs vom Bildungssystem in die Erwerbsarbeit nicht abdecken und deshalb in dieser Hinsicht erweitert werden müssten. Dies betrifft vor allem die zentralen Merkmale des allgemeinbildenden Schulsystems und des Ausbildungssystems in den jeweiligen Ländern. Dazu gehören z. B. Fragen, inwiefern das Bildungssystem gegliedert oder einheitlich ist, welche Selektionsmechanismen eingebaut sind, wie der Übergang von der Schule in das Arbeitsleben reguliert wird, wie die Berufsbildung grundsätzlich organisiert ist und wie die Ein- und Ausstiegsoptionen in die Erwerbsarbeit strukturiert sind.

Aus diesem Grund haben Walther et al. im Rahmen dieses Forschungsnetzwerks das Konzept der „Übergangsregime" entwickelt (Walther 2006, Walther und Pohl 2005, Walther und Stauber 2002, Walther et al. 2004). Walther und Pohl definieren Übergangsregime als „Konstellationen der Regulierung von Übergängen (...), die aus dem Zusammenspiel von Strukturen sozialer Sicherung, allgemeiner und beruflicher Bildung, des Arbeitsmarktes sowie geschlechtsspezifischen Zuweisungsmechanismen entstehen, in denen sich unterschiedliche Deutungen von Problemen im Übergang als individuelle oder strukturelle Benachteiligung manifestieren" (2006: 35). Angelehnt an die Regimetypen von Gallie und Paugam (2000) erweitern Walther et al. diesen Ansatz im Sinne einer Klassifikation von Übergangsregimen (vgl. Tab. 2-1).

Eine detaillierte Diskussion der Übergangsregime würde den Rahmen dieser Arbeit sprengen und wäre vor allem auch nicht zielführend für das hier zentrale Anliegen, nämlich eine theoretische Einbettung der institutionellen Gegebenheiten vorzunehmen, welche die Übergänge von Jugendlichen mit und ohne Migrationshintergrund in Deutschland strukturieren. Deshalb sollen im Folgenden lediglich einige Grundmerkmale verschiedener Übergangsregime dargestellt und anschließend eine etwas ausführlichere Darstellung des Übergangsregimes in Deutschland präsentiert werden.

30 Migration, Lebenslauf und der Übergang von der Schule in die Ausbildung

Tabelle 2-1: Klassifikation von Übergangsregimen in Europa

Typ des Übergangs-regimes	Länder	Schul-system	Training	Konzepte über den Einstieg in Erwerbsarbeit	Erklärung von Jugend-arbeitslosigkeit
liberal	IR, UK	ein-heitlich	flexible niedrige Standards, vorwiegend schulische Ausbildung	frühe Unabhängigkeit	fehlende Motivation, Abhängigkeit von Sozialleistungen
universalistisch	DK, FI, SW	ein-heitlich	flexible Standards, vorwiegend schulische Ausbildung	persönliche Entwicklung	ist nicht vorgesehen Orientierungs-schwierigkeiten
unter-institutionalisiert	GR, ES, IT, PT	ein-heitlich	niedrige Standards, geringe Verbreitung	Statusvakuum	Arbeitsmarkt-segmentation, fehlende Ausbildung
erwerbsarbeits-zentriert	AT, BE, DE, FR, LUX, NL	selektiv	hohe Standardisierung, AT, DE: duale Ausbildung	Zuweisung von sozialen Positionen	individuelle soziale, qualifi-kationsbezogene Defizite

Quelle: Walther (2006) und Walther and Pohl (2005, 2006); Erläuterungen zu den Länderkürzeln: AT = Öster-reich, BE = Belgien, DE = Deutschland, DK = Dänemark, ES = Spanien, FI = Finland, FR = Frankreich, GR = Griechenland, IR = Irland, IT = Italien, LUX = Luxemburg, NL = Niederlande, PT = Portugal, SW = Schweden, UK = Vereinigtes Königreich

Das liberale Übergangsregime

Als Beispiel für den Typ des liberalen Übergangsregimes werden Irland und das Vereinigte Königreich herangezogen, wobei das letztere Beispiel den besser erforschten Fall darstellt (vgl. Crouch et al. 2001, Evans und Heinz 1994, Finegold und Soskice 1988, Kohlrausch 2007). Deshalb soll es stellvertretend für die anderen Länder dieses Typus herangezogen werden. Das Schulsystem im Vereinigten Königreich zeichnet sich bis zum Alter von 16 Jahren durch eine größtenteils einheitliche Struktur aus. Die Bildungslaufbahn im Anschluss an die Schulpflicht ist durch eine Bandbreite von unterschiedlichen Wegen gekennzeichnet, die die Jugendlichen einschlagen können. Diese Wege können eine explizit ausbildungsbe-zogene oder aber akademische Ausrichtung haben. Der Zeitraum im Anschluss an die Schul-pflicht wird im öffentlichen und politischen Diskurs als eine Periode angesehen, während der junge Menschen ihr Wissen und ihre Fähigkeiten entwickeln und entsprechend ihrem Be-rufswunsch ausrichten sollen. Die öffentlich geförderten Programme zur Förderung von be-nachteiligten Jugendlichen haben allerdings im Laufe der letzten 20-25 Jahre Veränderungen erfahren. In den 1980er Jahren waren sie darauf ausgerichtet, Jugendliche im Anschluss an die Schule so schnell wie möglich im Arbeitsmarkt unterzubringen. Die neueren Programme hingegen bieten flexiblere Ausbildungsmöglichkeiten, bei denen die Entwicklung des Hu-

Übergangsregime als Konzept des wohlfahrtsstaatlichen Vergleichs

mankapitals im Vordergrund steht (Furlong und McNeish 2001: 121-122, 127-128). Arbeitslos zu sein oder Sozialleistungen zu beziehen, wird in diesem Zusammenhang nach wie vor als ein Zeichen fehlender Arbeitsmotivation gewertet und die Benachteiligung einer Person eher mit individuellen als mit gesellschaftlichen Faktoren in Zusammenhang gebracht. Dementsprechend fällt der Umfang der wohlfahrtsstaatlichen Unterstützungsleistungen für junge Menschen eher niedrig aus und erfolgt in einem zeitlich begrenzten Rahmen. Der Zugang zu Leistungen, wie z. B. Arbeitslosengeld, wird teilweise von der Staatsbürgerschaft und dem aktiven Nachweis individueller Bemühungen um Arbeit abhängig gemacht.

Der zentrale Gedanke, der bei allen diesen Regelungen maßgeblich ist, ist das Ziel, die wirtschaftliche Unabhängigkeit von jungen Menschen zu einem frühestmöglichen Zeitpunkt herzustellen. Deshalb ist das vorrangige Anliegen von Maßnahmen und Programmen in diesem Regimetyp, wie auch im Falle des New Deal for Young People (NDYP) in Großbritannien, der Arbeitslosigkeit dadurch entgegenzuwirken, dass die davon betroffenen Jugendlichen so schnell wie möglich in Arbeit gebracht werden und nicht etwa längerfristige Trainings oder Ausbildungslehrgänge absolvieren. Komplementär dazu zeichnet sich der Arbeitsmarkt durch eine flexible Struktur aus, die viele Einstiegs- und Ausstiegsoptionen bereithält. Die Gefahr, die diese Art von Policies nach sich ziehen, besteht darin, dass benachteiligte Jugendliche wenige Qualifikationsmöglichkeiten erhalten und ein Anteil des Arbeitskräftepotenzials langfristig niedrig bzw. gar nicht qualifiziert bleibt.

Das universalistische Übergangsregime

Dieses Regime repräsentiert die Herangehensweise, die in den skandinavischen Staaten bei der Regulierung des Übergangs von Jugendlichen in das Erwerbsleben verfolgt wird (vgl. Furlong und McNeish 2001: 120-147). Das Schulsystem in diesen Staaten ist hauptsächlich einheitlich und bietet im Rahmen der Bildungsinhalte, die vermittelt werden, den jungen Menschen konkrete Anknüpfungspunkte, die ihnen auf dem Weg in die Erwerbstätigkeit behilflich sein sollen.

Ein weiteres Merkmal des universalistischen Regimes ist sein flexibler Charakter, da fast immer mehrere Optionen angeboten werden, die entweder tertiäre oder berufliche Bildungsqualifikationen vermitteln. Unter der Voraussetzung, dass die Person einen Staatsbürgerschaftsstatus bzw. gesicherten Aufenthaltstitel vorweisen kann, hat sie somit Zugang zu Leistungen, die ihr ein Studium oder eine berufliche Ausbildung ermöglichen.

Dieser Herangehensweise liegen zwei Leitideen zugrunde: Die erste bezieht sich auf die prinzipielle Funktion des Wohlfahrtssystems und geht davon aus, dass die Gesellschaft eine Verantwortung dafür trägt, den jungen Menschen verschieden Bildungsoptionen anzubieten. Die zweite, daran anknüpfende Vorstellung ist, dass die Jugend das Zukunftspotenzial der Gesellschaft ausmacht. Im Rahmen dieses Verständnisses ist es das vorrangige Ziel, den Jugendlichen die notwendige Orientierung zu vermitteln, die sie benötigen, um ihren Lebensweg zu gestalten.

Aus dieser Perspektive sind Jugendliche nicht arbeitslos, sondern haben – wenn sie sich weder im Bildungssystem noch auf dem Arbeitsmarkt befinden – offensichtlich Schwierigkeiten das Richtige für sich auszumachen und benötigen deshalb eine bessere Anleitung und Beratung. Dies ist der Grund, warum in den skandinavischen Ländern persönliches Coaching weit verbreitet ist. Diese Beratungsdienste zielen darauf ab, die individuellen Kapazitäten der Jugendlichen auszuschöpfen und diese dazu zu motivieren, die vorhandenen Maßnahmen und Programme zu nutzen. Die Jugendlichen sollen ihre persönliche Motivation aufrechterhalten und durch die angebotenen Möglichkeiten das Beste aus ihren Talenten und Fähigkeiten machen. Jedoch sind auch in einzelnen Ländern, die das universalistische Übergangsregime repräsentieren, in den letzten Jahren Stimmen auszumachen, die darauf drängen, dass die Jugendlichen stärkere Entschlossenheit zeigen sollen und nicht zu viel Zeit während der Orientierungsphase verlieren. Der Hintergrund dafür ist die Befürchtung, dass die Jugendlichen zu lange in den Maßnahmen verweilen, die ihnen keine wirkliche Chance zur Arbeitsmarktintegration bieten, und dadurch ihre Motivation weitgehend verlieren.

Das uninstitutionalisierte Übergangsregime

Das uninstitutionalisierte Übergangsregime ist in den südeuropäischen Ländern vorzufinden (Furlong und McNeish 2001: 123-131, IARD 2001) und zeichnet sich durch ein weitgehend nicht-gegliedertes Bildungssystem aus. Es ist außerdem auch ein Übergangsregime, in dem die berufliche Bildung nicht flächendeckend entwickelt ist bzw. die Ausbildungsstandards niedrig ausfallen. Der größte Teil der beruflichen Bildung wird durch Berufsschulen vermittelt und ist von den Bedürfnissen und der Nachfrage auf Seiten der privatwirtschaftlichen Betriebe abgekoppelt. Ein besseres Verständnis über die Dynamiken, die diesem Regimetyp eigen sind, kann hergestellt werden, wenn man die Beschäftigungsbedingungen in Augenschein nimmt, die jungen Menschen zumeist angeboten werden, wenn diese ins Erwerbsleben eintreten: Diese Beschäftigungsverhältnisse sind zumeist prekär, weisen also ein hohes Risiko des Arbeitsplatzverlustes auf, und ein überwiegender Teil basiert auf Verträgen mit kurzer Laufdauer. Zudem sind Teilzeitbeschäftigungen und informelle Arbeitsvereinbarungen weit verbreitet. Von diesen Konditionen sind junge Frauen öfter betroffen als junge Männer.

Im Vergleich zu den verbleibenden EU-15-Ländern zeichnen sich Italien, Griechenland, Spanien oder Portugal durch eine verhältnismäßig hohe Jugendarbeitslosigkeit aus. Dies wiederum führt dazu, dass die jungen Menschen in stärkerem Maße auf Familienressourcen zurückgreifen müssen und die Herstellung der wirtschaftlichen Unabhängigkeit längere Zeit in Anspruch nimmt. Typische Prozesse, die den Übergang ins Erwachsenenalter markieren, wie z. B. der Auszug aus dem Elternhaus, finden später statt (Billari et al. 2001). Für die Erlangung einer nicht-prekären Beschäftigungsposition wird ein tertiärer Bildungsabschluss als Vorbedingung angesehen, obwohl nicht klar ist, ob die für den Erwerb dieser Bildungsqualifikation aufgewendete Zeit tatsächlich die Chancen auf dem Arbeitsmarkt verbessert oder lediglich zur Legitimierung der Wartezeit dient (Ferrera 1996).

Die Volkswirtschaften, die unter diesen Regimetyp fallen, sind durch strukturelle Probleme gekennzeichnet, welche die Umsetzung von vielen beschäftigungspolitischen Maßnahmen für Jugendliche erschweren. Deshalb fällt es auch schwer, auf markante Merkmale dieses Übergangsregimes hinzuweisen, abgesehen von dem im Namen schon enthaltenen Verweis auf die unzureichende Institutionalisierung der Berufsbildung und des Übergangsprozesses. Wenn allerdings eine weitere übergeordnete Leitidee benannt werden müsste, welche auf alle diese Länder zutrifft, dann ist es das Ziel, junge Menschen mit einem Status zu versehen, der sie vor einer Arbeitslosigkeit bewahrt. Dabei kann es sich um den Status des Studenten handeln, der durch die Verlängerung der Bildungslaufbahn erreicht wird, oder die Position als Auszubildender, die an einer weiterführenden Berufsschule vermittelt wird, bzw. eine Position auf dem Arbeitsmarkt, welche durch ein staatliches Programm zur Beschäftigungsförderung hergestellt worden ist. Da die wohlfahrtsstaatlichen Leistungen in diesen

Ländern im Vergleich sehr niedrig ausfallen, ist ferner davon auszugehen, dass die Kosten, die mit einem Studium oder mit einer beruflichen Ausbildung verbunden sind, zum großen Teil vom Jugendlichen selbst gedeckt werden müssen und somit eine größere Abhängigkeit der beruflichen Perspektiven von familialen Unterstützungsleistungen und Ressourcen gegeben ist. Den Jugendlichen mit niedrigen Qualifikationen stehen somit nur bestimmte Segmente des Arbeitsmarkts offen.

Deutschland und das erwerbsarbeitszentrierte Übergangsregime

Deutschland zählt in dieser Regimetypologie, zusammen mit anderen kontinentaleuropäischen Ländern wie Österreich, Belgien, Frankreich, Luxemburg und den Niederlanden, zum erwerbsarbeitszentrierten Übergangsregime. Trotz vielerlei Unterschiede, die zwischen den aufgeführten Staaten bestehen, lassen sich folgende gemeinsame Charakteristika hervorheben (Walther 2006: 128-129, Walther und Pohl 2006): Der Zugang zu bestimmten Positionen auf dem Arbeitsmarkt sowie damit verbundene gesellschaftliche Stellungen werden über ein Bildungssystem gesteuert, das relativ selektiv ist und die Jugendlichen in Pfade lenkt, die diesen unterschiedliche Zukunftsperspektiven bieten. Ein wesentliches Merkmal dieses Übergangsregimes ist die Verknüpfung zwischen dem selektiven Schulsystem und einem weitgehend standardisierten Ausbildungssystem. Die Standardisierung der Ausbildung wird in Deutschland und Österreich über Berufsbildungsgesetze und das duale System sichergestellt, welches auf korporatistischen Strukturen basiert, innerhalb derer privatwirtschaftliche Betriebe, Schulen sowie die öffentliche Verwaltung zur Vermittlung von beruflichen Qualifikationen und für die Bereitstellung eines Bestands an qualifizierten Arbeitskräften zusammenarbeiten. In Ländern wie Frankreich hingegen ist die Berufsausbildung auch standardisiert, wird aber größtenteils über staatliche Berufsschulen oder schulähnliche Institutionen vermittelt. Die Niederlande repräsentieren eine Mischform dieser beiden Ansätze.

Die Grundidee in dieser Regimeform besteht darin, den verschiedenen Bereichen des Arbeitsmarkts geeignete Personen zuzuteilen. Ein Merkmal des Arbeitsmarkts ist dabei, dass dieser aus einem Kernbereich besteht, in dem die Beschäftigung nach festgelegten Standards erfolgt und ein relativ hoher Kündigungsschutz existiert. Darüber hinaus besteht allerdings auch ein anderer Arbeitsmarkt, der sich durch hohe Prekarität der angebotenen Arbeitsverhältnisse auszeichnet. Diese Zweiteilung des Arbeitsmarktes spiegelt sich auch im sozialen Sicherungssystem wieder, das für Personen, die aus regulären Arbeitsverhältnissen ausscheiden, relativ hohe Kompensationsleistungen bereithält, ansonsten allerdings nur eine niedrige ortsgebundene Sozialhilfe zur Verfügung stellt. Mit Ausnahme der Niederlande haben junge Menschen in diesen Ländern keinen automatischen Zugang zu individuellen Sozialleistungen, sondern müssen, bevor sie Ansprüche geltend machen können, zuerst Beiträge in ausreichender Höhe in die Sozialkassen eingezahlt haben.

Jugendliche, die keinen Zugang zum Ausbildungssystem finden, gelten in diesem Übergangsregime als benachteiligt bzw. „nicht ausbildungsreif". Für die Bundesagentur für Arbeit in Deutschland stellt der Begriff „nicht ausbildungsreif" ein Kriterium dar, um Jugendliche aus der Lehrstellenvermittlung auszusortieren und ihnen berufsvorbereitende Programme und Maßnahmen anzubieten. In diesen Maßnahmen wird im Allgemeinen keine anerkannte berufliche Qualifikation vermittelt, sondern lediglich das Ziel verfolgt, die Chancen des Jugendlichen für den Übergang ins eigentliche Ausbildungssystem zu verbessern. Die Maßnahmen verleihen den Jugendlichen also einen „Zwischenstatus", weil sie in dieser Zeit weder als arbeitslos noch als in Ausbildung gelten. Sie sollen kompensatorisch in Bezug auf die Fähigkeiten des Jugendlichen wirken, ohne ihnen in dieser Phase einkommensähnliche Leistungen zukommen zu lassen. Als Konsequenz des institutionellen Regulierungsgrades ist die Möglichkeit, individuelle Lösungswege im Umgang mit potenziellen Schwierigkeiten einzuschlagen, eingeschränkt und der Druck, sich den institutionell vorgesehenen Lösungen konform zu verhalten, hoch (vgl. Leisering 2003).

2.6 Kritische Reflexion der Ansätze zur Erklärung von Übergangsprozessen

Es gibt zahlreiche und gute Gründe bei der Erforschung ethnischer Ungleichheit, den gruppenspezifischen Merkmalen von Zuwanderern nachzugehen. Durch die Betonung der ethnischen Unterschiede besteht allerdings auch das Risiko, wichtige strukturelle Faktoren zu übersehen, die auf den Übergang von der Schule ins Erwerbsleben einwirken. Die Vorstellung der Kriterien, die von der vergleichenden Transitionsforschung herangezogen werden, lässt erkennen, dass den institutionellen Rahmenbedingungen im Übergang eine große Bedeutung zukommt.

Zunächst einmal ist festzuhalten, dass die Lebenslaufforschung – wie oben skizziert – auf zahlreiche ländervergleichende Studien zurückgreifen kann und ein ausgesprochen differenziertes Bild von biografischen Übergängen zu zeichnen vermag. In Bezug auf die Integrationsforschung bemerken Heath et al. (2008: 44) hingegen: „little systematic research exists that would enable us to explain cross-national variations in educational advantage or disadvantage. Indeed (…) there would probably be no consensus even on the descriptive question of which countries exhibit more favorable environments for second-generational educational success". Die Verknüpfung der Integrationsforschung mit spezifischen Konzepten und methodischen Ansätzen aus der Lebenslaufforschung kann einen Beitrag dazu leisten, die Gründe für die Unterschiede zwischen zugewanderten und einheimischen Jugendlichen im Bereich der Bildung und Ausbildung besser herauszuarbeiten und zu verstehen.

Die hier angedeuteten komplementären Rollen weisen allerdings auch auf die Schwächen dieser Forschungsstränge hin. Die Sicht von Heath et al. (2008) auf sog. allgemeine Merkmale des Aufnahmekontextes erscheint stellenweise nicht spezifisch genug, um strukturelle Unterschiede zwischen den Übergangsprozessen der jeweiligen Länder auszumachen und Problembereiche zu identifizieren, von denen Jugendliche mit Migrationshintergrund besonders betroffen sind. Die Dimensionen des Übergangs von der Schule in den Arbeitsmarkt, wie sie von Hannan et al. (1997) und Smyth et al. (2001) aufgezeigt werden, scheinen auf der anderen Seite keine distinkten Kategorien zu bilden, sondern in einzelnen Bereichen stark zu überlappen. Bei dem Versuch, ein möglichst umfassendes Bild der Übergangsprozesse zu zeichnen, verschwimmen die Konturen und es bleibt unklar, wie sich spezifische nationale Kontexte voneinander unterscheiden sollen. Obwohl die empirische Forschung im Rahmen des CATEWE-Projekts[8] sich vornehmlich auf vergleichende quantitative Analysen konzentriert hat, wird in der theoretischen Diskussion, die dargelegt wird, schnell klar, dass mit der beschränkten Zahl von Indikatoren auf der Mikro- und Makroebene, die in den bisher verwendeten Datensätzen zur Verfügung gestellt werden, zahlreiche Aspekte der dargelegten Dimensionen nicht bearbeitet werden können.

Auch in Bezug auf den skizzierten Ansatz der Übergangsregime, wie er von Walther et al. vertreten wird, lassen sich ähnliche Kritikpunkte anbringen. Allem voran ist zu bemer-

---

8   Vgl. für Informationen über den Forschungsansatz, die Teilprojekte sowie die Ergebnisse unter: http://www.mzes.uni-mannheim.de/projekte/catewe [Zugriff am: 22.05.2007]

Der Übergang Schule-Ausbildung als Mehrebenenprozess 35

ken, dass Merkmale, die bestimmten Regimen zugeschrieben werden, entweder nicht für alle Länder desselben Regimetyps wirklich gleichermaßen kennzeichnend sind (vgl. z. B. die Verzahnung des Bildungs- und Ausbildungssystems im erwerbsarbeitszentrierten Übergangsregime), oder so allgemein gehalten sind, dass sie auf mehrere Regime gleichermaßen zutreffen (z.B. das Merkmal „einheitliches vs. selektives Bildungssystem") und somit keinen wirklichen Beitrag zur Differenzierung darstellen. Hinzu kommt bei der Diskussion der Übergangsregime, dass stellenweise schwer auszumachen ist, was die Ursachen für die Herausbildung bestimmter Merkmale von Regimen sind und was ihre Folgen sein sollen.

Die bisherige theoretische Diskussion ist allerdings keineswegs überflüssig, da sie zur Präzisierung von bestimmten Zusammenhängen beigetragen und die Komplexität des Untersuchungsfeldes verdeutlicht hat. Die Ausführungen haben zudem mehr Klarheit darüber geschaffen, wodurch sich Übergänge in Deutschland von anderen Ländern unterscheiden. Eine grundsätzliche Kritik, die sich allerdings an alle der bisher referierten Erklärungsansätze richten lässt, ist, dass die Mechanismen, die zu Unterschieden zwischen Ländern und Ungleichheiten innerhalb der jeweiligen Gesellschaften führen, unklar bleiben. Deshalb soll im Folgenden der hier vertretene Erklärungsansatz erläutert werden, durch den die Mechanismen besser verstanden werden sollen, die zur unterschiedlichen Teilhabe von Jugendlichen mit und ohne Migrationshintergrund am beruflichen Bildungssystem in Deutschland führen.

2.7 Der Übergang Schule-Ausbildung als Mehrebenenprozess

Der Lebenslauf eines Individuums ist laut Huinink als „Teil eines gesellschaftlichen Mehrebenenprozesses" (2002: 379) zu verstehen, der in enger Verbindung mit Personen im unmittelbaren persönlichen Umfeld und mit bestimmten sozialen Gruppen (z.B. peer groups) steht (vgl. auch Elder 1994). Andererseits unterliegen Lebensläufe auch den „strukturierenden Einflüssen gesellschaftlicher Institutionen und organisationaler Hierarchien (staatliche Institutionen, Arbeitsorganisationen)" und „finde[n] in spezifischen räumlichen Kontexten und unter historisch gewachsenen gesamtgesellschaftlichen Bedingungen statt" (Huinink 2002: 379).

Ausgehend von dieser Perspektive können die Prozesse, die sich während des Übergangs von der Schule in die berufliche Bildung ereignen und hier untersucht werden sollen, in Form eines Mehrebenenmodells (vgl. Boudon 1974, Coleman 1990, Esser 2002, Huinink 1989) dargestellt werden (Abb. 2-2). Bei diesem Mikro-Makro-Modell handelt es sich um einen Erklärungsansatz, der in der Tradition des methodologischen Individualismus steht. Die handlungstheoretische Perspektive, die eingenommen wird, lehnt sich auf der Mikroebene stark an Rational-Choice-Theorien an. Das Modell impliziert, dass die Beziehungen zwischen zwei Phänomenen auf sozialer/kollektiver Ebene erst dann erklärt werden können, wenn auf individuelle Orientierungen und Handlungen der Akteure Bezug genommen wird, die Teil der relevanten Prozesse sind. Bei dem hier entwickelten Modell handelt es sich allerdings um eine durch die Meso-Ebene erweiterte Form des Grundmodells, wie es von Coleman (1990: 10ff.) und Esser (1999: 91ff.) vorgeschlagen wird.

Auf der Makroebene ist der Zusammenhang abgebildet, der in dieser Arbeit erklärt werden soll und durch die Aggregation der Prozesse auf der Mikro- und Mesoebene zustande kommt. Bezogen auf dieses Modell entscheiden sich die betroffenen Jugendlichen auf der Mikroebene aus einer bestimmten Situation heraus – also von vorhandenen Ressourcen ausgehend und persönlichen Präferenzen und Orientierungen folgend – für konkrete Handlungsstrategien, die sie verfolgen, um in eine berufliche Ausbildung zu kommen. Auf der

Meso-Ebene sind die institutionellen Akteure zusammengefasst, die sich auf lokaler Ebene im Bereich der Ausbildungsförderung engagieren. Laut Esser kann die „*Einbettung* der Akteure in soziale Gebilde und Interaktionssysteme, sowie die Einbettung dieser sozialen Gebilde und Interaktionssysteme in weitere soziale Zusammenhänge (...) ebenfalls leicht in die Logik des Modells (...) integriert werden" (Esser 2002: 19)

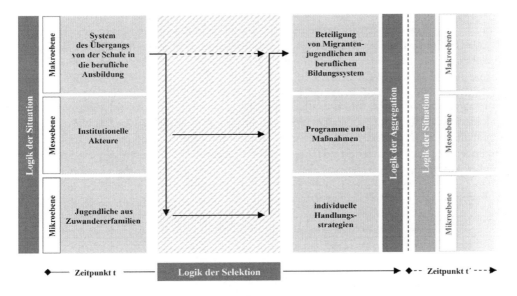

Quelle: Eigene Darstellung angelehnt an Coleman (1990: 10ff.) und Esser (1999: 91ff.)

Abbildung 2-2: Mehrebenen-Erklärungsmodell

Logik der Situation

Die „Logik der Situation" beschreibt, so Esser (1999: 94), eine Verzahnung der Mikro-Ebene mit der Makro-Ebene, anhand einer spezifischen sozialen Situation, die in Verbindung mit einem bestimmten Akteur auftritt und als beispielhaft für das auf der Makro-Ebene benannte Phänomen angesehen werden kann. Auf der Ebene dieser Logik werden Erwartungen und Bewertungen des Akteurs mit Konditionen und Möglichkeiten der Situation verknüpft. Hierzu sind Brückenhypothesen notwendig, in denen Annahmen darüber getroffen werden, wie die Akteure die jeweilige Situation wahrnehmen. Dabei wird bei Esser das herkömmliche Rational-Choice-Modell erweitert und um den Einfluss des sozialen Kontextes ergänzt. Dies zeigt sich in seiner Beschreibung der Situationsanalyse, die „auf die Untersuchung der typischen Anpassung der Akteure an die aktuell gegebene äußere Situation angesichts eines jeweils vorliegenden Repertoirs an *inneren* Tendenzen und Zielen des Handelns" (2002: 32, Herv. im Orig.; C.A.) abzielen soll. Für die Situationsanalyse lehnt sich Esser an die „Definition der Situation", wie sie aus der interaktionistischen Theorie bekannt ist, und ergänzt diese um kognitionstheoretische Argumente. Esser führt hier das Konzept des „Framings" ein, worunter „die Selektion eines *Modells* der Situation und der damit verbundenen Festlegung

Der Übergang Schule-Ausbildung als Mehrebenenprozess 37

des *Zieles,* das jetzt im Mittelpunkt des Interesses und der Orientierung der Akteure steht" (2001b: 154, Herv. im Orig.; C.A.), verstanden werden soll:

> „Ein *Frame* enthält dabei in typisierter Form die spezielle inhaltliche Definition der Situation, insbesondere das *Oberziel,* um das es in der betreffenden Situation geht. Das Oberziel definiert den funktionalen, kulturellen oder normativen *Code* des Frames. (…) Der Code legt damit die *Bewertungen* von möglichen Handlungsergebnissen und somit eine bestimmte *Präferenzordnung* fest. Das Framing bedeutet damit die Selektion einer auf die *spezielle* Situation bezogenen Präferenz." (Esser 2001b: 263, Herv. im Orig.; C.A.)

Bezogen auf die Analyse hier kann z. B. davon ausgegangen werden, dass die Vertreter der ausbildungspolitisch aktiven Institutionen über *Frames* verfügen, was die Situation auf dem Ausbildungsmarkt angeht. Im Rahmen der Tätigkeiten, die sie in ihrer beruflichen Routine verrichten, greifen sie auf diese Frames zurück und identifizieren bestimmte Codes, welche sie mit spezifischen Problemlagen in Verbindung bringen. Dies verleitet sie dazu, eine Situation auf eine bestimmte Weise zu interpretieren und nicht anders.

Logik der Selektion

Bei der Logik der Selektion stehen nicht mehr Deutungsmuster oder Wahrnehmungen, die die Akteure in Bezug auf eine konkrete Situation haben, im Vordergrund sondern die Erklärung des Verhaltens, das sie an den Tag legen. Bei der Logik der Selektion geht es um eine Mikro-Mikro bzw. eine Meso-Meso-Verbindung, bei der die Akteure aus einem Set von Möglichkeiten eine Handlungsalternative auswählen, die ihren Erwartungen und Bewertungen entspricht (Esser 1999: 94-96). Zur Erklärung dieser Handlungen dienen bei Esser sog. *Skripte,* die sich auf „typische, am Code des Frames orientierte, inhaltlichen Abläufe und Verzweigungen für ganze Bündel und Sequenzen von Handlungen" beziehen. Er charakterisiert diese auch als „das *Programm* des Handelns innerhalb eines bestimmten Frames" (Esser 2001b: 263, Herv. im Orig.; C.A.).

Frames und Skripte repräsentieren hierbei Modelle, die im Gedächtnis abgespeichert und an spezifische Inhalte und Verhaltensformen gekoppelt sind. Sie reduzieren die Wirklichkeit auf wenige Aspekte und sollen in typischen Situationen und Handlungsabläufen dienlich sein (Esser 2001b: 262).

Logik der Aggregation

Anhand der Logik der Aggregation wird die Argumentationskette geschlossen, indem Phänomene auf der Mikro- und Meso-Ebene wieder mit dem zu erklärenden Makro-Phänomen verbunden werden. Hierzu sind allerdings meistens sog. Transformationsregeln notwendig, die „*spezielle* und *inhaltliche* Informationen über den jeweiligen Fall als auch *allgemeine* und *formale* Regeln und Ableitungen" enthalten können (Esser 1999: 97).

Die bisherigen Ausführungen verdeutlichen, dass sowohl auf der Mikro- als auch Mesoebene Abläufe zu beobachten sind, durch die ein besseres Verständnis der kollektiven Phänomene hergestellt werden kann. Dieser Gedankengang lässt sich exemplarisch für den Übergang von der Schule in die berufliche Bildung wie folgt beschreiben: Ein Jugendlicher erwirbt schon während der Schulzeit Kenntnisse darüber, welche Möglichkeiten der beruflichen Bildung es gibt, welche Ausbildungsgänge interessant für ihn sind und welche Strategien sinnvoll eingesetzt werden können, um eine reale Chance auf eine berufliche Bildung zu bekommen. Diese Chancen können je nach Schulabschluss erheblich variieren. Eine

Hauptschulabsolventin könnte sich z. B. dessen bewusst sein, dass sie im Vergleich zu einer Bewerberin mit Abitur wesentlich geringere Chancen auf eine Ausbildungsstelle bei einer Bank hat und könnte deshalb von Anfang an von einer Bewerbung absehen. Die hier angesprochenen Strategien können im Esserschen Sinne als Skripte verstanden werden, die von den Jugendlichen in Bezug auf die Ausbildungsstellensuche abgespeichert sind und handlungsleitend werden, wenn es darum geht, innerhalb eines Sets von Handlungsmöglichkeiten eine Alternative auszuwählen.

Auf der Mesoebene sind eine Reihe von Programmen und Maßnahmen zu verzeichnen, die – je nach gewählter Handlungsstrategie des Jugendlichen – unterstützend oder einschränkend auf diesen wirken können. Wenn der Jugendliche beispielsweise eine vorwiegend schriftliche Bewerbungsstrategie verfolgt, können Trainings, in denen individuell gestaltete Anschreiben und Lebensläufe geübt werden, unterstützend sein. Die Entscheidung darüber, welche Art von Maßnahmen in einem bestimmten Zeitraum angeboten werden und welche nicht, wird aufgrund bestimmter institutioneller Gegebenheiten und Präferenzen auf der Mesoebene getroffen.

Eine weitere Dimension, die für die hier vorliegende Untersuchung interessant sein kann, liefert Schimank (2002: 173ff.), wenn er „Akteurkonstellationen" diskutiert. „Sobald die Intention von mindestens zwei Akteuren interferieren", kommen laut Schimank (2002: 173) Akteurkonstellationen zustande, wobei durch die Interaktion der Akteure „Intentionsinterferenzen" im Rahmen wechselseitiger Beobachtung, Verhandlung und Beeinflussung abweichende Verhaltensweisen dämpfende oder verstärkende Resultate erzielt werden können (2002: 207-322). Wichtig für die Logik der Aggregation ist in diesem Zusammenhang, dass in vielen Fällen die Bemühungen der Akteure, ihre Intentionsinterferenzen zu bewältigen, relativ dauerhafte Handlungsmuster hervorbringen. Wie noch in den Analysen des fünften Kapitels zu sehen sein wird, lassen sich diese theoretischen Argumente auf die Arbeitsweise der lokalen Netzwerke zur Ausbildungsförderung durchaus übertragen.

Die Chancen werden also nicht nur durch die individuellen Voraussetzungen und Handlungsstrategien auf der Mikroebene bestimmt, sondern auch durch die Handlungen der Akteure auf der Mesoebene. Dort ordnen die Institutionen den Zugang zum Ausbildungssystem durch Regeln, die sie definieren, und durch Programme und Maßnahmen, die sie auflegen. Sie geben Gelegenheitsstrukturen vor, die die Jugendlichen bei ihrer Suche nach einer Ausbildung zu einem bestimmten Zeitpunkt *(t)* vorfinden. Hier gilt es jedoch zu unterstreichen, dass von keiner absoluten Determinierung der Personen durch Institutionen ausgegangen werden kann, sondern mehrere gesellschaftliche Ebenen zusammenwirken. Erst dadurch entstehen Phänomene wie z. B. Differenzen zwischen Jugendlichen mit und ohne Migrationshintergrund im Übergang von der Schule in den Beruf.

Im Rahmen der Lebenslaufforschung werden – wie oben bereits ausgeführt – auch die zeitlichen Aspekte berücksichtigt, die auf diese biografischen Übergänge einwirken. Das hier dargestellte Erklärungsmodell verweist auf diese temporale Dimension, indem davon ausgegangen wird, dass die Logik der Situation und folglich auch die Präferenzen der Akteure zu einem ganz bestimmten historischen Zeitpunkt gegeben sind. Die daraus resultierenden Handlungen führen dazu, dass zu einem späteren Zeitpunkt *(t')* die Rahmenbedingungen auf der Makroebene entweder stabil bleiben oder sich verändern. Die Annahme ist, dass die gesellschaftlichen Institutionen nicht nur die Rahmenbedingungen für Individuen bilden, sondern auch selbst durch die Handlungen dieser Individuen verändert werden können. Dies wiederum kann dazu führen, dass Personen zum Zeitpunkt *(t')* mit veränderten Rahmenbedingungen konfrontiert sind.

3 Fragestellung, Design und Methoden der Untersuchung

Die zentrale Fragestellung der Arbeit lässt sich aus dem oben dargestellten Mehrebenenmodell (Abb. 2-2) ableiten. Wie kommt es im Rahmen des beruflichen Bildungssystems in Deutschland zur Benachteiligung von Migrantenjugendlichen beim Übergang von der Schule in die Ausbildung? Aus den Ausführungen des vorhergehenden Kapitels sollte hervorgegangen sein, dass die institutionelle Regelung des Übergangsprozesses einen Einfluss auf die Integration bzw. auf den Ausschluss von bestimmten Jugendlichen aus diesem System hat. Bestimmend sind allerdings auch individuelle Merkmale, die die Jugendlichen auszeichnen. So können Jugendliche bessere oder schlechtere Schulabschlüsse haben, höhere oder niedrigere Abschlussnoten erzielen. Sie können aus Elternhäusern stammen, die mit hohem ökonomischen, sozialen oder kulturellen Kapital ausgestattet sind, z.B. über entsprechende soziale Netzwerke verfügen, die bei der Suche nach einer Ausbildungsstelle eventuell von Nutzen sein können oder sie können in familiären Verhältnissen aufgewachsen sein, die dies nicht bieten. Die genauen Mechanismen, die zu Ungleichheiten innerhalb der Gesellschaft führen, bleiben jedoch unklar, da die Faktoren, welche auf den Übergangsprozess einwirken, zahlreich und sowohl auf der individuellen als auch auf der institutionellen Ebene zu suchen sind.

Ein erster Schritt, um diese komplexe Fragestellung zu vereinfachen und somit bearbeitbar zu machen, besteht darin, den Gegenstand der Untersuchung weiter einzugrenzen. Zunächst wird der Untersuchungszeitraum für die Analyse der individuellen Übergansprozesse – aufgrund der Beschaffenheit der zur Verfügung stehenden Daten – auf den Zeitraum 1997 bis 2006 eingeschränkt, auch wenn für die institutionellen Analysen im Rahmen der Fallanalysen eine längere Zeitperiode berücksichtigt wird. Eine weitere Fokussierungsmöglichkeit besteht darin, die Analysen auf den ersten Übergang von der Schule in die Berufsausbildung zu konzentrieren. Empirisch gesehen ist dies eine Vereinfachung eines weitaus komplexeren Ablaufs. Jugendliche können nämlich die Schule verlassen und anschließend eine Ausbildung beginnen, diese aber auch nach einer gewissen Zeit wieder abbrechen, um sich neu zu orientieren und eventuell eine andere Ausbildung zu beginnen. Wenn die Untersuchungsperspektive auf die Einmündung ins Erwerbsleben ausgeweitet werden würde, würde sich die Komplexität der Fragestellung weitaus erhöhen, denn Jugendliche können eine Ausbildung abschließen und trotzdem auf dem Arbeitsmarkt benachteiligt sein, wenn sie z.B. nur die Gelegenheit hatten, sich in einem Ausbildungsberuf zu qualifizieren, bei dem die Marktnachfrage geringer ist als bei anderen. Eine weitere vorstellbare Variante besteht darin, dass Jugendliche die Ausbildung als Zwischenstation sehen, um sich im Anschluss daran (z.B. durch ein Studium) weiterzuqualifizieren. All diese Fragen und mögliche weitere Szenarien lassen sich in den empirischen Beobachtungen wiederfinden und erzeugen eine komplexe Realität. Dennoch hat die Fokussierung der Fragestellung auf den Übergang in die berufliche Erstausbildung ihre Berechtigung, denn mit dem Einstieg in die Ausbildung ist für die Jugendlichen die Möglichkeit zur Qualifikation zunächst einmal eröffnet. Zudem deuten empirische Studien darauf hin, dass Unterschiede beim Übergang ins Erwerbsleben zwischen Jugendlichen aus einheimischen und zugewanderten Familien – mit Ausnahme von spezifischen Untergruppen – verschwinden, sobald die Jugendlichen eine abgeschlossene berufliche Qualifikation vorweisen können (vgl. Granato und Kalter 2001). Dies wirft die Frage auf, inwiefern Ungleichheiten bereits zu einem früheren Zeitpunkt, also schon bei dem Einstieg in die Ausbildung zu beobachten sind.

Ein wesentliches Merkmal auf individueller Ebene, das auf die Übergangschancen von Jugendlichen in eine Ausbildung einwirkt, ist der Schulabschluss. Je niedriger der Schulabschluss von Jugendlichen, desto geringer sind ihre Chancen auf einen Ausbildungsplatz (Autorengruppe Bildungsberichterstattung: 157-158). Auf der anderen Seite ist in der Bildungsforschung schon seit längerem bekannt und wurde durch den 2008 veröffentlichten Zweiten Nationalen Bildungsbericht nochmals bestätigt, dass Kinder aus Zuwandererfamilien – unter Kontrolle des sozioökonomischen Status der Eltern – seltener Gymnasien und häufiger niedrig qualifizierende Schularten besuchen als ihre deutschen Mitschüler (Autorengruppe Bildungsberichterstattung 2008: 63). Deshalb lohnt es sich, das Augenmerk auf Absolventen der niedrig qualifizierenden Schultypen zu richten und zu fragen, wie die Übergangsprozesse für diese im allgemeinen als benachteiligt geltende Gruppe von Jugendlichen aussieht und ob Unterschiede zwischen einheimischen Jugendlichen und Migrantenjugendlichen zu beobachten sind.

Diese Unterschiede zwischen Migrantenjugendlichen und Einheimischen in Bezug auf die konkreten Übergänge in die Erstausbildung lassen sich nur auf der individuellen Ebene analysieren (vgl. Abb. 3-1). Zu betonen ist dabei, dass die im Vordergrund stehende Frage sich darauf konzentriert zu untersuchen, ob das Merkmal Migrationshintergrund auch bei Jugendlichen mit ähnlichen schulischen Qualifikationen (Einschränkung der Analyse auf Jugendliche mit maximal Hauptschulabschluss) zu einem Nachteil führt. In Bezug auf diesen Kernaspekt seien hier kurz die unterschiedlichen Analysemethoden erläutert. Für detailliertere Angaben sei auf die methodischen Abschnitte in den jeweiligen Kapiteln verwiesen.

Zuerst werden anhand der Deskription der im Datensatz untersuchten Population unterschiedliche demografische und schulische Merkmale dargestellt. Zudem wird auf Differenzen zwischen Jugendlichen aus einheimischen und zugewanderten Familien hinsichtlich ihrer Ausbildungsaspirationen aufmerksam gemacht. In einem weiteren Schritt wird anhand von Statusverteilungen der Verbleib von Jugendlichen im Alterszeitraum vom 15. bis zum 20. Lebensjahr verglichen. Im Anschluss daran werden anhand des Kaplan-Meier-Verfahrens die Übergangsfunktionen – also die über die Zeit verteilten Übergänge – für unterschiedliche Subpopulation untersucht und schließlich wird anhand des Regressionsmodells zu den Übergangsraten der Frage nachgegangen, ob bestimmte individuelle Merkmale einen verzögernden oder beschleunigenden Einfluss auf die Einmündung in eine Ausbildung ausüben. Die Frage, die diesen Analyseansätzen übergeordnet ist, lautet: Hat das Merkmal Migrationshintergrund einen eigenständigen Einfluss darauf, wie schnell es einem Jugendlichen gelingt, in eine Ausbildung zu kommen?

Fragestellung, Design und Methoden der Untersuchung 41

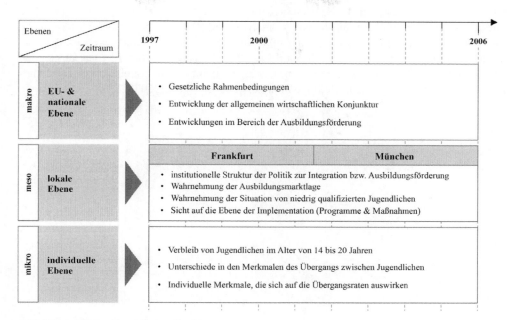

Abbildung 3-1: Forschungsdesign

Empirische Befunde aus der Übergangsforschung weisen darauf hin, dass die Wahrscheinlichkeit für Jugendliche mit Migrationshintergrund in Maßnahmen einzumünden, im Vergleich zu einheimischen Jugendlichen deutlich höher ist (vgl. Baethge et al. 2007: 43). Diese Befunde unterstreichen die Bedeutung der qualitativen Fragestellung dieser Untersuchung, denn wenn beobachtet werden kann, dass Migrantenjugendliche öfter im Übergangssystem untergebracht sind, stellt sich die Frage – insbesondere dann, wenn sie längere Zeit brauchen, um in die Ausbildung zu münden – wie die Prozesse auf der institutionellen Ebene aussehen, die den Kontext vor und während des Zeitraums ihrer Suche nach einem Ausbildungsplatz ausmachen. Die institutionellen Akteure treten in diesem Zusammenhang als Mitgestalter einer Opportunitätsstruktur auf, mit der sich die Jugendlichen auseinandersetzen müssen. Also stellen sich die Fragen: Wie ist dieses Politikfeld auf der Ebene der Kommune konkret organisiert? Wie laufen die Entscheidungsprozesse ab, anhand derer das Maßnahmenangebot zusammengestellt wird? Welches Verständnis haben die Entscheidungsträger auf dieser Ebene von der Lage und den Dynamiken auf dem Ausbildungsmarkt? Worin sehen sie Probleme, die niedrigqualifizierte Jugendliche haben? Welche Merkmale schreiben sie den Migrantenjugendlichen zu? Auf der Ebene der Implementation soll die Analyse nochmals verfeinert werden, indem nicht nur die Entscheidungsträger, sondern auch die Praktiker danach gefragt werden, welche Ansätze sie als sinnvoll erachten, um die von ihnen beschriebenen Probleme anzugehen. Auf diesem Weg werden auf Ebene der Fallanalysen Informationen darüber eingeholt, wie die Meso-Ebene strukturiert ist und wie die institutionell gesteuerten Gelegenheitsstrukturen aussehen, die die Jugendlichen vorfinden.

Das Forschungsdesign der Arbeit folgt dem Erklärungsmodell (vgl. Abb. 2-2): Es greift auf eine Methodenkombination zurück, bei dem für Fragestellungen, die auf unterschiedlichen Analyseebenen angesiedelt sind, unterschiedliche methodische Ansätze verwendet werden. In den wissenschaftlichen Abhandlungen über „mixed methods" werden überwiegend Ansätze diskutiert, bei denen verschiedene Varianten der Integration von qualitativen und quantitativen Methoden auf derselben analytischen Ebene – meistens der Mikroebene – betrieben werden (vgl. Creswell et al. 2008). In dieser Studie ist es dagegen so, dass die qualitativen und quantitativen Analysen auf verschiedenen analytischen Ebenen angesiedelt sind, sich allerdings gegenseitig ergänzen. Daher erscheint es sinnvoller, von einer Methodenkombination als von einem Methodenmix zu sprechen (Kelle 2008: 219).

4 Quantitative Analyse des Übergangs von der Schule in die Ausbildung bei schulisch niedrig qualifizierten Jugendlichen

Jugendliche, die in Deutschland eine berufliche Ausbildung anstreben, verwenden meist große Mühe darauf, einen Ausbildungsplatz in einem der über 340 anerkannten Berufe zu erhalten. Der Anteil der Migrantenjugendlichen, die bei dieser Suche erfolglos bleiben, fällt im Vergleich zu den einheimischen Jugendlichen – wie im Folgenden dargestellt werden soll – deutlich höher aus. Daran ändert auch der Umstand nichts, dass die Jugendlichen – wie die vormalige Beauftragte für Ausländerfragen, Marieluise Beck, betonte – „ein hohes Interesse" an beruflicher Qualifizierung aufweisen und sich „auch der Unterstützung durch ihre Eltern überwiegend gewiss sein können" (2002: 216).

Der Berufsbildungsbericht des Jahres 2008 weist darauf hin, dass die Einmündungschancen in eine vollqualifizierende Berufsausbildung sich drastisch verschlechtern, je niedriger der Schulabschluss ist. Die Chancen von Jugendlichen mit bzw. ohne Hauptschulabschluss, eine Berufsausbildung zu beginnen, sind um das 3-fache geringer als bei Jugendlichen mit mittlerem Abschluss und um das 4,5-fache geringer als bei Studienberechtigten (BMBF 2008: 68). Dies bestätigt auch der Zweite Nationale Bildungsbericht, in dem ein besonderes Augenmerk auf die Hauptschule gelegt worden ist. Diesem Bericht zufolge dauert für einen Großteil der Jugendlichen mit niedrigen Schulabschlüssen die Einmündung in eine Ausbildungsstelle deutlich länger als bei Realschulabsolventen (Autorengruppe Bildungsberichterstattung 2008: 8-9).

Die hier zitierten Ergebnisse sollen im vorliegenden Abschnitt dieser Arbeit überprüft und in Bezug auf Jugendliche mit niedrigen schulischen Qualifikationen weiterentwickelt werden. Dabei steht der Vergleich zwischen Jugendlichen mit und ohne Migrationshintergrund im Mittelpunkt. Bevor in diesem Zusammenhang die wichtigsten Ergebnisse aus den bisherigen empirischen Forschungsarbeiten zusammengefasst werden und auf die Besonderheiten des hier genutzten Datensatzes eingegangen wird, sollen die Fragestellungen wiederholt werden, die für die eigenen Analysen zentral sein werden:

- Welche gruppenspezifischen Unterschiede lassen sich zwischen Jugendlichen mit und ohne Migrationshintergrund im Altersabschnitt, in dem typischerweise Übergangsprozesse stattfinden, hinsichtlich des Verbleibs in der Schule bzw. in anderen Zuständen, wie z. B. in Maßnahmen, feststellen?
- Sind zwischen Jugendlichen mit und ohne Migrationshintergrund Unterschiede festzustellen hinsichtlich der Zeit, die benötigt wird, um in eine berufliche Erstausbildung einzumünden?

- Welche individuellen Merkmale haben einen verlangsamenden bzw. beschleunigenden Einfluss auf die Einmündung in eine berufliche Erstausbildung?

Um diese Fragestellungen zu bearbeiten, werden im Anschluss an den Literaturüberblick und die Beschreibung der Datengrundlage zunächst die Verteilungen von Jugendlichen mit und ohne Migrationshintergrund auf verschiedene Aktivitäten ab dem 15. Lebensjahr bis zum Ende des 20. Lebensjahrs untersucht. Im Anschluss daran wird anhand des Kaplan-Meier-Verfahrens die Wahrscheinlichkeit geschätzt, mit der Jugendliche mit maximal Hauptschulabschluss in eine Berufsausbildung einmünden. Ergänzt werden diese Analysen durch ein Exponential-Modell, das den Einfluss von zeitkonstanten und periodenspezifischen Faktoren untersucht, die sich auf die Einmündung in eine berufliche Ausbildung auswirken.

4.1 Überblick über die empirische Forschung

Die folgende Zusammenschau konzentriert sich vornehmlich auf empirische Untersuchungen, die die Entwicklungen im Zeitraum von Anfang der 1990er bis Mitte der 2000er Jahre analysieren. Dieser Umstand liegt darin begründet, dass die eigenen empirischen Analysen zu den Übergängen von Jugendlichen von der Schule in die Ausbildung sich auf einen ähnlichen Zeitraum beziehen. Durch die ähnlichen zeitlichen Bezüge soll eine komplementäre Darstellung gewährleistet werden.

Das deutsche Ausbildungssystem kann grundsätzlich in drei Bereiche unterteilt werden:

- das duale Berufsbildungssystem, das eine Kombination aus betrieblicher Ausbildung und schulischem Unterricht darstellt,
- das Schulberufssystem, das in bestimmten Berufszweigen, wie z.B. im Gesundheitswesen, den typischen Ausbildungsweg darstellt und hinsichtlich des erreichten Abschlusses dem dualen System gleichwertig ist, und
- das Übergangssystem, das aus verschiedenen Maßnahmen und Programmen[9] besteht und zu keinem anerkannten beruflichen Abschluss führt, sondern „auf eine Verbesserung der individuellen Kompetenzen von Jugendlichen zur Aufnahme einer Ausbildung oder Beschäftigung (…) und zum Teil das Nachholen eines allgemein bildenden Schulabschlusses" ausgerichtet ist (Konsortium Bildungsberichterstattung 2006: 79).

---

9 Programme und Maßnahmen unterschiedlichster Art werden unter der Überschrift „Übergangssystem" zusammengefasst, dennoch können diese grob in zwei Blöcke unterteilt werden: der eine Bereich konzentriert sich auf die Berufsorientierung, der andere auf eine sog. berufliche Grundbildung, die der eigentlichen Ausbildung vorgeschaltet ist. Allerdings ist diese Unterteilung weit davon entfernt, wirklich distinkte Kategorien zu schaffen, denn z. B. können Maßnahmen, die zwei unterschiedlichen Kategorien zugeordnet werden, auf der Ebene der (lokalen) Implementation inhaltlich recht ähnlich ausfallen.

Überblick über die empirische Forschung 45

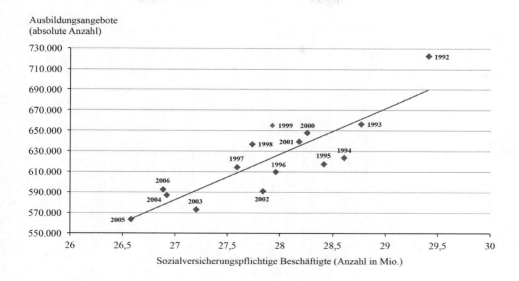

Quelle: Daten des BIBB, der Bundesagentur für Arbeit; Krewerth et al. (2006: 17)

Abbildung 4-1: Höhe des Ausbildungsplatzangebots und Anzahl der sozialversicherungspflichtig Beschäftigten im Zeitverlauf (1992-2006)

In Deutschland steht die Versorgung mit Ausbildungsplätzen in engem Zusammenhang mit der wirtschaftlichen Konjunktur. Schwache Wachstumsraten führen nicht nur zu geringen Beschäftigungsraten, sondern auch zu einem niedrigeren Angebot an Ausbildungsplätzen im dualen Ausbildungssystem (vgl. auch Werner 2005). Die Abb. 4-1 führt diesen Zusammenhang klar vor Augen. Dieser Umstand stellt eine Schwäche des deutschen Ausbildungssystems dar, weil die Anzahl der ausbildungswilligen Schulabsolventen sich nicht nach Perioden des ökonomischen Auf- oder Abschwungs regulieren lässt. So ist in den letzten Jahren ein stetig zunehmender Anteil von sog. Altbewerbern zu verzeichnen, also Jugendlichen, die seit mindestens einem Jahr die Schule beendet und keine Ausbildungsstelle gefunden haben. Laut Berufsbildungsbericht 2008 wurden „im Jahr 2007 (...) rund 385.000 Altbewerber und Altbewerberinnen gezählt, 281.000 in den alten, 103.900 in den neuen Ländern" (BMBF 2008: 18).

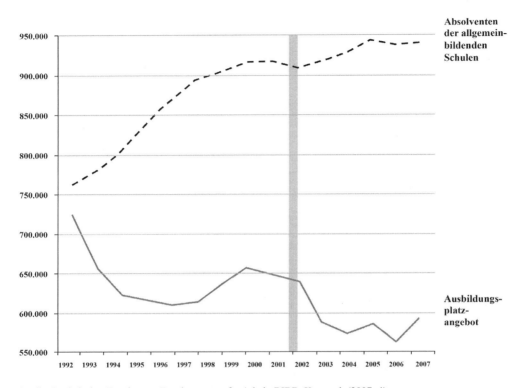

Quelle: Statistisches Bundesamt, Bundesagentur für Arbeit, BIBB, Krewerth (2007: 4)

Abbildung 4-2: Angebot und Nachfrage auf dem Ausbildungsmarkt (1992-2007)

Auf dem Ausbildungsmarkt sind in den letzten 15 Jahren zwei voneinander unabhängige Prozesse zu beobachten (vgl. Abb. 4-2), die allerdings beide zu einem erhöhten Wettbewerb führen dürften. Seit 1992 ist eine Zunahme der Absolventen zu verzeichnen, die das allgemeinbildende Schulsystem verlassen. Während deren Zahl 1992 bei etwas mehr als 750.000 Personen lag, erreicht sie am Ende der 1990er Jahre bereits 900.000 um sich bis 2006-07 der 950.000-Marke zu nähern. Die Zahl der Ausbildungsstellen nahm im gleichen Zeitraum allerdings ab. Der Umfang des Angebots an Ausbildungsstellen lag 1992 noch bei 725.000. Er verringerte sich bis 1997 jedoch stetig bis auf ca. 610.000 Ausbildungsplätze. Darauf folgte ein leichter Anstieg, der aber nur für eine kurze Zeit anhielt. Ab Anfang des Jahres 2002 war ein starker Negativtrend zu verzeichnen, welcher eine deutlich angespannte Ausbildungsmarktlage zur Folge hatte.

Diese Entwicklungen sind hinsichtlich der Ausbildungschancen, die Absolventen unterschiedlicher Schuljahrgänge vorgefunden haben, von hoher Bedeutung. Während der Anteil der in Ausbildung vermittelten Jugendlichen bei den Jahrgängen, die die Schule zu Beginn der 1990er Jahre abschlossen hatte, bei über 70 Prozent lag, gelang es nur 58 Prozent des Absolventenjahrgangs 2005, eine Ausbildungsstelle zu bekommen (Ulrich et al. 2006b: 10). Die Lage auf dem Ausbildungsmarkt kann aufgrund dieser Beobachtungen in eine relativ entspannte Periode vor 2002 und eine sehr angespannte Marktlage ab 2002 bis 2006 unterteilt werden.

Überblick über die empirische Forschung

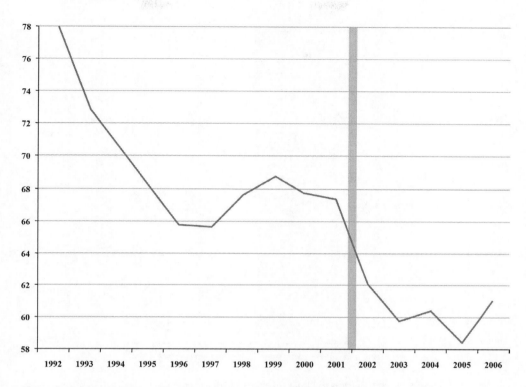

Quelle: Statistisches Bundesamt, Bundesagentur für Arbeit, BIBB; Ulrich und Granato(2006: 31-32)

Abbildung 4-3: Einmündungsquote in betriebliche Ausbildung

Diese unvorteilhafte Entwicklung lässt sich auch anhand der sog. Einmündungsquote in das duale System abbilden. Die Einmündungsquote bezieht sich auf die Anzahl der Ausbildungsverträge, die neu abgeschlossen worden sind, im Verhältnis zu der Zahl der Schulabsolventen. Diese Quote lag 1992 noch bei 78 Prozent. Im Zeitraum bis 1996 fiel sie auf unter 66 Prozent und lag im Jahr 2005 bei knapp über 58 Prozent. Die Abnahme der Einmündungsquote in betriebliche Ausbildungsverhältnisse lässt sich in absoluten Zahlen für jedes Jahr nur separat berechnen. Nimmt man beispielsweise das Jahr 2005, wo die Anzahl der Schulabgänger knapp unter 950.000 lag, kommt eine Abnahme um 20 Prozent, also von 78 auf 58 Prozent, einer absoluten Zahl von 190.000 unvermittelten Jugendlichen gleich.

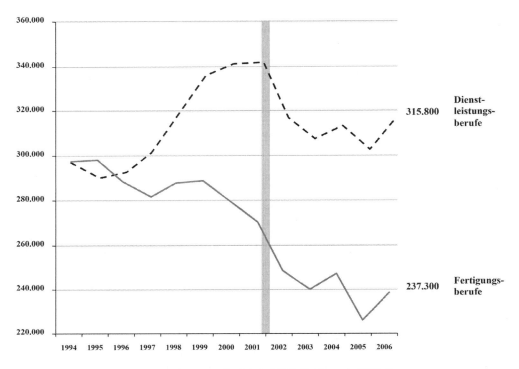

Quelle: Statistisches Bundesamt, Bundesagentur für Arbeit, BIBB; Beicht et al. (2007: 7)

Abbildung 4-4: Entwicklung des Ausbildungsstellenangebots im Dienstleistungs- und Fertigungsbereich (1994-2006)

In dem hier untersuchten Zeitraum sind Veränderungen hinsichtlich der sektoralen Verteilung von Ausbildungsstellen im dualen System zu verzeichnen. Die Abb. 4-4 illustriert dies anhand der Unterscheidung zwischen Berufen im Dienstleistungssektor und im produzierend-gewerblichen Bereich, die hier unter der Bezeichnung Fertigungsberufe zusammengefasst sind. Für den letzteren Bereich ist zu beobachten, dass die Anzahl der angebotenen Ausbildungsstellen im Zeitraum 1994 bis 2000 zunächst moderat um ca. 20.000 abgenommen hat. Danach kommt es allerdings zu einem beschleunigten Verlust von Ausbildungsplätzen. Im Zeitvergleich ist festzuhalten, dass die Ausbildungskapazitäten von knapp 300.000 (1994) auf etwas über 237.000 (2006) zurückgefahren wurden. Im Dienstleistungssektor hingegen ist im Zeitraum zwischen 1994 und 2001 ein deutlicher Anstieg der Zahl der Ausbildungsverhältnisse um ca. 40.000, zu verzeichnen. Ab 2002 jedoch ist auch dort eine starke Reduktion zu beobachten, die zeitweilig nochmals leicht nach oben korrigiert werden konnte. Im Vergleich zu dem Stand von 1994 (mit etwas unter 300.000 Ausbildungsplätzen) ist jedoch insgesamt ein leichter Ausbau der Ausbildungsplätze auf ca. 316.000 zu sehen.

Überblick über die empirische Forschung

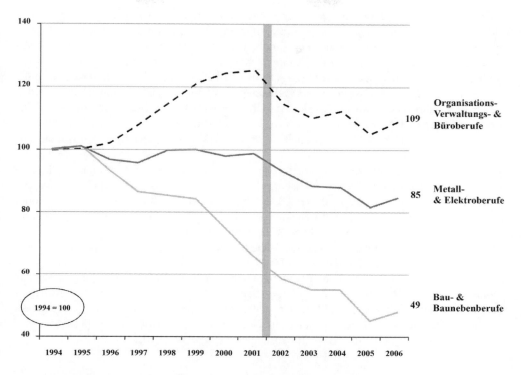

Quelle: Statistisches Bundesamt, Bundesagentur für Arbeit, BIBB; Beicht et al. (2007: 8)

Abbildung 4-5: Relative Entwicklung des Ausbildungsstellenangebots seit 1994 in drei Wirtschaftsbereichen

Ein genauerer Blick auf die Entwicklung des Ausbildungsplatzangebots seit 1994 erfordert eine Unterscheidung nach Wirtschaftssektoren (vgl. Abb. 4-5). Deutlich wird dabei, dass der Rückgang bei den Ausbildungskapazitäten unter den hier exemplarisch herangezogenen Wirtschaftsbereichen nicht gleich verteilt ist. Der stärkste Rückgang ist mit fast der Hälfte der ursprünglichen Ausbildungsverträge im Bereich der Bau- und Baunebenberufe zu beobachten. Die Einbußen im Metall- und Elektrobereich fallen mit 15 Prozent hingegen eher moderat aus. Einen leichten Anstieg weisen im Zeitraum von 1994 bis 2006 Berufe im Verwaltungs- und Organisationsbereich auf. Der Effekt dieser Entwicklungen für Jugendliche mit niedrigen schulischen Qualifikationen fällt anders aus, als für junge Menschen mit mittleren bzw. höheren Schulabschlüssen. Der produzierend-gewerbliche Bereich in Deutschland – meistens vertreten durch kleine und mittlere Unternehmen – hat über lange Zeit für Jugendliche mit Hauptschulabschluss als Ausbildungsstätte eine wichtige Rolle gespielt. Hauptschulabsolventen mussten früher um die dort angebotenen Ausbildungsberufe nicht mit Jugendlichen konkurrieren, die die Realschulen oder Gymnasien abgeschlossen hatten. Die negativen wirtschaftlichen Entwicklungen der letzten Jahre trafen allerdings die Firmen im produzierenden Gewerbe besonders hart, so dass diese ihre Beschäftigungs- und Ausbildungskapazitäten in einem erheblichen Ausmaß zurückfahren mussten. Hinzu kam, dass technologische Innovationen in vielen handwerklichen und industriellen Bereichen zu einer rasanten Veränderung der Berufsprofile führten. Der Beruf des Maschinenschlossers beispielsweise hat eine Weiterentwicklung durchgemacht von einem Handwerk zu einem Industrieberuf bis hin zu einer hochgradig computergestützten Tätigkeit (z. B. CNC-Fräser) mit hohen Anforderungen bezüglich des mathematisch-logischen Denkens, der Werkstoffkunde und der Produktionsabläufe. Ökonomische Restrukturierungsprozesse und der Wandel hin zu einer stärker wissensbasierten Arbeitswelt hat zu einer „internen Tertiarisierung" (Baethge et al. 2007: 27-28) der noch vorhandenen Ausbildungsberufe im produzierenden Gewerbe geführt. Die Erwartungen der Betriebe hinsichtlich des Qualifikationsprofils, das die Ausbildungsplatzbewerber vorweisen sollten, sind gestiegen, so dass neben den ohnehin reduzierten Kapazitäten des Sektors auch zusätzliche Hürden für Abgänger von Hauptschulen entstanden sind.

Obwohl der Dienstleistungssektor im Vergleich zur Mitte der 1990er Jahre mehr Ausbildungsmöglichkeiten zu bieten hat, ist der Wettbewerb stark, da in einigen Berufen Jugendliche mit mittlerem und niedrigem Schulabschluss miteinander konkurrieren. Zudem werden in einigen Ausbildungsberufen sog. „soft skills", also hohe soziale Kompetenz und einwandfreie mündliche und schriftliche Kommunikationsfähigkeit vorausgesetzt, was sich u.U. als Nachteil für Jugendliche aus dem Arbeitermilieu bzw. für Jugendliche mit Migrationshintergrund erweisen dürfte.

Die oben geschilderten Veränderungen sowohl hinsichtlich des Ausbildungsstellenangebots als auch der Nachfrage danach haben den Zugang von Jugendlichen zu beruflichen Qualifikationsmöglichkeiten seit Mitte der 1990er Jahre immer weiter erschwert. Die Reaktion der politischen Entscheidungsträger auf diese negativen Entwicklungen bestand darin, das sog. Übergangssystem immer weiter auszubauen (vgl. Abb. 4-6).

Überblick über die empirische Forschung 51

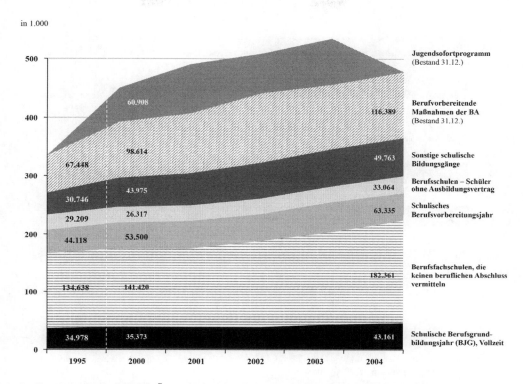

Quelle: Daten der Statistischen Ämter des Bundes, der Länder und der Bundesagentur für Arbeit, Konsortium Bildungsberichterstattung (2006: 81)

Abbildung 4-6: Verteilung der Neuzugänge auf die Bereiche des Übergangssystems (1995; 2000 bis 2004)

Das Übergangssystem leitet Jugendliche, die unvermittelt bleiben oder als nicht ausbildungsreif gelten, in Programme und Maßnahmen. Der größte Teil dieser Maßnahmen besteht aus Schulen, in denen die Jugendlichen schulische Qualifikationen nachholen können oder ihre Schulpflicht erfüllen müssen. Der zweitgrößte Bereich, der zugleich im Zeitraum 1995 bis 2004 am stärksten zugenommen hat, besteht aus berufsvorbereitenden Maßnahmen der Bundesagentur für Arbeit (BA). Zusätzlich zu diesen Qualifikationsmaßnahmen der BA werden durch Länder und Kommunen Berufsvorbereitungsjahre (BVJ) und Berufsgrundbildungsjahre (BGJ) an Schulen angeboten.

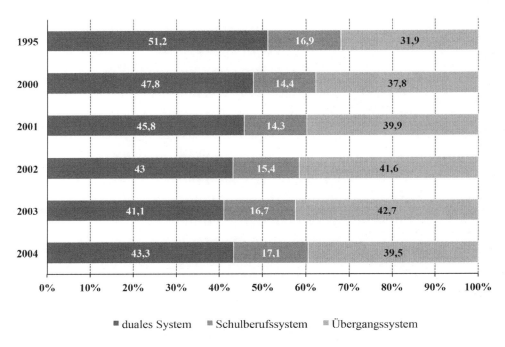

Quelle: Daten der Statistischen Ämter des Bundes, der Länder und der Bundesagentur für Arbeit; Konsortium Bildungsberichterstattung (2006: 80)

Abbildung 4-7: Verteilung der Jugendlichen auf die Bereiche des Ausbildungssystems (in % der Neuzugänge pro Jahr)

Das Kernstück des Ausbildungssystems bildet – zumindest in der öffentlichen Debatte – immer noch die duale Berufsbildung. Der Anteil der Jugendlichen, die direkt in eine solche duale Ausbildung eingemündet sind, ist jedoch im Zeitraum von 1995 bis 2004 stetig zurückgegangen (vgl. Abb. 4-7): von 51,2 Prozent im Jahr 1995 auf 43,3 Prozent im Jahr 2004. Der Anteil derjenigen, die eine Ausbildung im Rahmen des Schulberufssystems absolviert haben, stieg – mit einigen Schwankungen – auf etwas über 17 Prozent. Ein deutlicher Zuwachs ist bei den Neuzugängen in das Übergangssystem zu verzeichnen: Im Jahr 1995 mündeten 31,9 Prozent der Jugendlichen, die eine Ausbildungsmöglichkeit suchten, in die Programme und Maßnahmen des Übergangssystems ein, während dieser Anteil im Jahr 2004 39,5 Prozent erreichte (Konsortium Bildungsberichterstattung 2006: 80).

Hier stellt sich die Frage, wie unter den beschriebenen Umständen die Integration von jungen Menschen mit Migrationshintergrund gelingt. Im Zeitraum 1993 bis 2004 ist die Ausbildungsbeteiligungsquote unter den ausländischen Jugendlichen, also der Anteil derer in der Gesamtgruppe, die eine Ausbildung machen, wie Burkert und Seibert (2007) beobachten, stark rückläufig (siehe Abb. 4-8). Der Berufsbildungsbericht 2008 stellt fest, dass sich dieser Trend fortsetzt: Die Beteiligungsquote der ausländischen Jugendlichen lag 2006 bei 23,7 Prozent (BMBF 2008: 97). Das ist weniger als die Hälfte des Anteils, der sich bei den deutschen Jugendlichen beobachten lässt (56,9 Prozent). Vor allem eine Beobachtung der Daten im Zeitverlauf zeigt, wie beständig dieser Negativtrend ist. Der Anteil der ausländischen

Überblick über die empirische Forschung

Jugendlichen, die eine Ausbildung durchlaufen, ist in den letzten 12 Jahren stetig zurückgegangen und liegt mit 23,7 Prozent in 2006 mehr als 10 Prozentpunkte unter dem Stand von 1994, als er noch 34 Prozent betrug.

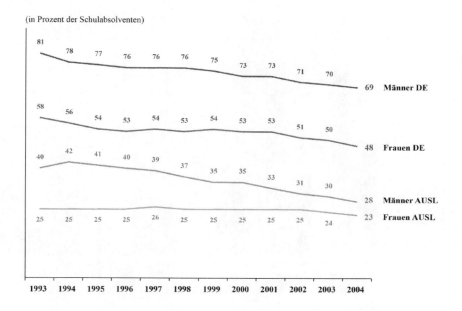

Quelle: Statistisches Bundesamt 2006, Fachserie 11, Bildung und Kultur, Reihe 3; BIBB; Burkert und Seibert (2007: 9).

Abbildung 4-8: Beteiligungsquote von ausländischen und deutschen Jugendlichen an der dualen Ausbildung 1993-2004 nach Geschlecht

Neben diesem allgemeinen Rückgang sind auch einige interessante geschlechtsspezifische Unterschiede auszumachen: Trotz des starken Wettbewerbs in diesem Zeitraum ist es den jungen Frauen mit ausländischem Pass gelungen, ihre Beteiligungsquote relativ konstant zu halten, wenn auch auf einem generell sehr niedrigen Niveau. Ein Phänomen, das immer stärker in den Fokus der politischen Debatten und des wissenschaftlichen Interesses gerät, ist die abnehmende Partizipation der jungen Männer nichtdeutscher Staatsbürgerschaft. Ihre Beteiligungsquote ging zwischen 1994 und 2004 von rd. 42 auf 28 Prozent, d. h. um 14 Prozentpunkte zurück.

in % der Gesamtpopulation

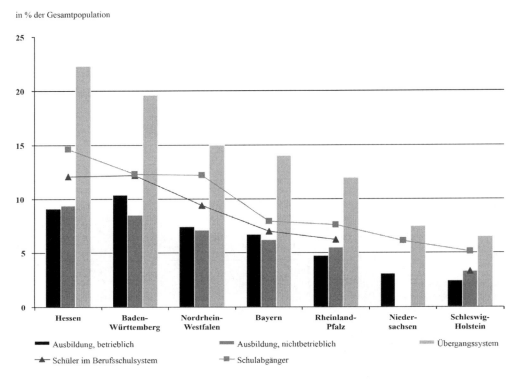

Quelle: Statistische Ämter des Bundes und der Länder, Berechnungen und Schätzungen auf Basis der Schulstatistik; Bundesagentur für Arbeit; Baethge et al. (2007: 43)

Abbildung 4-9: Ausländische Jugendliche in den Bereichen des Ausbildungssystems in ausgewählten Bundesländern (2004)

Viele dieser Jugendlichen münden, wie die Darstellung (Abb. 4-9) oben illustriert, in die Maßnahmen des Übergangssystems ein. Die Abbildung zeigt die Verteilung der ausländischen Jugendlichen auf die oben erwähnten drei Bereiche des deutschen Berufsbildungssystems. Bei einer Unterscheidung nach Bundesländern werden regionale Differenzen erkennbar: Der Anteil von Jugendlichen mit einer ausländischen Staatsbürgerschaft im Übergangssystem fällt beispielsweise im Bundesland Hessen am höchsten aus. 22 Prozent der Jugendlichen, die an Programmen und Maßnahmen teilnehmen, welche nicht unmittelbar einen beruflichen Abschluss vermitteln haben einen ausländischen Pass, während dieser Anteil in Bayern bei lediglich 14 Prozent liegt. Dieser Vergleich ist allerdings irreführend, wenn man den Anteil von ausländischen Jugendlichen an der Gesamtzahl der Schulabgänger außer Acht lässt. Denn in Hessen fällt er mit knapp unter 15 Prozent deutlich höher aus als (mit etwas über 7 Prozent) in Bayern. Setzt man diese Anteile in Relation zur Beteiligungsquote im Übergangssystem, ergibt sich ein vollkommen anderes Bild: der Anteil der ausländischen Jugendlichen im Übergangssystem fällt in Hessen eineinhalbfach so hoch aus wie ihr Anteil unter den Schulabgängern, während dieses Verhältnis in Bayern mit ca. sieben zu 14 Prozent ein 1:2-Verhältnis aufweist. In Niedersachsen hingegen entspricht der Anteil nichtdeutscher Jugendlicher im Übergangssystem fast ihrem Anteil unter den Schulabgängern. Die Unterschiede zwischen den Bundesländern sind allerdings nicht so leicht zu begründen, weil eine

Überblick über die empirische Forschung

Reihe von Faktoren gleichzeitig auf diesen Verteilungsprozess einwirkt. So wären z. B. neben den wirtschaftlichen Bedingungen auch Unterschiede in den Schulsystemen sowie der Infrastruktur im Rahmen des Berufsbildungsangebots (z. B. vollschulische Angebote) zu erwähnen.

Die oben genannten Zahlen beruhen auf den amtlichen Statistiken der Bundesagentur für Arbeit, die lediglich nach dem Merkmal „Staatsbürgerschaft" unterscheidet und keine Operationalisierung eines Migrationshintergrunds zulässt. Zudem kann auch auf wichtige personenbezogene Merkmale, wie z. B. den sozioökonomischen Status, nicht zurückgegriffen und somit keine Aussage darüber getroffen werden, wie sich diese Merkmale auf die Wahrscheinlichkeit auswirken, in das Übergangssystem einzumünden. Auch kann nichts darüber gesagt werden, was mit den Jugendlichen nach der Teilnahme an einer Maßnahme geschieht, da diese Daten (bisher) nicht im Längsschnitt vorliegen.

Um das Bewerbungsverhalten und den Verbleib der Jugendlichen besser zu verstehen, haben die Bundesagentur für Arbeit und das Bundesinstitut für Berufsbildung eine Studie initiiert, die als BA/BIBB Bewerberbefragung bekannt ist. Im Rahmen dieser Befragung werden seit 1997 jährlich Daten über Jugendliche erhoben, die sich bei der Bundesagentur als ausbildungsplatzsuchend gemeldet haben.[10] Die Analysen, die anhand dieses Datensatzes aus dem Jahr 2004 vorgenommen worden sind, zeigen, dass Jugendliche mit niedrigen Schulabschlüssen mit einer weitaus größeren Wahrscheinlichkeit in das Übergangssystem einmünden als dies für Abgänger von höheren Schulen zu beobachten ist. Insbesondere trifft dies für Maßnahmen im Rahmen der Berufsorientierung zu (Krewerth und Ulrich 2006: 77). Zugleich stellen Ulrich und Krewerth fest, dass die Teilnahme an einer Maßnahme – welcher Art auch immer – generell weder einen positiven noch einen negativen Einfluss auf die Wahrscheinlichkeit ausübt, eine Ausbildung im Rahmen des dualen Systems zu beginnen (2006: 169).

---

10   Im Folgenden soll hier lediglich kurz auf die Ergebnisse der Erhebung aus dem Jahr 2004 hingewiesen werden, da diese in einem Sammelband (Eberhard et al. 2006) gut dokumentiert sind. Im Rahmen der Erhebung des Jahres 2004 wurden Daten von allen Vertretungen der Bundesagentur deutschlandweit gesammelt, so dass eine relativ unverzerrte Stichprobe vorliegt, einmal abgesehen von dem Bias, dass die Person seitens der Mitarbeiter der Bundesagentur als Ausbildungssuchender eingestuft werden musste. Im Rahmen der Stichprobenziehung wurden 9.688 Personen zufällig aus den Einträgen der Bundesagentur gezogen und durch die Zusendung eines Fragebogens zur Teilnahme an der Erhebung eingeladen. 5.100 (53 Prozent) dieser jungen Menschen leisteten dieser Einladung folge. Dem Forscherteam, das diese Studie vorbereitet und analysiert hat, zufolge eignet sich die Stichprobe, um Rückschlüsse auf die Gesamtpopulation zu ziehen (insg. 740.200 Bewerber im Jahr 2004), da bei den Berechnungen entsprechende Gewichtungen vorgenommen worden sind (vgl. Krewerth et al. 2006).

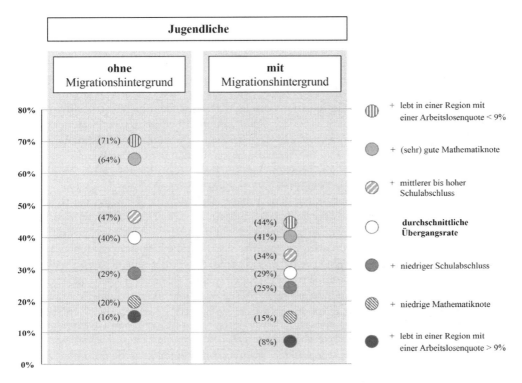

Quelle: BA/BIBB Bewerberbefragung 2004; Ulrich et al. (2006a: 204), eigene Darstellung

Abbildung 4-10: Wahrscheinlichkeit des erfolgreichen Übergangs von Lehrstellensuchenden in die duale Ausbildung (in %)

Anhand des BA/BIBB-Datensatzes lassen sich auch die Chancen vergleichen (siehe Abb. 4-10), die Jugendliche mit und ohne Migrationshintergrund[11] haben, wenn es um den erfolgreichen Übergang von der Schule in eine Ausbildung geht (Ulrich et al. 2006a: 202-206). Zunächst lassen sich einige Beobachtungen festhalten, die – unabhängig davon ob mit oder ohne Migrationshintergrund – für alle Bewerber gültig sind, die in den letzten 15 Monaten auf der Suche nach einer Lehrstelle waren: Ein höherer Schulabschluss zusammen mit einer guten Mathematiknote und einem Wohnort, der sich durch eine niedrige Arbeitslosenquote auszeichnet, erhöht die Chancen auf eine Lehrstelle eindeutig. Aber wie die relativen Zugangschancen zeigen (vgl. Abb. 4-10), ist der Effekt, der sich durch die Erfüllung dieser (kombinierten) Konditionen für Jugendliche ohne Migrationshintergrund einstellt, viel stärker als für die Gruppe mit Migrationshintergrund.

Die Erfolgswahrscheinlichkeit eine Lehrstelle zu bekommen, lag bei einheimischen Bewerbern im Schnitt bei 40 Prozent. Unter denjenigen, die einen mittleren bzw. höheren Schulabschluss vorweisen konnten, war sie bereits 47 Prozent. Wenn zudem die Mathematiknote

---

11 Der Migrationshintergrund von Personen wurde anhand von Angaben aus drei unterschiedlichen Bereichen festgestellt: Staatsbürgerschaft, erste erlernte Sprache und Geburtsort. Es wurde davon ausgegangen, dass eine Person keinen Migrationshintergrund aufweist, wenn diese eine deutsche Staatsbürgerschaft besaß, in Deutschland geboren war und als alleinige Muttersprache Deutsch angab. Bei allen restlichen Personen wurde von einem Migrationshintergrund ausgegangen.

Die Datengrundlage: Design der Datenerhebung und Merkmale des Datensatzes 57

"gut" oder "sehr gut" ausfiel, erhöhte sich die Wahrscheinlichkeit auf 64 Prozent. Und lebte die Person auch noch in einer Region mit einer Erwerbslosenquote unter 9 Prozent, stieg sie auf 71 Prozent.

Bei den Bewerbern mit Migrationshintergrund lag die durchschnittliche Wahrscheinlichkeit für einen erfolgreichen Übergang in die duale Ausbildung bei 29 Prozent. Ein mittlerer bzw. höherer Schulabschluss verbesserte ihre Chancen um 5 Prozentpunkte auf insg. 34 Prozent. Die zusätzliche gute / sehr gute Mathematiknote brachte nochmals 7 Punkte und ließ sie auf 41 Prozent steigen. Wohnten diese Personen zudem an einem Wohnort mit einer günstigen Arbeitsmarktlage, lagen ihre Chancen, eine Lehrstelle zu erhalten, bei 44 Prozent.

Es besteht aber auch die Möglichkeit, dass ungünstige Voraussetzungen zusammenkommen (vgl. Abb. 4-10). Der Einfluss dieser kumulierten Nachteile auf die Übergangschancen fällt für Jugendliche mit Migrationshintergrund deutlich stärker aus als für Einheimische.

Es kommt hinzu, dass bestimmte Gruppen innerhalb der Migrantenjugendlichen unterschiedliche Erfolgschancen vorweisen. Die in Deutschland geborenen Jugendlichen hatten eine durchschnittliche Übergangsrate von 33 Prozent. Diese lag für junge Menschen aus Spätaussiedlerfamilien sogar bei 35 Prozent. Dagegen gelang es nur 18 Prozent der Jugendlichen, die im Ausland geboren waren, eine Lehrstelle zu finden. In der schlechtesten Situation befanden sich Jugendliche, die entweder in der Türkei geboren waren oder die türkische Staatsbürgerschaft besaßen. Nur 16 Prozent von ihnen gelang es, eine Lehrstelle zu finden (Ulrich et al. 2006a: 205-206).

4.2 Die Datengrundlage: Design der Datenerhebung und Merkmale des Datensatzes

Aus den vorangegangenen Ausführungen sollte deutlich geworden sein, dass eine Analyse auf der Basis der amtlichen Statistiken bei der Beantwortung dieser Fragen nicht besonders hilfreich sein würde, da der Verlauf des Übergangs von der Schule in die berufliche Erstausbildung bislang anhand dieser Daten nicht nachgezeichnet werden kann. Zwar ist z.B. bekannt, wie viele Jugendliche jedes Jahr eine betriebliche Ausbildung aufnehmen, aber die amtlichen Statistiken geben keine Auskunft darüber, im Anschluss an welche Stationen Jugendliche eine solche Ausbildungsmöglichkeit erhalten haben. Noch weniger ist bekannt über Jugendliche, die keine Ausbildung beginnen konnten. Welche Wege haben sie auf der Suche nach einer solchen bislang eingeschlagen? Weiterhin gibt es zwar Daten darüber, wie viele Jugendliche an verschiedenen Maßnahmen, über die die Bundesagentur für Arbeit Daten erhebt, teilgenommen haben. Aber auch diese – potenziell interessanten – Daten weisen verschiedene Schwächen auf, denn sie geben keinen Aufschluss darüber, welche sozio-ökonomischen Merkmale diese Jugendlichen auszeichnen, welche Stationen sie bis dahin durchlaufen haben und was im Anschluss an den Besuch dieser Maßnahme passiert ist.

Für die Bearbeitung der hier vorliegenden Fragestellung sind hingegen Daten notwendig, anhand derer der Lebensverlauf der Jugendlichen nachgezeichnet werden kann. Zudem sollte sich der Datensatz nicht nur hinsichtlich des Gesamtumfangs der Stichprobe, sondern auch in Bezug auf die jeweils zu untersuchende Subpopulation, so z.B. weibliche Jugendliche mit Migrationshintergrund, durch Repräsentativität auszeichnen. Um Analysen auf der Individualebene durchführen zu können, müssen personenbezogene Daten vorliegen und nicht, wie im Falle der amtlichen Statistiken, aggregierte Datensätze. Dies ist umso wichtiger, wenn es darum geht, wie bereits erwähnt, die Einflüsse von unterschiedlichen Faktoren zu untersuchen, die einen positiven bzw. negativen Einfluss auf den Übergang in eine anerkannte Berufsausbildung ausüben. Auch in dieser Hinsicht lassen diese aggregierten Daten sehr viel zu wünschen übrig. Dass sie diese Voraussetzungen nicht erfüllen, kann hingegen nicht als besonderes Problem gesehen werden, das mit der spezifischen Fragestellung zu tun hat, die hier formuliert worden ist. Ganz im Gegenteil weisen unterschiedliche Akteure aus Verwaltung, Politik und Wissenschaft auf diese Unzulänglichkeiten immer wieder hin und beurteilen sie als ein Manko für die Berufsbildungsforschung in Deutschland (vgl. BMBF 2004).

Dieser Umstand in Kombination mit den kritischen Entwicklungen auf dem Ausbildungsstellenmarkt nach 2002 hat dazu geführt, dass das Bundesministerium für Bildung und Forschung (BMBF) im Jahr 2004 das Bundesinstitut für Berufsbildung (BIBB) aufgefordert hat, die Datenlage und den Wissenstand über die individuellen Verläufe von Jugendlichen im Anschluss an die Schulbiografie darzulegen. Dies diente als Anlass für das BIBB zur Erstellung einer Expertise, in der die aktuelle Lage und der Handlungsbedarf in diesem Bereich dargelegt worden sind (Bundesinstitut für Berufsbildung 2004). In dieser Expertise wurde der Begriff der „Warteschleifen" ins Zentrum gerückt, mit dem die verschiedenen Stationen angesprochen wurden, die die Jugendlichen auf dem Weg zu einer anerkannten beruflichen Ausbildung durchlaufen. In diesem Zusammenhang wurden auch schulische oder vorberufliche Weiterqualifikationen, die die Aussichten eines Jugendlichen auf eine Ausbildung verbessern sollen, als Warteschleifen bezeichnet. Die BIBB-Expertise verdeutlichte, dass nur sehr wenig über den Verlauf dieser Prozesse bekannt war. Daher wurde seitens des BIBB der Vorschlag unterbreitet, Daten zu erheben, die sich genau mit den Fragen des Übergangs beschäftigen sollten. Ende 2004 erteilte das BMBF dem BIBB daraufhin den Auftrag, diese Daten zu erheben und eine Studie unter dem Titel „Bildungswege und Berufsbiografien von Jugendlichen und jungen Erwachsenen im Anschluss an allgemeinbildende Schulen" zu erstellen.

Ziel war es, eine Stichprobe zu ziehen, die groß genug ist, um Rückschlüsse auf die Gesamtbevölkerung zu erlauben. Der Richtwert lag hier bei ca. 7000 Personen. Zudem war beabsichtigt, Informationen über den Werdegang der befragten Personen zu sammeln, nachdem diese die Schule verlassen hatten. Dieser Werdegang sollte retrospektiv erhoben werden. Die Personen sollten also im Interview rückblickend nachzeichnen, was sich im Anschluss an die Schule bis zum Interviewzeitpunkt ereignet hatte. Zudem sollten auch Angaben über Merkmale erhoben werden, die sich auf die schulische und berufliche Laufbahn auswirken. Bestimmte Gruppen von Jugendlichen, wie z. B. mit Migrationshintergrund, sollten gezielt stärker in der Erhebung Beachtung finden, da sie – wie bereits dargelegt – größere Probleme beim Übergang in eine Berufsausbildung aufweisen.

Die Datenerhebung wurde mittels computergestützter Telefoninterviews (engl. CATI - Computer Assisted Telephone Interviews) durchgeführt. Die Grundgesamtheit der untersuchten Population bezieht sich auf die Gruppe junger Erwachsener, die zum Interviewzeitpunkt zwischen 18 und 24 waren. Anders ausgedrückt, wurden die Geburtsjahrgänge 1982 bis 1988 interviewt. Da es sich um CATI-Interviews handelt, musste eine Telefonstichprobe gezogen werden, die aus den eingetragenen Personen im Telefonregister regional ausgewogen zusammengestellt wurde.[12] Um auch den nicht im Telefonbuch eingetragenen Personenkreis einzuschließen, wurden rund ein Fünftel der Telefonnummern zufällig generiert.

---

12 Als Kriterium der Ausgewogenheit der Stichprobe wurden regionale und wirtschaftlich-strukturelle Voraussetzungen berücksichtigt. Die Selektion der Haushalte wurde den regionalen Merkmalen Kreis und BIK-Gemeindegrößenklassen (zehnstufiges Konzept zur Stadt-Land-Differenzierung) entsprechend vorgenommen (Schiel et al. 2006: 7).

Die Haupterhebungsphase für die Daten wurde im August 2006 begonnen. Das Erreichen der Zielpersonen stellte sich als sehr schwierig heraus (vgl. Schiel et al. 2006: 14-19). Bei den Kontaktinterviews über Telefon musste zunächst abgeklärt werden, ob ein Jugendlicher, der zwischen 1982 und 1988 geboren war, in dem Haushalt lebte. Die Schätzung war, dass dies auf 14 Prozent der kontaktierten Haushalte zutreffen würde. Es war ein ungemein großer Screening-Aufwand vonnöten, da zunächst neben privaten Haushalten auch die Telefonnummern von Firmen, Behörden und Faxanschlüssen generiert wurden. Insgesamt belief sich die Bruttoeinsatzstichprobe auf 320.557 Anrufe, die zu 76,9 Prozent tatsächlich zu Haushalten führten. Jedoch war nur in vier Prozent der Haushalte (7.961) tatsächlich eine Zielperson vorhanden. Dies macht deutlich, dass ein großer Aufwand betrieben werden musste, um mittels einer Zufallsstichprobe Daten über einen Personenkreis mit spezifischen Merkmalen zu erheben. Die Nettostichprobe bezieht sich auf 7.230 auswertbare Interviews.

Das mit der Datenerhebung beauftragte Sozialforschungsinstitut hat die Repräsentativität der erhobenen Daten anhand vorliegender amtlicher Statistiken überprüft (Schiel et al. 2006: 25-31). Auf der Ebene der regionalen Verteilung der befragten Personen sind keine gravierenden Abweichungen von den allgemeinen demografischen Strukturen zu verzeichnen. Auch die Geschlechterverteilung ist normal. Problematisch hingegen ist die Stichprobe hinsichtlich der Verteilung der Geburtskohorten. Eigentlich müssten die einzelnen Geburtsjahrgänge ungefähr gleich verteilt sein, jedoch sind in der Stichprobe die 1986 bis 1988-Geborenen deutlich stärker repräsentiert als die ältesten Geburtskohorten 1982 bzw. 1983. Hinzu kommt, dass hinsichtlich des höchsten erreichten Bildungsabschlusses auch eine Verzerrung vorliegt. Während der Personenkreis mit höheren Bildungsabschlüssen – wie öfters in Umfragen – stärker repräsentiert ist als ihr Anteil in der Bevölkerung, sind die Personen mit niedrigen Schulabschlüssen zu einem geringeren Anteil vertreten. Aufgrund dieser Verzerrungen haben sich das BIBB, als auftraggebende Institution, und das mit der Datenerhebung betraute Institut entschlossen, einen individuellen Gewichtungsfaktor einzuführen, durch den gegebenenfalls eine Annäherung an die Soll-Verteilung in der amtlichen Statistik stattfindet.

Nachdem die wesentlichen Besonderheiten hinsichtlich des Designs des Fragebogens, der Datenerhebung und der erzielten Stichprobe beschrieben worden sind, sollen kurz einige Argumente dargelegt werden, warum gerade dieser Datensatz für die Untersuchung der hier formulierten Fragestellungen ausgesprochen geeignet ist: Der Datensatz erfasst alle Ereignisse, die im Übergangsprozess von der Schule in die berufliche Ausbildung von Bedeutung sind. Durch die retrospektive Erhebung von Informationen über den schulischen Werdegang und die darauf folgenden Aktivitäten, weist er quasi einen Längsschnittcharakter auf. Die sequentielle bzw. temporale Dimension spielt eine wichtige Rolle in der Untersuchung der Übergänge (vgl. Hillmert und Jacob 2004). Der BIBB-Datensatz bietet eine repräsentative Stichprobe der relevanten Bevölkerungsgruppen. Anhand der erhobenen soziodemografischen Merkmale über die Personen und ihre Eltern lässt sich der hier zentrale Indikator „Migrationshintergrund" sehr gut operationalisieren. Zudem ist der Datensatz nicht auf eine bestimmte Region oder einen Siedlungstypus beschränkt. Auch weist er nicht – wie in anderen Studien (vgl. Eberhard et al. 2006) – Einschränkungen hinsichtlich der Stichprobenzusammensetzung auf, so dass eine Repräsentativität gewährleistet ist.

4.3 Datenaufbereitung für die anschließende Analyse[13]

Für die vorliegenden Analysen musste der Datensatz umfangreich aufbereitet werden. Im Folgenden werden einige wichtige Schritte dieser Aufbereitung erläutert und dienen als Hintergrundwissen für die darauf folgenden Analysen.

Einer der ersten Schritte betraf die Entwicklung eines Indikators, der einen Migrationshintergrund der Personen anzeigen sollte. Dabei wurde zunächst eine Variable für Personen ohne Migrationshintergrund generiert. Keinen Migrationshintergrund hatten Personen, die in Deutschland geboren waren, die Deutsch als erste Sprache in der Familie gelernt hatten und deren Eltern beide in Deutschland geboren waren. Die Definition der Personen mit Migrationshintergrund leitete sich davon ab und betraf alle Personen, die eine oder mehrere der oben genannten Voraussetzungen nicht erfüllt haben. Mit anderen Worten, wurde der Personenkreis mit Migrationshintergrund durch ein Ausschlussverfahren ermittelt. Im Anschluss daran wurden weitere Indikatoren generiert, die die Zugehörigkeit zu einer bestimmten Migrantengruppe anzeigen sollten, wie z. B. die der Spätaussiedler oder der Menschen aus der Türkei. Dabei wurden sprachliche Merkmale hinzugezogen. Allerdings kamen aufgrund der geringen Fallzahlen diese gruppenspezifischen Indikatoren kaum zum Einsatz.

Ein wesentlicher Schritt als Vorbereitung für die Ereignisdatenanalyse ist die Einführung von unterschiedlichen zeitbezogenen Variablen. Im Originaldatensatz war der Zeitbezug hinsichtlich des Beginns bzw. des Endes einer Episode in zwei jeweils unterschiedlichen Variablen abgespeichert, die sich auf das Jahr und den Monat bezogen. Diese Zeitangaben mussten je nach Bedarf in der Analyse in unterschiedliche Zeitanzeigen umgewandelt werden, z. B. Jahrhundertmonate oder in kalendarische Anzeigen mit vier Ziffern (wobei die ersten zwei Ziffern die Jahresangabe, die letzten zwei die Monatsangabe enthielten).

Eine Routineprozedur, die immer wieder in variierender Form durchgeführt werden musste, betraf die Generierung von neuen Variablen. Diese sollten die Episodendauer anzeigen bzw. den festgelegten Startzeitpunkt, ab dem die befragte Person dem Risiko eines Ereignisses als ausgesetzt gelten sollte. Bei diesen vorbereitenden Schritten hin zur Analyse stellte sich der Datensatz weitaus komplexer dar, als dies zu Beginn vermutet wurde. Da bei der Datenerfassung sowohl Lücken als auch die Angabe von überlappenden Aktivitäten zugelassen worden waren, mussten durch aufwendige Prozeduren u.a. lückenlose Verläufe hergestellt bzw. Überlappungen aufgehoben werden. Diese Schritte stellten nicht nur methodisch-praktische Prozeduren dar, sondern warfen auch theoretische Fragen auf. So musste z. B. entschieden werden, ab wann ein Zeitraum separat als Lücke definiert oder der vorhergehenden bzw. folgenden Episode hinzugerechnet werden sollte. Genauso galt es zu entscheiden, welche Regeln anzuwenden waren, wenn bestimmte Zustände zeitlich überlappten. So wurde z. B. die Regel aufgestellt, dass bei Episoden, in denen der Befragte erwerbstätig war, dies aber innerhalb eines Zeitraums machte für den er angab, zur Schule zu gehen, der Schulepisode der Vorrang gegenüber der Episode der Erwerbstätigkeit gegeben wurde.

Eine weitere Prozedur betraf das Aufsplitten bzw. Zusammenführen der Episoden je nach Analysebedarf in unterschiedliche Zeiträume. In der vom BIBB zur Verfügung gestellten Form handelte es sich bei den hier genutzten Daten um einen sog. Spell-Datensatz. Aus diesem Anlass musste die Datenstruktur der jeweiligen Analysemethode immer wieder an-

---

13 Teile der Analyseergebnisse wurden bereits in folgendem Sammelbandbeitrag vorgestellt: Aybek, Can (2011): Varying Hurdles for Low-Skilled Youth on the Way to the Labour Market in Germany. In: Wingens, Matthias; Michael Windzio; Helga de Valk und Can Aybek (Hrsg.): *Migration in a Life-Course Perspective. Acculturation, Social Integration, Structural Integration.* Dordrecht: Springer, S. 55-74.

gepasst werden. Bei der Erläuterung der jeweiligen Teilanalysen sollen diese Modifikationen wenn nötig Erwähnung finden.

4.4 Deskriptiva

In dem folgenden deskriptiven Abschnitt sollen zunächst Merkmale der hier genutzten Nettostichprobe vor Augen geführt werden. Danach wird kurz erläutert, wie sich in den vorliegenden quantitativen Analysen die Untersuchungsgruppen jeweils unterscheiden. Darauf folgen Tabellen mit Häufigkeitsverteilungen für die hier herangezogene Gruppe der Untersuchten. Dabei ist hervorzuheben, dass hier im Gegensatz zur Gesamtstichprobe nur Jugendliche mit niedrigen Schulabschlüssen, d. h. maximal mit einem Hauptschulabschluss, herangezogen werden. Die Deskription konzentriert sich dabei auf die Verteilung der Jugendlichen nach Personen, die auf der Suche nach einer Ausbildungsstelle waren und Personen, die (zunächst) keinen Ausbildungsplatz gesucht haben. Aufgrund der formulierten Fragestellung erfolgt immer der Vergleich zwischen jungen Menschen mit und ohne Migrationshintergrund. Darüber hinaus wird nach Merkmalen wie Geschlecht, Alter bei Schulabgang, Typ des niedrigen Schulabschlusses, der durchschnittlichen Abschlussnote unterschieden sowie danach ob Jugendliche die Schule vor oder nach 2002 verlassen haben. Diese Beschreibungen dienen als Grundlage für die darauffolgenden Analysen. Es werden drei unterschiedliche Analyseansätze verfolgt (Statusverteilungen, Kaplan-Meier-Funktionen, PCE-Modell), für die die jeweilige Untersuchungsgruppe etwas unterschiedlich ausfällt. Bei den Statusverteilungen wurden Jugendliche mit und ohne Migrationshintergrund herangezogen, die über maximal einen Hauptschulabschluss verfügten. Der Beobachtungszeitraum startete für diese Gruppe mit Beginn des 15. Lebensjahrs und endete mit Vollendung des 20. Lebensjahrs. Für die Analyse der Übergangsfunktionen im Rahmen des Kaplan-Meier-Verfahrens und das periodenspezifische Exponentialmodell (PCE-Modell) wurden Jugendliche in die Untersuchungsgruppe aufgenommen, die beim ersten Abgang von der Schule einen niedrigen oder keinen Schulabschluss vorgewiesen hatten. Für den Beginn des Beobachtungszeitraums wurde allerdings das Suchverhalten der Jugendlichen als maßgeblich angesehen und nur diejenigen berücksichtigt, die auf der Suche nach einem Ausbildungsplatz waren.

Bei der nun folgenden Deskription musste zwangsläufig eine Auswahl getroffen werden, auf welche Untersuchungsgruppe sich diese beziehen soll. Da es sich bei den Statusverteilungen letztendlich auch um eine deskriptive Methode handelt, fiel die Entscheidung zugunsten der Population, wie sie für die letzten beiden Analyseansätze spezifiziert worden ist.

Die Deskription bezieht sich auf insgesamt 1.086 Jugendliche, von denen 811 ohne Migrationshintergrund und 275 mit Migrationshintergrund sind. Diese Jugendlichen hatten gemeinsam, dass sie beim ersten Abgang von der Schule über maximal einen Hauptschulabschluss verfügten. Diese Einschränkung entspricht dem in der Fragestellung formulierten Forschungsinteresse. Aufgrund der geringen Fallzahlen in Bezug auf die Migrantenjugendlichen mit niedrigen Abschlüssen erscheint weder in der Deskription noch in den darauf folgenden Analysen eine weitere Untergliederung dieser Gruppe in ethnische Subkategorien zweckmäßig. In den folgenden Tabellen wird daher lediglich zwischen Jugendlichen mit und ohne Migrationshintergrund unterschieden.

Das Augenmerk im Rahmen des Kaplan-Meier-Verfahrens und des PCE-Modells richtet sich auf den Prozess, der mit der Einmündung in die erste berufliche Ausbildung abgeschlossen ist. Der Beginn dieses Prozesses ist der Zeitpunkt, an dem der Jugendliche das allgemeinbildende Schulsystem verlässt. Aus diesem Grund konzentriert sich die Beschreibung hier auf die Intentionen, die die Jugendlichen zum Zeitpunkt des Verlassens der Schule hatten. Konkret geht es darum, zwischen denjenigen Personen zu unterscheiden, die auf der Suche nach einem Ausbildungsplatz waren, und denen, die zunächst keine Ausbildungsstätte gesucht haben. Diese Anteile der Personen werden auf Basis des gewichteten Datensatzes angestellt. Die Tabellen sind so zu lesen, dass unter Rubrik „insgesamt (1)" der Personenkreis aufgeführt wird, der eine betriebliche und/oder schulische bzw. außerbetriebliche Ausbildungsstelle gesucht hat. Dem wird der Anteil der Jugendlichen gegenübergestellt, die nicht auf der Suche nach einem Ausbildungsplatz waren („Personen, die (zunächst) *keinen* Ausbildungsplatz suchten (2)"). Die Gruppe der jungen Menschen, die eine Ausbildung angestrebt haben, wird in den mittleren Spalten in diejenigen unterteilt, die ausschließlich auf der Suche nach einer betrieblichen Lehre waren und denen, die nur eine schulische bzw. eine außerbetriebliche Ausbildung angestrebt haben. Informativ sind zudem die Spalten am äußersten rechten Rand, da sie die ungewichteten Fallzahlen wiedergeben.

Tabelle 4-1: Gesamtüberblick über den Personenkreis ohne/mit Migrationshintergrund mit maximal Hauptschulabschluss hinsichtlich der beruflichen Absichten bei Verlassen des allgemeinbildenden Schulsystems (gewichtete Anteile in %)

	Personen, die einen Ausbildungsplatz suchten			Personen, die (zunächst) *keinen* Ausbildungsplatz suchten	insg. (1)+(2)	
	(1)	*davon:*		(2)		ungewichtete Fallzahlen
		betriebliche Ausbildung	schulische Ausbildung			
Personen ohne Migrationshintergrund	87,7	73,4	45,9	12,3	100	811
Personen mit Migrationshintergrund	91,5	80,2	51,0	8,5	100	275

Quelle: BIBB-Übergangsstudie, Geburtsjahrgänge 1982 bis 1988; eigene Berechnungen

Bei der Unterscheidung nur nach dem Merkmal mit und ohne Migrationshintergrund fällt auf, dass der Anteil der Jugendlichen, die auf der Suche nach einer Ausbildungsmöglichkeit waren, bei Personen mit Migrationshintergrund ca. 4 Prozent höher ausfällt als bei den deutschen Jugendlichen (vgl. Tab. 4-1). Unterscheidet man hingegen nach Geschlecht der Befragten, ist festzustellen, dass insbesondere das Ausbildungsinteresse der jungen Frauen mit Migrationshintergrund (mit 93,2 Prozent) im Vergleich zu den deutschen Frauen (87,2 Prozent) und zu den männlichen Befragten mit und ohne Migrationshintergrund (90,3 und 88,0 Prozent) stärker ausfällt (vgl. Tab. 4-2). Allgemein fällt auch der Anteil derer, die eine schulische Ausbildungsmöglichkeit anstreben, unter den Migrantenjugendlichen höher aus.

Deskriptiva 63

Tabelle 4-2: Personenkreis ohne/mit Migrationshintergrund und maximal Hauptschulabschluss hinsichtlich der beruflichen Absichten bei Verlassen des allgemeinbildenden Schulsystems nach Geschlecht und Alter bei Schulabgang (gewichtete Anteile in %)

		Personen, die einen Ausbildungsplatz suchten			Personen, die (zunächst) *kei-nen* Ausbildungs-platz suchten	insg.	
		(1)	*davon:*		(2)	(1)+(2)	
			betriebliche Ausbildung	schulische Ausbildung			ungewichtete Fallzahlen
Geschlecht							
oMh	männlich	88,0	81,0	36,8	12,0	100	488
	weiblich	87,2	62,1	59,4	12,8	100	323
mMh	männlich	90,3	82,8	42,5	9,7	100	173
	weiblich	93,2	76,6	63,4	6,8	100	102
Alter bei Schulabgang							
oMh	≤ 15 Jahre	91,1	88,0	81,6	8,9	100	330
	16 Jahre	85,4	75,5	72,9	14,6	100	283
	17 Jahre	70,3	74,1	44,7	29,7	100	142
	≥ 18 Jahre	52,0	44,3	45,0	48,0	100	56
mMh	≤ 15 Jahre	92,6	94,5	84,5	7,5	100	70
	16 Jahre	94,0	78,5	79,8	6,0	100	110
	17 Jahre	81,2	84,2	48,9	18,8	100	72
	≥ 18 Jahre	56,2	42,8	55,9	43,8	100	23

oMh = „ohne Migrationshintergrund"; mMh = „mit Migrationshintergrund"

Quelle: BIBB-Übergangsstudie, Geburtsjahrgänge 1982 bis 1988; eigene Berechnungen

Betrachtet man das Ausbildungsinteresse unter dem Blickwinkel des Alters bei Schulabgang (vgl. Tab. 4-2) sind hingegen zwischen den Gruppen keine klaren strukturellen Unterschiede auszumachen. Für beide Gruppen gilt, dass mit Zunahme des Schulabgangsalters auch das Ausbildungsinteresse schwindet. Betrachtet man die Frage nach dem Schulabgangsalter unter einem anderen Blickwinkel (vgl. Tab. 4-3) können jedoch Unterschiede zwischen den Gruppen ausgemacht werden. Die Frage, die hinter der Tab. 4-3 steht, wäre: „Wie viele von denen, die eine Ausbildungsstelle gesucht haben, waren x Jahre alt?" Aus dieser Perspektive (Spalte „insgesamt (1)) lässt sich erkennen, dass die Migrantenjugendlichen, die sich bei Verlassen der Schule auf Ausbildungssuche befanden, im Schnitt etwas älter waren.

Tabelle 4-3: Jugendliche, die die allgemeinbildende Schule mit maximal Hauptschulabschluss verlassen haben, nach beruflichen Absichten bei Schulende und Verteilung auf die Altersgruppen bei Verlassen des allgemeinbildenden Schulsystems´ (gewichtete Anteile in %)

		Personen, die einen Ausbildungsplatz suchten			Personen, die (zunächst) *keinen* Ausbildungsplatz suchten	
			davon:			
		(1)	betriebliche Ausbildung	schulische Ausbildung	(2)	insg. (1) + (2)
Alter bei Schulabgang						
oMh	≤ 15 Jahre	36,8	36,4	34,5	25,6	35,4
	16 Jahre	38,0	37,6	39,6	36,8	37,9
	17 Jahre	17,9	18,4	18,5	28,7	19,2
	≥ 18 Jahre	7,3	7,6	7,4	8,9	7,5
insgesamt		**100**	**100**	**100**	**100**	**100**
Fallzahlen		710	573	386	101	811
mMh	≤ 15 Jahre	26,1	25,2	24,7	22,5	25,8
	16 Jahre	40,7	39,1	43,4	25,4	39,3
	17 Jahre	22,9	25,1	20,9	45,1	24,8
	≥ 18 Jahre	10,4	10,6	11,0	7,1	10,1
insgesamt		**100**	**100**	**100**	**100**	**100**
Fallzahlen		234	199	134	41	275

oMh = „ohne Migrationshintergrund"; mMh = „mit Migrationshintergrund"

Quelle: BIBB-Übergangsstudie, Geburtsjahrgänge 1982 bis 1988; eigene Berechnungen

In einem weiteren Schritt soll nun der Kreis der Jugendlichen, die die Schule verlassen, nach der Art des Abschlusses unterschieden werden (vgl. Tab. 4-4 unten). Bei deutschen Jugendlichen ist eine klare Tendenz zur aktiven Suche eines Ausbildungsplatzes zu erkennen, je besser der erreichte Abschluss von der Hauptschule ist. Dabei wird davon ausgegangen, dass der qualifizierende Hauptschulabschluss – obwohl eingeschränkt auf nur einige Bundesländer – ein besseres Schulzertifikat darstellt als der normale Hauptschulabschluss und dieser wiederum höher angesehen wird als der Abschluss einer Sonder-/Förderschule. Dementsprechend fällt der Anteil derjenigen, die berichtet haben, auf der Suche nach einem Ausbildungsplatz zu sein unter den deutschen Jugendlichen ohne Abschluss mit 75 Prozent erheblich niedriger aus als bei denen mit Hauptschul- bzw. qualifizierendem Hauptschulabschluss (89,0 und 96,3 Prozent). Im Grunde ist diese Tendenz auch bei den Jugendlichen mit Migrationshintergrund zu beobachten, jedoch fällt die Differenz zwischen denen ohne und mit Hauptschulabschluss geringer aus als bei der ersten Gruppe. Zudem können in Bezug auf die Absolventen der Sonderschule keine stichhaltigen Aussagen mehr gemacht werden, da auf dieser Ebene bereits erhebliche Fallzahlprobleme zu beobachten sind.

Deskriptiva 65

Tabelle 4-4: Personenkreis ohne/mit Migrationshintergrund und maximal Hauptschulabschluss hinsichtlich der beruflichen Absichten bei Verlassen des allgemeinbildenden Schulsystems nach Art des Schulabschlusses (gewichtete Anteile in %)

Typ des Schulabschlusses		Personen, die einen Ausbildungsplatz suchten			Personen, die (zunächst) *keinen* Aus-bildungsplatz suchten	insg.	unge-wichtete Fallzahlen
		(1)	*davon:*		(2)	(1)+(2)	
			betriebliche Ausbildung	schulische Ausbildung			
ohne Mh	ohne Abschluss	74,9	58,6	35,7	25,1	100	117
	Sonderschulabschluss	79,1	62,4	52,7	20,9	100	19
	Hauptschulabschluss	89,0	74,9	48,2	11,0	100	470
	Qualifizierender Hauptschulabschluss	96,3	83,8	47,3	3,7	100	199
mit Mh	ohne Abschluss	89,9	83,7	51,8	10,1	100	48
	Sonderschulabschluss	58,1	58,1	35,7	41,9	100	4
	Hauptschulabschluss	92,3	78,0	50,2	7,7	100	177
	Qualifizierender Hauptschulabschluss	95,9	84,5	53,4	4,1	100	44

oMh = „ohne Migrationshintergrund"; mMh = „mit Migrationshintergrund"

Quelle: BIBB-Übergangsstudie, Geburtsjahrgänge 1982 bis 1988; eigene Berechnungen

Auch hinsichtlich der Unterscheidung nach Schulabschlüssen ist es lohnenswert die Perspektive kurz zu wechseln und folgender Frage nachzugehen: „Wie ist die Verteilung der Jugendlichen mit niedrigen Schulabschlüssen insgesamt nach Abschlusstypen unter den Deutschen und Migrantenjugendlichen?" Die hier folgenden Abbildungen (Abb. 4-11 und Abb. 4-12) führen vor Augen, dass hinsichtlich des Anteils der Jugendlichen, die einen „normalen" Hauptschulabschluss vorweisen können, keine Unterschiede zwischen den beiden Gruppen zu verzeichnen sind. Jedoch fällt die Gruppe der jungen Menschen, die ohne jeglichen Abschluss die Schule verlassen, bei den jungen Migranten deutlich höher aus (28 Prozent) als bei den Jugendlichen ohne Migrationshintergrund (16 Prozent). Der Anteil der deutschen Jugendlichen mit qualifizierendem Hauptschulabschluss hingegen liegt mit 24 Prozent um zehn Prozentpunkte höher als bei den Migrantenjugendlichen (14 Prozent). Diese Beobachtungen deuten darauf hin, dass die deutschen Jugendlichen bereits von ihren schulischen Qualifikationen her eine bessere Ausgangsposition vorweisen können.

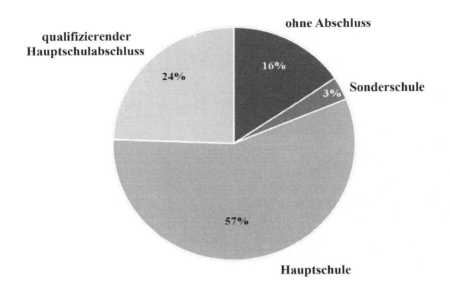

Quelle: BIBB-Übergangsstudie, Geburtsjahrgänge 1982 bis 1988; eigene Berechnungen

Abbildung 4-11: Niedrig qualifizierte Personen ohne Migrationshintergrund, die einen Ausbildungsplatz suchten, nach Schulabschlussarten (gewichtete Anteile in %)

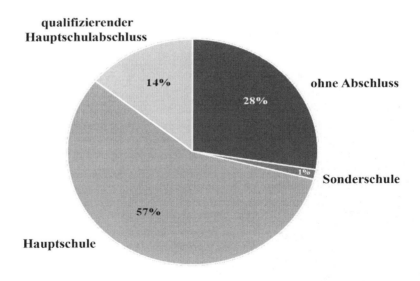

Quelle: BIBB-Übergangsstudie, Geburtsjahrgänge 1982 bis 1988; eigene Berechnungen

Abbildung 4-12: Niedrig qualifizierte Personen mit Migrationshintergrund, die einen Ausbildungsplatz suchten, nach Schulabschlussarten (gewichtete Anteile in %)

Tabelle 4-5: Personenkreis ohne/mit Migrationshintergrund und maximal Hauptschulabschluss hinsichtlich der beruflichen Absichten bei Verlassen des allgemeinbildenden Schulsystems nach Abschlussnote* (gewichtete Anteile in %)

		Personen, die einen Ausbildungsplatz suchten			Personen, die (zunächst) *keinen* Ausbildungsplatz suchten		
			davon:				
		(1)	betriebliche Ausbildung	schulische Ausbildung	(2)	insg. (1)+(2)	ungewichtete Fallzahlen
Abschlussnote							
oMh	1,0 bis 1,9	70,0	56,2	29,3	30,0	100	43
	2,0 bis 2,4	93,6	74,9	51,5	6,4	100	170
	2,5 bis 2,9	93,4	84,7	42,5	6,6	100	129
	3,0 bis 3,4	87,1	74,3	49,6	12,9	100	261
	3,5 bis 3,9	83,3	77,2	36,5	16,7	100	86
	4,0 bis 4,4	85,1	65,0	48,3	14,9	100	53
	≥ 4,5	92,3	65,9	60,8	7,7	100	30
mMh	1,0 bis 1,9	89,7	83,0	40,0	10,3	100	15
	2,0 bis 2,4	90,1	75,7	57,9	9,9	100	41
	2,5 bis 2,9	93,2	72,5	54,7	6,8	100	47
	3,0 bis 3,4	93,8	83,0	53,9	6,2	100	94
	3,5 bis 3,9	85,6	76,7	50,3	14,4	100	36
	4,0 bis 4,4	96,6	96,6	41,1	3,4	100	15
	≥ 4,5	96,4	89,5	38,4	3,6	100	10

oMh = „ohne Migrationshintergrund"; mMh = „mit Migrationshintergrund"

* Einige Personen hatten die Abschlussnote nicht mitgeteilt und sind deshalb nicht in die Darstellung aufgenommen worden

Quelle: BIBB-Übergangsstudie, Geburtsjahrgänge 1982 bis 1988; eigene Berechnungen

Bei der Betrachtung der Durchschnittsnote beim Abschluss der Schulbiografie (Tab. 4-5) soll das Augenmerk auf diejenigen Jugendlichen gerichtet werden, die zunächst keinen Ausbildungsplatz gesucht haben. In Bezug auf die Jugendlichen ohne Migrationshintergrund lassen sich zwei Gruppen voneinander unterscheiden: Die erste Gruppe betrifft die Jugendlichen, die eine sehr gute Abschlussnote vorweisen konnten und mit 30 Prozent bemerkenswert häufig angegeben haben, kein Interesse an einer Ausbildungsstelle gehabt zu haben, als sie die Schule verlassen haben. Vermutlich haben sie Pläne verfolgt, die ihnen eine vorteilhaftere Position auf dem Arbeitsmarkt verschaffen. Die zweite Gruppe besteht aus den Jugendlichen, die eine mittlere bis schlechte Abschlussnote (3,0 bis 4,4) vorweisen konnten. Auch diese Jugendlichen haben weniger häufig angegeben, auf der Suche nach einer Ausbildungsstelle gewesen zu sein. Allerdings ist anzunehmen, dass der Grund hier eher mit nachholenden Qualifikationen zu tun hat, um die Chancen auf dem Ausbildungsmarkt zu verbessern. Für die Jugendlichen mit Migrationshintergrund können nur mit größter Vorsicht Interpretationen der vorliegenden Häufigkeiten vorgenommen werden, da die Fallzahlen in den jeweiligen Untergruppen manchmal sehr niedrig sind. Unter Berücksichtigung dieses Umstands und

68 Quantitative Analyse des Übergangs von der Schule in die Ausbildung

der bisherigen Verteilungen könnte eine Annahme lauten, dass für Migrantenjugendliche das Interesse an einer Ausbildung höher ist als bei der Vergleichsgruppe und zwar unabhängig vom Notendurchschnitt.

Tabelle 4-6: Personenkreis ohne/mit Migrationshintergrund und maximal Hauptschulabschluss hinsichtlich der beruflichen Absichten bei Verlassen des allgemeinbildenden Schulsystems nach Schulabgangsjahr vor/nach 2002 (gewichtete Anteile in %)

		Personen, die einen Ausbildungsplatz suchten			Personen, die (zunächst) *keinen* Ausbildungsplatz suchten		
		(1)	*davon:*		(2)	insg. (1)+(2)	ungewichtete Fallzahlen
			betriebliche Ausbildung	schulische Ausbildung			
Schulabgangsjahr							
oMh	vor 2002	90,1	79,0	66,3	9,9	100	404
	ab 2002	84,5	44,8	47,3	15,5	100	407
mMh	vor 2002	93,2	83,1	46,3	6,9	100	126
	ab 2002	89,2	76,4	57,3	10,8	100	149

oMh = „ohne Migrationshintergrund"; mMh = „mit Migrationshintergrund"

Quelle: BIBB-Übergangsstudie, Geburtsjahrgänge 1982 bis 1988; eigene Berechnungen

Die letzte Beschreibung bezieht sich auf einen angenommenen Periodeneffekt, der im Zusammenhang mit den Entwicklungen auf dem Ausbildungsmarkt oben bereits geschildert worden ist. Das Angebot an Ausbildungsplätzen im Zeitraum ab 2002 hat deutlich abgenommen, während die Anzahl der Bewerber um eine Ausbildungsstelle zugleich zugenommen hat. Unter diesen angespannten Marktverhältnissen ist es interessant, die Frage zu stellen, wie die Jugendlichen auf die jeweils aktuelle Situation zum Zeitpunkt des Verlassens der Schule reagiert haben bzw. ob unter den Jugendlichen merkliche Unterschiede in der Suchintention festzustellen sind. Die Tab. 4-6 führt vor Augen, dass dies in der Tat der Fall ist und die Jugendlichen, die vor 2002 die Schule verlassen hatten, zu einem höheren Anteil auf der Suche nach einem Ausbildungsplatz waren als die Jugendlichen im Zeitraum danach. Hierbei sind keine Unterschiede zwischen Jugendlichen mit und ohne Migrationshintergrund festzustellen – außer dass die Migrantenjugendlichen zu einem höheren Anteil auf der Suche waren. Interessant ist auch die Beobachtung, dass sich bei der Gruppe der Migrantenjugendlichen der Anteil derjenigen, die angegeben hatten auf der Suche nach einer schulischen bzw. außerbetrieblichen Ausbildungsmöglichkeit gewesen zu sein, im Zeitraum nach 2002 – also unter verschärften Wettbewerbsbedingungen – sich weiter erhöht hat.

Zusammenfassend lässt sich sagen, dass im Vergleich zu den deutschen Jugendlichen die Migrantenjugendlichen im Schnitt ein höheres Ausbildungsinteresse zeigen, insbesondere trifft dies auf die jungen Frauen zu. Dies scheint auch unabhängig von den Abschlussnoten, die sie erzielen, zuzutreffen. Im Schnitt sind sie allerdings wenn sie die Schule verlassen älter und diejenigen, die eine Ausbildung suchen, verfügen seltener über den höherwertigen qualifizierenden Hauptschulabschluss. Die Reaktion auf Veränderungen des Marktes fallen zwischen Jugendlichen mit und ohne Migrationshintergrund im großen und ganzen ähnlich

Statusverteilungen von Hauptschulabsolventen auf verschiedene Stationen im Übergangsprozess 69

aus. Lediglich ist zu beobachten, dass die Migrantenjugendlichen unter schlechteren Markt-bedingungen nichtbetriebliche Ausbildungswege stärker nachfragen.

4.5 Statusverteilungen von Hauptschulabsolventen auf verschiedene Stationen im Übergangsprozess

Die im Folgenden dargestellten Statusverteilungen vermitteln einen Eindruck vom Verbleib der Jugendlichen ab dem 15. bis zum 20. Lebensjahr. Bevor auf die einzelnen Schritte einge-gangen wird, wie die konkrete Analyse vorgenommen wurde, erfolgen einige Erläuterungen zu dem gewählten Ansatz.

Die hier getroffene methodische Auswahl lässt sich anhand einer Reihe von theoreti-schen Argumenten aus der Lebenslaufforschung rechtfertigen. Zwei zentrale Begriffe in der Lebenslaufforschung sind der Übergang und der *Verlauf*. Übergänge (engl. transitions) sind dabei als „Wechsel zwischen zwei Zuständen in einem Prozess" zu verstehen, deren Dauer länger oder kürzer sein kann (Sackmann und Wingens 2001: 42). *Verläufe* (engl. trajectories) hingegen beziehen sich auf die „Gesamtheit aller Übergänge und Verweildauern in Zustän-den von einem Akteur" (ebd.). Als Leitkonzept genießt der Übergang in der empirischen Lebenslaufforschung große Popularität, da er mit den Methoden der Ereignisanalyse gut in die Forschungspraxis übertragbar ist. Demgegenüber sind mit dem Begriff des *Verlaufs* so-wohl einige definitorische als auch methodische Probleme verbunden (vgl. Sackmann und Wingens 2001: 21-22).

Sackmann und Wingens schlagen vor, dass zusätzlich zu den Begriffen Verlauf bzw. Übergang das Konzept der *Sequenz* in die Lebenslaufforschung eingeführt werden sollte. Sie definieren eine *Sequenz* als eine „Abfolge von mindestens zwei aufeinander folgenden Über-gängen in einer Prozesszeit" (Sackmann und Wingens 2001: 42). Im Vergleich zum Konzept des *Verlaufs* oder des Übergangs erlaubt der Begriff *Sequenz* den Blick auf einen Teilaus-schnitt des Lebenslaufs als eine Aneinanderreihung von zusammenhängenden Ereignissen. Dadurch lässt sich beispielsweise abbilden, ob sich die Abfolge von bestimmten Zuständen in einer Gruppe von den Abfolgen in einer anderen Gruppe unterscheidet oder ob sie den institutionell vorgegebenen Normen entspricht bzw. davon abweicht. Dies ist ein anderer Blickwinkel auf den Lebenslauf, da die Aufmerksamkeit hier nicht auf ein bestimmtes Ereig-nis (z. B. die Einmündung in eine berufliche Ausbildung) gelenkt wird, sondern eine Reihe von Zuständen innerhalb einer bestimmten Prozesszeit analysiert werden. Laut Rohwer und Trappe kann der Lebenslauf nämlich auch als kontinuierliche Kette von Ereignissen gesehen werden und der Fokus nicht auf bestimmte ‚Resultate" gerichtet sein (Rohwer und Trappe 1997: 1).

Der Datensatz, der hier genutzt wird, erlaubt eine sequenzielle Darstellung des Lebens-laufs, da er sich auf die Phasen der Bildung, Ausbildung bzw. des Erwerbslebens erstreckt. Die Abbildung von *Statusverteilungen* (engl. state distributions) ist eine gängige Methode, um zeitbezogene Daten zu analysieren (vgl. Blossfeld 1989, Brzinsky-Fay 2007, Rohwer und Trappe 1997, Windzio und Grotheer 2002). Dabei wird die untersuchte Phase im Lebenslauf als Abfolge bestimmter Zustände verstanden und operationalisiert. Dieser *Zustandsraum14*

---

14 Ein Zustandsraum (engl. state space) beschreibt „eine definierte Menge sich gegenseitig ausschließender Le-benslaufpositionen oder Eigenschaften, die ein Akteur einnehmen kann" (Sackmann und Wingens 2001: 42).

erstreckt sich über eine Zeitachse, so dass zu einem Zeitpunkt *(t)* die Person sich in einem bestimmten Zustand befindet. Insgesamt bildet die Aufeinanderfolge dieser Zustände eine Sequenz (Brüderl und Scherer 2006: 331-333). Bei den im Folgenden abgebildeten Statusverteilungen handelt es sich allerdings nicht um Abfolgen von Zuständen einzelner Individuen sondern um die Zusammenzählung der Zustände, auf die sich die Mitglieder der untersuchten Personengruppe zu einem bestimmten Zeitpunkt verteilen. Die Illustration bildet in der Gesamtschau die Verteilungen der Personen auf die Zustände in aufeinanderfolgenden Zeitpunkten ab. Damit ist klar, dass diese Methode ein deskriptiver Ansatz ist, um den Werdegang von Jugendlichen ab ihrem 15. Lebensjahr zu beschreiben.

Es werden lediglich Jugendliche mit niedrigen Schulabschlüssen, also maximal Hauptschulabschlüssen in die Analyse mit einbezogen. Der Grund hierfür hängt mit der formulierten Fragestellung zusammen. Darüber hinaus ist die besondere Lage dieser Absolventengruppe auf dem Ausbildungsmarkt zu berücksichtigen, aber auch der Umstand, dass Jugendliche mit Migrationshintergrund in diesen Schulformen überdurchschnittlich repräsentiert sind.

Operationalisiert wurde das Konzept der Jugendlichen mit niedrigen Abschlüssen dadurch, dass der angegebene Schulabschluss mittels einer neu generierten Variable recodiert wurde. Dabei wurden Jugendliche aller Schultypen, die nicht zu einem mittleren Abschluss bzw. nicht zu einer Studienberechtigung führen, und auch Jugendliche ohne Abschluss in einer Kategorie zusammengefasst. Von den Gesamtschülern wurden diejenigen zu dieser Kategorie dazugezählt, die am Ende ihres Schulbesuchs höchstens einen Hauptschulabschluss gemacht hatten. Wichtig ist hierbei zu erwähnen, dass Jugendliche, die höher angesiedelte Schultypen als die Hauptschule besuchten, also im Laufe ihrer Schulzeit einen Hauptschulabschluss erworben hatten und anschließend einen höheren Abschluss machten, nicht in der Analyse berücksichtigt worden sind.

Bei dem Beobachtungszeitraum, der hier herangezogen worden ist, wurde eine Dauer von sechs Jahren, vom 15. bis zum Ende des 20. Lebensjahrs als adäquat empfunden, um Differenzen zwischen den Gruppen sowohl hinsichtlich der Schulbiografie als auch in Bezug auf den Folgezeitraum herauszuarbeiten. Es gäbe sicherlich auch die Alternative, als Startpunkt für die Beobachtung den Abgang von der Schule heranzuziehen. Dies hätte allerdings bedeutet, dass die Zeitachse auf den Abschluss normiert ist – also in Monaten seit dem Schulabschluss berechnet wird – und Alterseffekte dadurch nicht registriert werden können. Das Argument in diesem Kontext lautet hingegen, dass der Erfolg im Übergangsprozess durchaus auch mit *Altersnormen* zu tun hat, die nach Settersten und Mayer als „prescriptions or proscriptions about behavior in the form of ‚should' and ‚should not'" (1997: 242) verstanden werden sollen. Altersnormen werden durch einen allgemeinen Konsens in der Gesellschaft unterstützt und eine Abweichung von ihnen führt evtl. zu gesellschaftlichen Sanktionen bzw. zu Nachteilen (vgl. auch Neugarten et al. 1965). Eine solche inoffizielle Altersnorm könnte sich auch auf den Eintritt in die Berufsausbildung beziehen und dazu führen, dass Jugendliche, die die Schule in einem höheren Alter verlassen als der Durchschnitt, größere Schwierigkeiten im Übergang erleben. In diese Richtung argumentieren auch Ulrich und Granato, wenn sie meinen, dass die Chancen eines Jugendlichen auf dem Ausbildungsmarkt mit steigendem Alter schlechter werden (vgl. 2006: 45).

Die sieben Zustände, wie sie bei den folgenden Statusverteilungen zu sehen sind, stellen eine zusammenfassende Darstellung der Aktivitäten dar, die im Rahmen der Befragung erhoben worden sind. Den Befragten wurden ursprünglich zehn verschiedene Optionen angeboten, die sie als Aktivität in einem bestimmten Zeitraum nennen konnten. Im Rahmen der hier vorliegenden Analyse wurden bestimmte Aktivitäten der besseren Übersichtlichkeit halber zusammengefasst bzw. modifiziert. Der Schulbesuch wurde für die Hauptschulabsolventen in zwei separaten Kategorien dargestellt, so dass zwischen Jugendlichen, die noch zur Hauptschule gehen, und solchen, die im Zuge einer Verbesserung ihrer Chancen auf dem Ausbildungsmarkt eine höhere weiterführende Schule besuchten, unterschieden wird. In der Kategorie Fortbildung/Training/Studium wurden alle Zustände zusammengefasst, die weder eine Ausbildung oder Maßnahme darstellten, noch eine Absorption durch eine Erwerbstätigkeit oder einen Wehr-/Ersatzdienst bedeuteten. Wie oben bereits angedeutet, wurde der Datensatz zudem auf zeitliche Lücken, Angaben wie „Sonsiges" oder „zu Hause" überprüft und diese undefinierten Zeiträume unter der Rubrik „Lücke" als Restkategorie zusammengefasst.

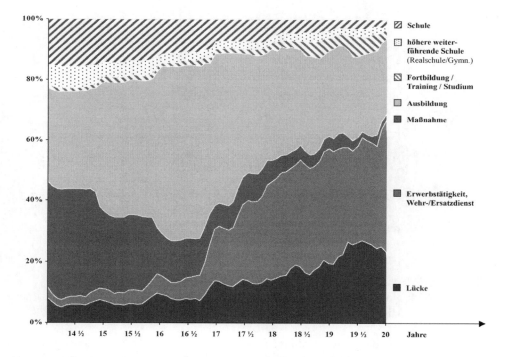

Quelle: BIBB-Übergangsstudie, Geburtsjahrgänge 1982 bis 1988 (ungewichtet); eigene Berechnungen

Abbildung 4-13: Statusverteilungen junger Menschen mit max. Hauptschulabschluss (mit/ ohne Migrationshintergrund ab dem 15. Lebensjahr)

An der obigen Abbildung der Statusverteilungen für die gesamte Untersuchungsgruppe lassen sich bestimmte Grundbeobachtungen anstellen: Deutlich wird beispielsweise, dass die Jugendlichen im Zeitverlauf immer stärker von der Schule abströmen und dass die Beteiligung an der beruflichen Bildung im Alter von 15 bis 17 Jahren am stärksten ist (41 bis 58 Prozent). Die Teilnahme an Maßnahmen fällt ab dem 18. Lebensjahr deutlich geringer aus (≤9 Prozent) als für den Zeitraum davor. Ab dem 19. Lebensjahr erfolgt ein immer stärkerer Zustrom in das Erwerbsleben bzw. in Zustände, in denen der Jugendliche institutionell nicht eingebunden ist, d. h. beispielsweise nach einer Arbeitsstelle sucht, ein Kind betreut oder auf Reisen ist. Mit 20 Jahren befinden sich 44 Prozent der Jugendlichen im Erwerbsleben und 25 Prozent machten eine Ausbildung. Auf die Kategorien Schule, weiterführende Schule, Fortbildung und Maßnahme fallen insgesamt nur geringe Anteile der Jugendlichen, während sich 23 Prozent in institutionell nicht vordefinierten Zuständen befinden.

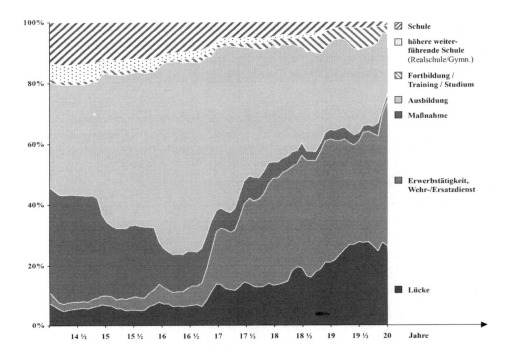

Quelle: BIBB-Übergangsstudie, Geburtsjahrgänge 1982 bis 1988 (ungewichtet); eigene Berechnungen

Abbildung 4-14: Statusverteilungen junger Menschen mit max. Hauptschulabschluss (ohne Migrationshintergrund und ab dem 15. Lebensjahr)

Bei der Analyse der Statusverteilungen der Jugendlichen ohne Migrationshintergrund sind die Verläufe klarer konturiert als in der Gesamtbevölkerung. Deutlich wird hier beispielsweise, wie stark sich institutionelle Regelungen auf die Lebensverläufe von jungen Menschen auswirken können (vgl. Kohli 1985). Dies zeigt die markante Verschiebung, die ab dem Alter von 16½ Jahren einsetzt und den Übergang von beruflichen Bildungswegen und verschiedenen Maßnahmen in das Erwerbsleben zur Folge hat. Während der Anteil der Erwerbstätigen unter den 16-jährigen nur 6 Prozent ausmacht, liegt er bei den 17-jährigen bei 18 Prozent und steigt kontinuierlich bis zum Ende des 20. Lebensjahrs auf 48 Prozent. In derselben Altersperiode nimmt der Anteil der in Ausbildung befindlichen kontinuierlich ab und die sonstigen Verbleibszustände (‚Lücke') steigen an. Der Besuch von Maßnahmen konzentriert sich vorwiegend auf den Zeitraum bis 16½ Jahren. Danach ist ein relativ kleiner aber kontinuierlicher Anteil (3 bis 7 Prozent) von Jugendlichen in diesem Zustand vorzufinden.

Statusverteilungen von Hauptschulabsolventen auf verschiedene Stationen im Übergangsprozess 73

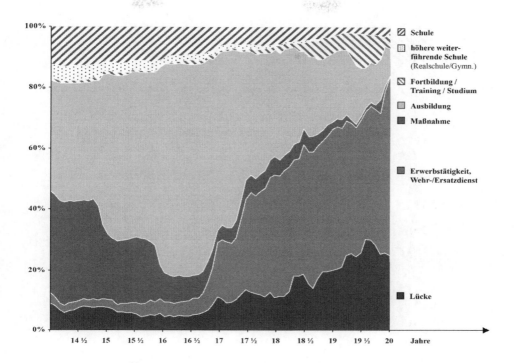

Quelle: BIBB-Übergangsstudie, Geburtsjahrgänge 1982 bis 1988 (ungewichtet); eigene Berechnungen

Abbildung 4-15: Statusverteilungen junger Männer mit max. Hauptschulabschluss (ohne Migrationshintergrund und ab dem 15. Lebensjahr)

Bei den Statusverteilungen der jungen Männer ohne Migrationshintergrund fällt sofort ins Auge, dass im Vergleich zur Gesamtpopulation ein viel stärkerer Zustrom in eine berufliche Ausbildung erfolgt, der seinen Höhepunkt mit 16½ Jahren erreicht (70 Prozent). Dafür ist die Teilnahme an Maßnahmen weitaus geringer. Genauso prägnant wie die Einmündung in Ausbildungen fällt auch der Abstrom in den Arbeitsmarkt aus. Rund 60 Prozent der jungen Männer ohne Migrationshintergrund befinden sich am Ende des 20. Lebensjahres auf dem Arbeitsmarkt, wobei ein Teil von ihnen sicherlich auch den Wehr-/Zivildienst ableistet. Nicht zu vergessen ist dabei, dass es sich bei der oben dargestellten Gruppe der jungen Männer um maximal Hauptschulabsolventen handelt. Ab dem Alter von 19 ½ Jahren sind neben denjenigen, die noch eine Berufsausbildung absolvieren (16 Prozent), bereits auch solche Jugendliche zu finden, die an einer weiterführenden Fortbildung teilnehmen (11 Prozent), also eine berufliche Spezialisierung anstreben.

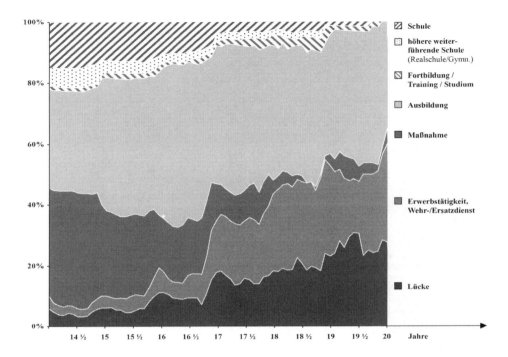

Quelle: BIBB-Übergangsstudie, Geburtsjahrgänge 1982 bis 1988 (ungewichtet); eigene Berechnungen

Abbildung 4-16: Statusverteilungen junger Frauen mit max. Hauptschulabschluss (ohne Migrationshintergrund und ab dem 15. Lebensjahr)

Bei den Frauen ohne Migrationshintergrund fällt im Vergleich zu den Männern – wie auch aus anderen empirischen Studien bereits bekannt (vgl. Granato 2000) – die Beteiligung am beruflichen Bildungssystem insgesamt geringer aus. Wie die Veränderungen ab dem Alter von 16½ Jahren erkennen lassen, haben institutionell vorstrukturierte Übergangszeiten auch in dieser Gruppe einen deutlichen Einfluss. Allerdings führen diese nicht – wie im Falle der jungen Männer – zu einer höheren Beteiligung am Ausbildungsmarkt, sondern entweder zur Aufnahme einer Erwerbstätigkeit bzw. zu Zuständen, die in dieser Untersuchung unter der Kategorie „Lücke" zusammengefasst worden sind. Insgesamt ist auch zu bemerken, dass zumindest vom 18. bis zum 19. Lebensjahr ein geringer aber stetiger Anteil der jungen Frauen an Maßnahmen teilnimmt (10 bis 12 Prozent). Mit 19½ Jahren fallen die Unterschiede zwischen Männern und Frauen ohne Migrationshintergrund auf Ebene der aggregierten Daten deutlicher aus, da der Anteil der Frauen in Ausbildung viel höher (45 Prozent), jedoch ihr Anteil im Erwerbsleben – mit 17 Prozent gegenüber 44 Prozent bei den Männern – weitaus geringer ist. Die Anzahl der Frauen, die an einer beruflichen Fortbildung teilnimmt (2 Prozent), ist im Vergleich zu der der Männer deutlich kleiner. Zu vermuten ist, dass ein Teil der Frauen die Ausbildung verspätet beginnt und deshalb auch ein größerer Prozentsatz von ihnen – im Gegensatz zu den Männern – sich mit 20 Jahren noch in Ausbildung befindet (35 Prozent).

Statusverteilungen von Hauptschulabsolventen auf verschiedene Stationen im Übergangsprozess

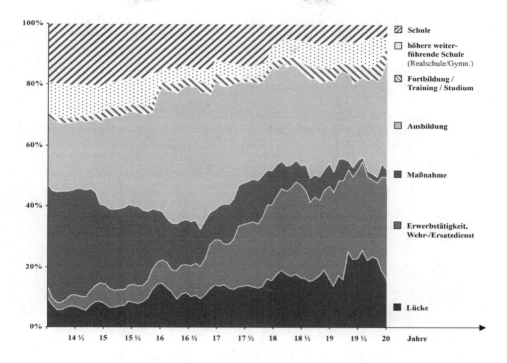

Quelle: BIBB-Übergangsstudie, Geburtsjahrgänge 1982 bis 1988 (ungewichtet); eigene Berechnungen

Abbildung 4-17: Statusverteilungen junger Menschen mit max. Hauptschulabschluss (mit Migrationshintergrund und ab dem 15. Lebensjahr)

Bei den Jugendlichen mit Migrationshintergrund ist festzustellen, dass der Anteil in schulischen Stationen über den beobachteten Zeitraum beständig höher ausfällt als in der Vergleichsgruppe. Die Schulbiografien von Migrantenjugendlichen scheinen sich systematisch von denen der deutschen Jugendlichen zu unterscheiden. Wie im deskriptiven Abschnitt oben bereits dargelegt, ist das Alter beim Verlassen der Schule durchschnittlich höher. Unterschiedliche Ereignisse können dazu führen: so z.B. Schulwechsel, Vorbereitungsklassen oder Klassenwiederholungen. Insbesondere ist bemerkenswert dass die Quote derer, die weiterführende Schulen besuchen, höher liegt. Eine Beobachtung aus empirischen Studien, die im Abschnitt 4.2 zitiert worden sind, bestätigt: Die Beteiligung am beruflichen Ausbildungssystem fällt deutlich geringer aus, als dies für die Jugendlichen ohne Migrationshintergrund der Fall ist. Zugleich lässt sich ein vergleichsweise großer Bestand an Jugendlichen feststellen, der an den Maßnahmen des Übergangssystems teilnimmt. Im Vergleich zu der Referenzgruppe nimmt dieser Anteil allerdings nach dem Alter von 16½ Jahren nicht ab, sondern wird auf einem bestimmten Niveau (zwischen 7 und 15 Prozent) mindestens bis zum 20. Lebensjahr weitergeführt. Die wohl wichtigste Beobachtung, die sich anhand dieser Statusverteilung machen lässt, betrifft den Unterschied hinsichtlich institutioneller Strukturierungseffekte. Verglichen mit der Gruppe der jungen Menschen ohne Migrationshintergrund zeigen die Statusverteilungen der jungen Migranten, dass deren Lebensverläufe – zumindest auf aggregierter Ebene – in einem deutlich geringeren Ausmaß durch die Institutionen standardisiert werden. Dies ist zum einen daran zu erkennen, dass die Umschichtung, die bei deutschen

Jugendlichen ab dem 17. Lebensjahr von schulischen und ausbildungsbezogenen Stationen auf andere Zustände stattfindet, bei jungen Migranten keinesfalls so deutlich zu beobachten ist. Zum anderen lassen sich bei der letzteren Gruppe im Verlauf generell höhere Fluktuationen feststellen.

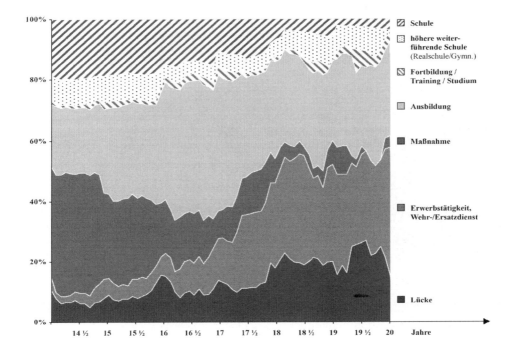

Quelle: BIBB-Übergangsstudie, Geburtsjahrgänge 1982 bis 1988 (ungewichtet); eigene Berechnungen

Abbildung 4-18: Statusverteilungen junger Männer mit max. Hauptschulabschluss (mit Migrationshintergrund und ab dem 15. Lebensjahr)

Im Vergleich zu der Gesamtgruppe der Jugendlichen mit Migrationshintergrund unterscheidet sich die Situation der jungen Männer in dieser Gruppe nicht gravierend. Insgesamt ist der Anteil derer, die zu Beginn des Beobachtungszeitraums eine Ausbildung anfangen, etwa gleich, während der Anteil derer, die an Maßnahmen teilnehmen, etwas höher liegt. Im Alter von 18½ Jahren ist zugleich festzustellen, dass ein größerer Teil als bei der Gesamtgruppe dieser Jugendlichen im Erwerbsleben steht (36 Prozent). Hinzu kommt, dass mehr Jugendliche sich außerhalb der Institutionen („Lücke") befinden (etwa 20 Prozent), und vermutlich Arbeits- bzw. Qualifikationsmöglichkeiten suchen. Jedoch erfolgt dies nicht unbedingt über den Weg von Fortbildungen, da der dortige Anteil der jungen Männer etwas geringer ausfällt (max. 3 Prozent).

Statusverteilungen von Hauptschulabsolventen auf verschiedene Stationen im Übergangsprozess

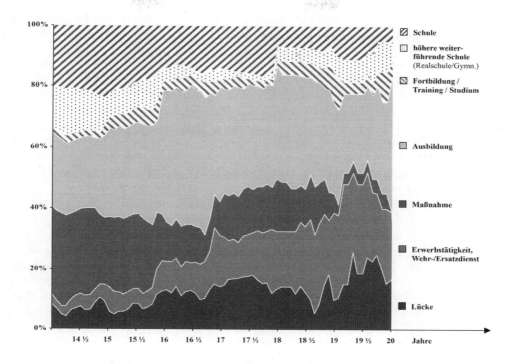

Quelle: BIBB-Übergangsstudie, Geburtsjahrgänge 1982 bis 1988 (ungewichtet); eigene Berechnungen

Abbildung 4-19: Statusverteilungen junger Frauen mit max. Hauptschulabschluss (mit Migrationshintergrund und ab dem 15. Lebensjahr)

Die Unterschiede zwischen jungen Frauen und Männern mit Migrationshintergrund fallen nicht besonders deutlich aus. So ist hier zu beobachten, dass die Beteiligung am Ausbildungssystem über den Altersverlauf hin eher geringer ausfällt als bei deutschen Jugendlichen. Ein klarer Unterschied zu den männlichen Migranten besteht allerdings dahingehend, dass die Frauen in einem viel höheren Maße versuchen (8 bis 14 Prozent), ihre Ausgangsposition im Bildungssystem zu verbessern, indem sie weiterführende Schulen besuchen. Dies scheint insgesamt dazu zu führen, dass die Frauen dadurch anschließende Stationen später durchlaufen als die Männer. Sowohl ihre Beteiligung an Maßnahmen als auch der Anteil derer, die sich in Ausbildung befinden bzw. an Fortbildungen teilnehmen, fällt ab dem 17. Lebensjahr höher aus als bei ihren männlichen Altersgenossen. Am Ende des Beobachtungszeitraums, also mit 20 Jahren, sind die Frauen mit Migrationshintergrund im Vergleich zu den Männern zu einem größeren Anteil immer noch in schulischer oder beruflicher Fortbildung und zu einem geringeren Maß im Erwerbsleben (Frauen: 22 Prozent; Männer: 42 Prozent).

4.6 Kaplan-Meier-Verfahren: Übergangsfunktionen der Jugendlichen in eine berufliche Ausbildung

Im Folgenden soll die Übergangswahrscheinlichkeit von Jugendlichen mit niedrigen ersten Schulabschlüssen in eine berufliche Ausbildung anhand des Kaplan-Meier-Verfahrens berechnet und grafisch dargestellt werden. Dabei sollen grundsätzlich immer Vergleiche zwischen verschiedenen Teilgruppen der Untersuchungspopulation vorgenommen werden, welche sich auf die Merkmale Migrationshintergrund auf der einen und Geschlecht auf der anderen Seite beziehen. Neben der Interpretation der geplotteten Übergangsfunktionen werden auch jedes Mal Testergebnisse präsentiert, die anzeigen sollen, inwiefern die Unterschiede zwischen den geschätzten Übergangswahrscheinlichkeiten statistisch signifikant voneinander unterschiedlich sind.

Grundsätzlich ist zu bemerken, dass bei der vorliegenden Analyse die Zeit bis zum Eintreten des „Ereignisses" im Vordergrund steht. Bei dem Ereignis handelt es sich hier um den ersten Eintritt in eine berufliche Ausbildung. Zur besseren Interpretation wurden in den folgenden grafischen Darstellungen die „Überlebensfunktionen" lediglich umgekehrt und als „Übergangsfunktion" dargestellt. Hier wird gezielt der Begriff „Übergang" anstatt der in der Ereignisanalyse vielleicht gängigeren Bezeichnungen „hazard" oder „failure" verwendet, da dies den untersuchten Prozessen eher gerecht wird. In diesem Kontext wird nicht zwischen betrieblicher und nichtbetrieblicher bzw. schulischer Ausbildung unterschieden, da sich daraus Probleme in den Fallzahlen ergeben würden.

Die hier verwendete Prozedur richtet den Blick auf Zeiteinheiten (Monate), in denen die Person dem „Risiko" ausgesetzt ist, eine Berufsausbildung zu beginnen. Es gibt verschiedene Möglichkeiten, den Beginn des Risikozeitraums festzulegen. Da sich in der deskriptiven Analyse gezeigt hat, dass der Wunsch, eine berufliche Ausbildung aufzunehmen, zum Zeitpunkt des (erstmaligen) Abgangs von der Schule nach individuellen Merkmalen erheblich differiert, wurde davon abgesehen, das Verlassen der Schule *per se* als Beginn des Risikozeitraums festzulegen. Für einen Jugendlichen, der das allgemeinbildende Schulsystem verlässt, sind – gerade bei niedrigen Schulabschlussarten – durchaus Szenarien vorstellbar, bei denen der Wunsch nach dem Beginn einer Ausbildung (zunächst) nicht vorhanden ist. Hinzu kommt, dass es problematisch erscheint, Jugendliche dem „Risiko" einer Ausbildung ausgesetzt zu sehen, wenn diese selbst bezüglich bestimmter Zeiträume explizit angegeben haben, dass sie nicht auf der Suche nach einer betrieblichen oder nichtbetrieblichen Ausbildung waren. Als Konsequenz dieser Überlegungen wird sowohl bei dem hier angewendeten Kaplan-Meier-Verfahren als auch bei dem darauffolgenden PCE-Modell der von den Jugendlichen berichtete Beginn der Suche nach einem Ausbildungsplatz als der Startpunkt des Risikozeitraums definiert.

Da es sich um eine nicht-parametrische und nicht auf vordefinierte Zeitintervalle beruhende Analyse handelt, werden die Informationen im aufbereiteten Datensatz optimal genutzt, da im Prinzip alle Zeitpunkte, in denen ein Ereignis stattfindet, in die Analyse einfließen. Neben dem Übergang in eine Ausbildung wird auch die Rechtszensierung als Information genutzt, weil das Beobachtungsfenster für eine Person zwar geschlossen wird, also die Person bis zu dem Zeitpunkt der Befragung noch nicht in eine Ausbildung übergegangen ist, aber zumindest bekannt ist, wie viel Zeit seit Beginn des Risikozeitraums verstrichen ist.

Für jeden Monat, der in die Analyse einfließt, wird die Anzahl der Personen, die bei Abschluss des Monats noch nicht in ein Ausbildungsverhältnis getreten waren, in Relation gesetzt zu denjenigen, die während dieses Monats ein Ereignis zu verzeichnen hatten.

Aus der Multiplikation dieser Quote mit den Quoten, die für die Zeitpunkte davor errechnet wurden, ergibt sich die Probabilität, die anzeigen soll, wie wahrscheinlich es ist, seit Beginn des Untersuchungszeitraums (hier also seit Beginn der Suche nach einem Ausbildungsplatz) ohne Ausbildung zu bleiben.

Die Übergangskurven zeigen neben der Wahrscheinlichkeit, bis zu einem bestimmten Zeitpunkt in eine Ausbildung übergegangen zu sein, auch die gruppenspezifischen Geschwindigkeiten dieses Übergangsprozesses. Beim Vergleich der Kurven werden einige Tests verwendet, die anzeigen sollen, ob die Unterschiede im Verlauf der Kurven als Zufallseffekte zu interpretieren oder statistisch signifikant sind und ob sich somit allgemeine Aussage über Unterschiede formulieren lassen. Bei dem ersten Test handelt es sich um den sog. Log-Rank-Test, der auch unter dem Namen Generalized-Savage-Test bekannt ist. Der zweite hier durchgeführte Test ist der Wilcoxon-Breslow-Gehan-Test. Beide Tests beruhen auf der ungewichteten Stichprobe, da für die Durchführung der Tests eigens Gewichtungen vorgenommen werden müssen. Der dritte herangezogene Test, der Cox-Test, ist die einzige Möglichkeit, die das statistische Softwarepaket Stata derzeit für gewichtete Stichproben im Rahmen der Kaplan-Meier-Prozedur zur Verfügung stellt. Diese Tests weisen unterschiedliche Sensibilitäten beim Vergleich der Survivalkurven auf. Während der Log-Rank-Test Unterschiede gegen Ende der Prozesszeit betont, reagiert der Wilcoxon-Test stärker auf Unterschiede am Anfang (Blossfeld et al. 2007: 79-81). Die Funktionalität bzw. Vor- und Nachteile der Tests werden unter unterschiedlichen Gesichtspunkten (z. B. der Stichprobengröße) diskutiert (vgl. Lee und Wang 2003: 119-120). Grundsätzlich wird allerdings in der Nullhypothese immer davon ausgegangen, dass die Kurvenverläufe sich nicht voneinander unterscheiden. Schlägt der Test an, dann kann die Gegenhypothese angenommen werden, d. h. es bestehen signifikante Unterschiede.

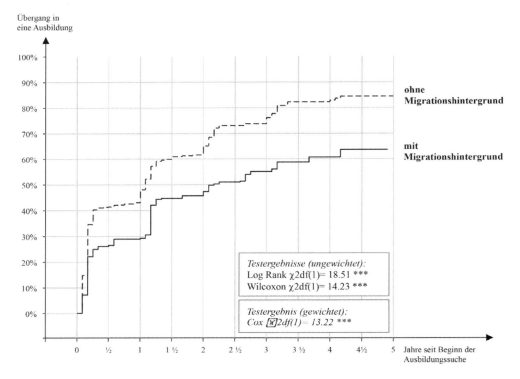

N[Jugendliche]=812, N[Übergänge]=481

Quelle: BIBB-Übergangsstudie, Geburtsjahrgänge 1982 bis 1988; eigene Berechnungen

Abbildung 4-20: Kaplan-Meier-Übergangsfunktion für Jugendliche mit maximal Hauptschulabschluss als ersten Schulabschluss ab Beginn der Ausbildungssuche (mit/ohne Migrationshintergrund) (gewichtete Daten)

Die oben dargestellte Übergangsfunktion (Abb. 4-20) vergleicht Jugendliche mit und ohne Migrationshintergrund, deren erster Schulabschluss niedrig war, ab dem Zeitpunkt des Beginns ihrer Suche nach einem Ausbildungsplatz. Schon nach sechs Monaten sind deutliche Unterschiede zwischen beiden Gruppen zu erkennen: Die deutschen Jugendlichen sind bereits zu über 40 Prozent in eine Ausbildung eingemündet, während der Anteil der Migrantenjugendlichen lediglich bei etwas mehr als einem Viertel (26 Prozent) liegt. Nach etwas mehr als einem Jahr ist die Hälfte der deutschen Jugendlichen mit niedrigen Schulabschlüssen in Ausbildung. Die Migrantenjugendlichen benötigen mehr als doppelt so lange (26 Monate), um diesen Stand zu erreichen. Nach vier Jahren ab dem Beginn der Suche haben es insgesamt 83 Prozent der Jugendlichen ohne und 60 Prozent der Jugendlichen mit Migrationshintergrund geschafft eine Ausbildung zu beginnen. Die Unterschiede zwischen beiden Gruppen fallen ohne Zweifel signifikant aus, wie alle illustrierten Testergebnisse deutlich machen.

Kaplan-Meier-Verfahren: Übergangsfunktionen der Jugendlichen in eine berufliche Ausbildung

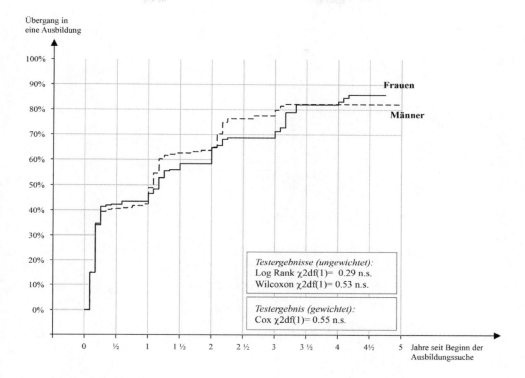

N[Jugendliche]=603, N[Übergänge]=382

Quelle: BIBB-Übergangsstudie, Geburtsjahrgänge 1982 bis 1988; eigene Berechnungen

Abbildung 4-21: Kaplan-Meier-Übergangsfunktion für Jugendliche mit maximal Hauptschulabschluss als ersten Schulabschluss ab Beginn der Ausbildungssuche (ohne Migrationshintergrund)

Bei dem hier herangezogenen Ansatz fällt der Vergleich zwischen den Übergängen von Frauen und Männern ohne Migrationshintergrund nicht deutlich unterschiedlich aus. Streckenweise ist zu beobachten, dass die Männer einen leichten Vorsprung hinsichtlich des Anteils der in eine Ausbildung übergegangenen Personen erzielen. Dieser wird jedoch im Zeitverlauf von den Frauen wieder wettgemacht. Ohnehin sind diese Unterschiede – wie die Testergebnisse zeigen – statistisch nicht signifikant.

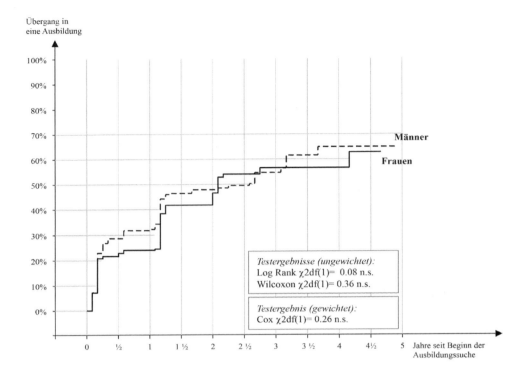

N[Jugendliche]=209, N[Übergänge]=99

Quelle: BIBB-Übergangsstudie, Geburtsjahrgänge 1982 bis 1988; eigene Berechnungen

Abbildung 4-22: Kaplan-Meier-Übergangsfunktion für Jugendliche mit maximal Hauptschulabschluss als ersten Schulabschluss ab Beginn der Ausbildungssuche (mit Migrationshintergrund)

Auch bei dem Geschlechtervergleich unter den Jugendlichen mit Migrationshintergrund (vgl. Abb. 4-22) zeigen sich auf dieser Ebene der Analyse keine gravierenden Unterschiede. Dies wird schon daran deutlich, dass sich die Survivalkurven von Frauen und Männern innerhalb des Beobachtungszeitraums mehrmals überschneiden. Dieses Ergebnis ist insofern überraschend, weil in der wissenschaftlichen Diskussion über die Teilhabe am Ausbildungssystem immer wieder Argumente vorzufinden sind, die auf die geringeren Ausbildungschancen von jungen Migrantinnen hinweisen (vgl. Granato und Schittenhelm 2003).

Kaplan-Meier-Verfahren: Übergangsfunktionen der Jugendlichen in eine berufliche Ausbildung

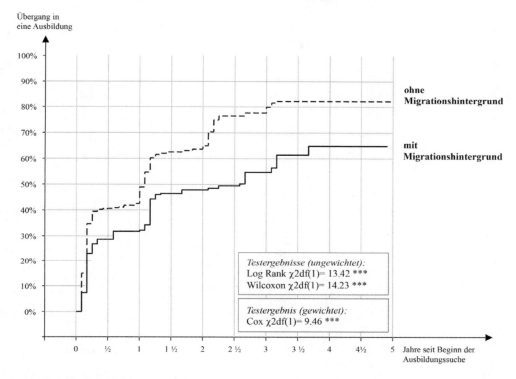

N[Jugendliche]=493, N[Übergänge]=285

Quelle: BIBB-Übergangsstudie, Geburtsjahrgänge 1982 bis 1988; eigene Berechnungen

Abbildung 4-23: Kaplan-Meier-Übergangsfunktion für junge Männer mit maximal Hauptschulabschluss als ersten Schulabschluss ab Beginn der Ausbildungssuche (mit/ohne Migrationshintergrund)

Vergleicht man die Übergänge von jungen Männern mit und ohne Migrationshintergrund, sind dagegen erhebliche Differenzen zu beobachten. Diese Unterschiede sind bereits nach drei Monaten ab Beginn der Ausbildungssuche deutlich. Junge deutsche Männer sind zu diesem Zeitpunkt bereits zu 40 Prozent in eine Ausbildung eingemündet, während der Anteil bei den Migranten noch bei 27 Prozent liegt. Auch nach 14 Monaten bleibt eine erkennbare Differenz; die jungen Männer mit Migrationshintergrund sind erst zu einem Anteil von 44 Prozent in Ausbildung, die deutschen Männer hingegen bereits zu 60 Prozent. Nach etwas über zwei Jahren erreichen die Letzteren einen Anteil von 70 Prozent, während die Rate derjenigen, die in Ausbildung gegangen sind, unter den jungen männlichen Migranten bei 48 Prozent stagniert. Dieser Unterschied von ca. 22 Prozentpunkten bleibt auch am Ende des Beobachtungszeitraums, also nach fünf Jahren bestehen.

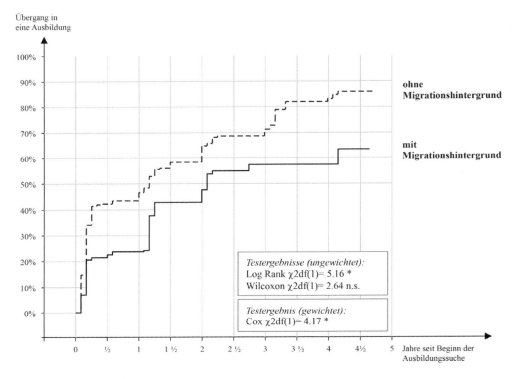

N[Jugendliche]=319, N[Übergänge]=196

Quelle: BIBB-Übergangsstudie, Geburtsjahrgänge 1982 bis 1988; eigene Berechnungen

Abbildung 4-24: Kaplan-Meier-Übergangsfunktion für junge Frauen mit maximal Hauptschulabschluss als ersten Schulabschluss ab Beginn der Ausbildungssuche (mit/ohne Migrationshintergrund)

Bei dem Vergleich zwischen Frauen mit und ohne Migrationshintergrund sind ebenfalls Unterschiede zu beobachten, diese weisen allerdings ein geringeres Niveau der Signifikanz auf als bei den Männern. Der Wilcoxon-Test, der – wie schon erwähnt – eher auf Unterschiede am Anfang der Prozesszeit reagiert, fällt sogar nicht signifikant aus. Da die anderen beiden Tests jedoch anschlagen, kann hier dennoch von Unterschieden zwischen beiden Gruppen ausgegangen werden. So führt uns die Abb. 4-24 vor Augen, dass nach drei Monaten 41 Prozent der jungen deutschen Frauen bereits eine Berufsausbildung aufgenommen haben, während dieser Anteil bei jungen Migrantinnen mit 22 Prozent nur halb so hoch ausfällt. Es dauert 14 Monate, bis die Hälfte der jungen deutschen Frauen in eine Ausbildung einmündet, für die Migrantinnen hingegen ist dafür ein Zeitraum von über zwei Jahren (25 Monate) notwendig. Nach über vier Jahren (50 Monaten) fällt die Differenz zwischen jungen Frauen mit und ohne Migrationshintergrund klar aus: 86 Prozent der jungen deutschen Frauen haben mittlerweile eine Ausbildung begonnen, während dies lediglich auf 63 Prozent der Migrantinnen zutrifft.

Zusammenfassend soll hier festgehalten werden, dass deutliche Unterschiede in den Übergangswahrscheinlichkeiten in eine Ausbildung zwischen Jugendlichen mit und ohne Migrationshintergrund zu beobachten sind. Diese Unterschiede beziehen sich nicht nur auf

PCE-Modell: der Einfluss individueller Merkmale auf den Übergangsprozess 85

die Geschwindigkeit des Übergangs, sondern auch auf die Anteile der in Ausbildung eingemündeten Personen am Ende des Beobachtungszeitraums. Die Übergangsfunktionen zwischen den Geschlechtern innerhalb der jeweiligen Gruppen fallen allerdings nicht signifikant
unterschiedlich aus. Hier sind zeitweise Überschneidungen bzw. Überlappungen zwischen
den Übergangskurven der jungen Männer und Frauen festzustellen. Vergleicht man hingegen
nur die Männer der beiden Gruppen untereinander sind die größten Differenzen unter allen
hier angestellten Vergleichen auszumachen. Den jungen Deutschen gelingt es viel schneller
und zu einem viel höheren Anteil, in Ausbildung einzumünden als den männlichen Jugendlichen mit Migrationshintergrund. Der Unterschied zwischen den Frauen fällt statistisch weniger signifikant aus, weist aber ein ähnliches Muster auf.

4.7   PCE-Modell: der Einfluss individueller Merkmale auf den Übergangsprozess

Die Schätzung der Übergangsfunktion anhand des Kaplan-Meier-Verfahrens hat wichtige
Informationen zu Unterschieden bzw. Ähnlichkeiten zwischen verschiedenen Untergruppen
der untersuchten Population geliefert. Ein erheblicher Nachteil dieses Verfahrens ist jedoch,
dass für die Untersuchung der Effekte, die von verschiedenen individuellen Merkmalen ausgehen, immer wieder Subpopulationen gebildet werden müssen und sich die Fallzahl somit
sehr schnell reduziert. Einen alternativen Weg, um dieses Problem zu umgehen, bieten Über-
gangsratenmodelle, bei deren Anwendung unterschiedliche Kovariaten einbezogen werden
können, da die Messung des Einflusses dieser Kovariaten simultan erfolgt. Im Zusammenhang mit der hier formulierten Fragestellung ist die Entscheidung auf die Verwendung eines
periodenspezifischen Exponential-Modells (PCE-Modell) gefallen. Das PCE-Modell ist lediglich eine erweiterte Form des einfachen Exponentialmodells, das Gelegenheit dazu bietet,
die Übergangsraten für vorher definierte Zeitintervalle jeweils separat zu schätzen.

Im Folgenden soll nun die hier verfolgte Vorgehensweise anhand der Beschreibung der
Kovariaten und des stufenweise erweiterten Analysemodells beschrieben werden, um danach
die Ergebnisse der Analyse zu diskutieren.

Zunächst wird in der vorliegenden Analyse ein sog. leeres Modell bzw. Grundmodell
geschätzt, das keinerlei Kovariaten enthält. Diese Schätzung wird vorgenommen, um zu
überprüfen, ob durch das Hinzufügen von Kovariaten eine eindeutige Modellverbesserung
erreicht wird oder nicht.

Die erste Kovariate, die im Modell 1 hinzugefügt wird, ist der Migrationshintergrund einer Person. Die Referenzkategorie bilden Personen, die keinen Migrationshintergrund haben.
Diese Kovariate wird deshalb frühzeitig eingeführt, weil ein Anliegen der Analyse darin besteht, zu überprüfen, ob der Effekt, der von diesem Merkmal ausgeht, in den anschließenden
Modellen, die immer mehr relevante Kovariaten enthalten werden, bestehen bleibt.

Obwohl bei dem geschlechtsspezifischen Vergleich der Übergangsfunktionen im vorhergehenden Abschnitt keine signifikanten Unterschiede zwischen Männern und Frauen der
jeweiligen Gruppen festgestellt werden konnten, bleibt das Geschlecht ein zentrales Merkmal, das auf die Übergangsrate Einfluss nehmen kann. Deshalb wird im zweiten Modell die
Kategorie des weiblichen Geschlechts als Kovariate eingeführt und die Kategorie männlich
als Referenz dafür genommen.

Im darauf folgenden Modell 3 wird nun ein Leistungsmerkmal bezüglich der befragten
Person in die Analyse mit aufgenommen, nämlich die Durchschnittsnote, die beim Schulabschluss erzielt worden ist. Diese wurde von den Befragten im ursprünglichen Datensatz
in Dezimalform angegeben (1,0 bis 6,0). Da jedoch in der hier vorliegenden Analyse sehr

schnell mit Fallzahlproblemen zu rechnen ist, wurden diese Angaben dichotomisiert. Dabei wurde eine Abschlussnote, die von 1,0 bis inklusive 2,4 angegeben wurde, als hohe Durchschnittsnote beim Schulabschluss gewertet. Die Referenzkategorie bilden also alle Angaben, die einen Wert von 2,5 bis inklusive 6,0 enthalten. Zu betonen ist dabei, dass diese Note potenziell durchaus einen Einfluss auf den Erfolg bei der Ausbildungssuche ausüben kann, da der Jugendliche zu Beginn seiner Suche nach einem Ausbildungsplatz selten über andere, zusätzliche Leistungsnachweise verfügt als das Schulzeugnis.

Im Modell 4 kommt als Kovariaten der höchste Bildungsabschluss hinzu, den ein Elternteil erreicht hat. Bei der Bildung dieser Variable wurde der höchste Schulabschluss, den der Vater bzw. die Mutter erreicht hat, miteinander verglichen und – falls ein Unterschied bestand – der höhere von den beiden Werten herangezogen. Bei dieser Gelegenheit ist zu betonen, dass hier nicht davon ausgegangen wird, dass der Einfluss des Bildungsgrades des Vaters ohne Bedenken dem Bildungsgrad der Mutter gleichzusetzen ist (vgl. Blossfeld und Huinink 1991). Allerdings soll die hier gebildete Kovariate als Annäherungswert für den Einfluss des Bildungsgrads des Elternhauses dienen und nicht der Überprüfung elternteilspezifischer Effekte. Letztendlich wird ein Bildungsabschluss, der der mittleren Reife und höheren Schulformen entspricht, als höhere Kategorie beim Bildungsgrad der Eltern angesehen, während der Abschluss von einer Hauptschule oder ähnlichen Schulformen bzw. kein Abschluss als niedriger Bildungsabschluss gewertet wird.

Wie bereits im deskriptiven Abschnitt dieses Kapitels dargelegt, sind zwischen Jugendlichen mit und ohne Migrationshintergrund Unterschiede im durchschnittlichen Alter festzustellen, zu dem sie die Schule verlassen. Die Lebenslaufforschung weist zurecht darauf hin, dass hinsichtlich vielerlei Übergängen sog. Altersnormen bestehen, also in der Gesellschaft weit verbreitete Ansichten darüber vorhanden sind, dass gewisse Ereignisse im Idealfall in einem bestimmten Alter stattfinden sollten (Settersten und Mayer 1997: 242). Für den Übergang in die Ausbildung wäre die Annahme hier (vgl. Modell 5), welche sich auch theoretisch und empirisch stützen lässt (z. B. Solga 2000: 15), dass auch für die Berufsausbildung gewisse Altersnormen vorhanden sind. Weiterhin ist auch anzunehmen, dass das Alter eines Bewerbers als Signal vom potenziellen Ausbildungsbetrieb durchaus wahrgenommen wird, ein „Normalalter" allerdings je nach Schulabschluss und Ausbildungszweig variieren kann. Für Absolventen der Hauptschulen oder für Personen mit niedrigeren schulischen Qualifikationen, die 17 und älter sind, könnte das Alter vermutlich als Signal für eine länger anhaltende Schulepisode oder einen längeren Verbleib in Programmen und Maßnahmen interpretiert und somit als ein Indiz für geringere Leistungsfähigkeit aufgefasst werden. Somit ist eine Reihe von Kovariaten berücksichtigt, die für die hier vorliegenden Analysen von zentraler Bedeutung sind.

Das periodenspezifische Exponential-Modell bietet die Gelegenheit zur Untersuchung und separaten Schätzung der Übergangsraten in spezifizierten Zeitintervallen. Die Frage, die sich bei der Anwendung solcher Modelle automatisch stellt, ist, wie diese Zeitintervalle festgelegt werden sollen. Die bisherigen Analysen, die hier durchgeführt worden sind, haben einige Informationen hierzu geliefert. Bei der Betrachtung der anhand des Kaplan-Meier-Verfahrens erstellten Übergangsfunktionen sind Zeiträume auszumachen, in denen die individuellen Übergänge verstärkt auftreten. Diese „Sprünge" in den Kurven deuten darauf hin, dass die Übergangswahrscheinlichkeit über den Beobachtungszeitraum hinweg stark variiert. Als Beleg hierfür sollen die Ergebnisse der Kaplan-Meier-Schätzung für die Gesamtpopulation der hier untersuchten Jugendlichen herangezogen werden (vgl. Tab. 4-7).

PCE-Modell: der Einfluss individueller Merkmale auf den Übergangsprozess

Tabelle 4-7: Ergebnisse der Kaplan-Meier-Schätzung für Jugendliche mit maximal Hauptschulabschluss als ersten Schulabschluss ab Beginn der Ausbildungssuche

Monate	Personen, bei denen ein Ereignis eintritt	Personen, die im Risk-Set verbleiben	Kumulativer Anteil, der in Ausbildung übergegangenen
1	205	1584	12,97%
2	299	1377	31,85%
3	74	1071	36,54%
4	13	989	37,36%
5	3	970	37,58%
6	3	949	37,78%
7	5	942	38,11%
8	2	934	38,23%
9	5	923	38,55%
10	0	916	38,55%
11	4	905	38,81%
12	56	892	42,63%
13	40	798	45,54%
14	92	700	52,68%
15	25	561	54,79%
16	5	512	55,20%
17	2	506	55,40%
18	8	502	56,15%
19	0	492	56,15%
20	6	473	56,66%
21	0	464	56,66%
22	2	449	56,90%
23	0	445	56,90%
24	28	432	59,70%
25	30	382	62,89%
26	23	318	65,60%
27	7	261	66,56%
28	0	246	66,56%
29	0	233	66,56%
31	1	224	66,70%
32	8	216	67,96%
33	2	206	68,30%
35	0	202	68,30%
36	12	200	70,17%

Bei näherer Betrachtung dieser Daten fällt auf, dass im Laufe des Beobachtungszeitraums von 36 Monaten drei 4-Monatsperioden auszumachen sind, in denen die Anzahl der Übergänge in Ausbildung besonders hoch sind. Diese beziehen sich auf die ersten vier Monate nach Beginn der Ausbildungssuche, auf den Zeitraum vom 12. bis zum 15. Monat und schließlich auf die Periode vom 24. bis Ende des 27. Monats. Es scheint so zu sein, dass ein bestimmter Anteil von Jugendlichen sehr bald nach Aufnahme der Suche nach einer Ausbildungsstelle erfolgreich ist. Die verbleibenden Jugendlichen ohne Ausbildungsplatz münden zumeist in schulische oder berufliche Programme bzw. Maßnahmen ein, die üblicherweise ein Jahr dauern. Während dieser Phase sind sie sozusagen „absorbiert" und nehmen erst nach einem Jahr wieder verstärkt Ausbildungen auf. Auch dieses Zeitfenster, das Gelegenheit zum Ausbildungsbeginn bietet, scheint allerdings auf etwa vier Monate begrenzt zu sein, so dass die bis dahin nicht vermittelten Jugendlichen wieder in einjährige Maßnahmen einmünden. Am Ende des zweiten Jahres (24. bis 27. Monat) ist der eben beschrieben Prozess erneut zu beobachten.

Die dargestellte Zeitstruktur von Übergängen bietet Gelegenheit, periodenspezifische Merkmale genauer zu untersuchen. Daher wurden in den folgenden Analysen die sich abwechselnden Perioden des stärkeren und schwächeren Übergangs als Anlass dafür genommen, den Einfluss individueller Merkmale separat zu schätzen.

Den Ausgangspunkt bildet ein sog. leeres Modell bzw. Grundmodell ohne Kovariaten. Danach wird die Komplexität des Analysemodells schrittweise erhöht. Dieses Verfahren dient unter anderem auch dazu einen Likelihood-Verhältnis-Test vorzubereiten, der überprüfen soll, inwiefern Modellverbesserungen durch die Hinzufügung von zusätzlichen Parametern erzielt werden oder nicht. Die Bewertung der Ergebnisse des Likelihood-Verhältnis-Tests folgen ungefähr einer Chi-Quadrat-Verteilung, wobei die Zahl der Freiheitsgrade der Anzahl der hinzufügten Parametern entspricht (Blossfeld et al. 2007: 98). Diese Werte sind im unteren Abschnitt der Ergebnistabelle (vgl. Tab. 4-8) festgehalten.

Im Anschluss an die Schätzung des leeren Modells wurde im ersten Modell das Merkmal, einen Migrationshintergrund zu haben, als Kovariate eingeführt. Der Effekt dieses Merkmals erscheint signifikant und deutet darauf hin, dass Migrantenjugendliche ohne Berücksichtigung anderer Faktoren einen deutlich langsameren Übergang als deutsche Jugendliche in die Berufsausbildung vorweisen. In den Modellen 2, 3 und 4 werden weitere wichtige individuelle Merkmale als Kovariate in die Analyse mit aufgenommen. Dabei handelt es sich zunächst um das Merkmal, weiblichen Geschlechts zu sein, was potenziell ein Nachteil bei der Ausbildungssuche sein kann. Danach wurde das Merkmal aufgenommen, im Schulabschlusszeugnis eine hohe Durchschnittsnote erzielt zu haben, was einen Vorteil im Wettbewerb um einen Ausbildungsplatz darstellen könnte. Und schließlich wird das Merkmal eingeführt, Eltern zu haben, die über einen höheren Bildungsabschluss verfügen, weil davon auszugehen ist, dass Eltern mit höherer Bildung entsprechende Erwartungen an ihre Kinder richten und diesen zugleich als Vorbild dienen.

Wie die Ergebnisse der Modelle 2 bis 4 zeigen, geht für die Gruppe der Jugendlichen mit maximal Hauptschulabschuss von keiner dieser Merkmale ein signifikanter Effekt aus. Auffällig ist jedoch, dass trotz der Hinzunahme dieser Kovariaten der negative Einfluss des Migrationshintergrunds auf demselben Niveau signifikant bleibt. Auch ist an den Likelihood-Werten zu erkennen, dass durch die Erweiterung des Modells keine wesentlichen Verbesserungen im Modellfit erzielt werden. Im fünften Modell wird das Merkmal ein höheres Alter (≥ 17) bei Verlassen der Schule als potenzieller Einflussfaktor in die Analyse mit aufgenommen. Das höhere Alter übt, wie an dem Analyseergebnis in der Tabelle zu erkennen ist, einen signifikanten, verlangsamenden Effekt auf die Einmündung von Jugendlichen in die Ausbildung aus. Wie zuvor erwähnt, sind Migranten beim Verlassen der Schule im Durchschnitt älter als deutsche Jugendliche (vgl. die Deskription oben). Umso mehr erstaunt es, dass durch die Einführung dieses Merkmals in die Analyse der negative Einfluss des Migrationshintergrunds auf den Übergang nicht gemindert wird. Also ist davon auszugehen, dass das Merkmal, Migrant zu sein, unabhängig vom Alter beim Verlassen der Schule einen eigenständigen und negativen Effekt darstellt.

Überprüft wurden auch potenzielle Interaktionseffekte zwischen dem Merkmal „mit Migrationshintergrund" und den hier eingeführten anderen Kovariaten, die Einführung des Merkmals „mit Migrationshintergrund" später, also erst im fünften Modell und die Einbeziehung des Merkmals „Schule ohne Abschluss verlassen" in alle Modelle. Auf eine Darstellung der Ergebnisse dieser Analysen wird hier allerdings verzichtet, weil keine Beobachtungen gemacht werden konnten, die die Grundaussage bzw. die Signifikanzen des hier eingeführten letzten Modells in Frage stellen.

Tabelle 4-8:   PCE-Modell zu den Übergangsraten in eine Ausbildung

unabhängige Variable	Grundmodell	Modell 1	Modell 2	Modell 3	Modell 4	Modell 5
0-4 Monate seit Suchbeginn	0.1176***	0.1374***	0.1433***	0.1429***	0.1483***	0.1665***
5-11 Monate seit Suchbeginn	0.0034***	0.0040***	0.0042***	0.0042***	0.0043***	0.0049***
12-15 Monate seit Suchbeginn	0.0721***	0.0874***	0.0915***	0.0913***	0.0946***	0.1059***
16-23 Monate seit Suchbeginn	0.0061***	0.0074***	0.0078***	0.0077***	0.0080***	0.0090***
24-27 Monate seit Suchbeginn	0.0638***	0.0786***	0.0825***	0.0822***	0.0856***	0.0945***
28-36 Monate seit Suchbeginn	0.0118***	0.0147***	0.0156***	0.0155***	0.0162***	0.0178***
36+ Monate seit Suchbeginn	0.0154***	0.0212***	0.0226***	0.0226***	0.0239***	0.0262***
Geschlecht weiblich			0.8951 n.s.	0.8943 n.s.	0.8950 n.s.	0.8637 n.s.
hohe Durchschnittsnote beim Schulabschluss				1.0112 n.s.	1.0163 n.s.	0.9876 n.s.
hoher Bildungsabschluss der Eltern					0.8990 n.s.	0.9014 n.s.
höheres Alter beim Schulabgang						0.6991**
Befragter hat Migrationshintergrund		0.5442***	0.5433***	0.5439***	0.5528***	0.5538***
N (Personen)	1584	1584	1584	1584	1584	1584
N (Ereignisse)	1008	1008	1008	1008	1008	1008
Log pseudolikelihood	-2105	-2069	-2067	-2067	-2066	-2054
X2 (df)		72.352*** (1)	75.291*** (2)	75.313*** (3)	77.980*** (4)	101.631*** (5)

Legende: n.s. nicht signifikant; * p<.05; ** p<.01; *** p<.001

Quelle: BIBB-Übergangsstudie, Geburtsjahrgänge 1982 bis 1988; eigene Berechnungen

PCE-Modell: der Einfluss individueller Merkmale auf den Übergangsprozess 91

Tabelle 4-9: PCE-Modell zu den Übergangsraten in eine Ausbildung mit periodenspezifischer Variation des Einflusses des Migrationshintergrunds

unabhängige Variable	
0-4 Monate seit Suchbeginn	0.1640***
5-11 Monate seit Suchbeginn	0.0053***
12-15 Monate seit Suchbeginn	0.1001***
16-23 Monate seit Suchbeginn	0.0099***
24-27 Monate seit Suchbeginn	0.1094***
28-36 Monate seit Suchbeginn	0.0164***
36+ Monate seit Suchbeginn	0.0304***
JmM* - 0-4 Monate seit Suchbeginn	0.5963**
JmM - 5-11 Monate seit Suchbeginn	0.3724 n.s.
JmM - 12-15 Monate seit Suchbeginn	0.6802 n.s.
JmM - 16-23 Monate seit Suchbeginn	0.3516 n.s.
JmM - 24-27 Monate seit Suchbeginn	0.2856*
JmM - 28-36 Monate seit Suchbeginn	0.7101 n.s.
JmM - 36+ Monate seit Suchbeginn	0.3830 n.s.
Geschlecht weiblich	0.8598 n.s.
hohe Durchschnittsnote beim Schulabschluss	0.9815 n.s.
hoher Bildungsabschluss der Eltern	0.9092 n.s.
höheres Alter beim Schulabgang	0.6982**
N (Personen)	1584
N (Ereignisse)	1008
Log pseudolikelihood	-2048
$\chi 2$ (df)	113.373*** (11)

* JmM= „Jugendliche mit Migrationshintergrund"

Legende: n.s. nicht signifikant; * p<.05; ** p<.01; *** p<.001

Quelle: BIBB-Übergangsstudie, Geburtsjahrgänge 1982 bis 1988; eigene Berechnungen

In einem weiteren Schritt soll nun der in den bisherigen Modellen stabile Effekt des Migrationshintergrunds hinsichtlich seines periodenspezifischen Einflusses geschätzt werden. Die Annahme, die sich hinter diesem Modell verbirgt, ist, dass der Effekt des Merkmals Migrationshintergrund in den hier spezifizierten Zeiträumen variiert. Die Ergebnisse, die in Tab. 4-9 illustriert werden, deuten darauf hin, dass dies zutrifft.

In der ersten spezifizierten Zeitperiode bis Ende des vierten Monats nach Suchbeginn zeigt sich ein deutlicher Nachteil für die jungen Migranten. Ihre Übergangsrate beläuft sich auf nur ca. 60 Prozent der Rate der Jugendlichen ohne Migrationshintergrund. Allerdings ist dieser Nachteil nicht nur auf den Beginn der Ausbildungssuche beschränkt. Auch nach zwei Jahren (24. bis 27. Suchmonat) ist noch ein signifikanter Einfluss des Migrationshintergrunds zu erkennen. Hier macht die Übergangsrate sogar weniger als ein Drittel der Anzahl der Übergänge aus, die bei Jugendlichen ohne Migrationshintergrund zu verzeichnen sind. Konsistent ist auch der Befund, dass ein höheres Alter bei Schulabgang den Übergang verlangsamt.

Als Ergebnis lässt sich festhalten, dass in der hier untersuchten, hinsichtlich ihrer schulischen Qualifikationen relativ homogenen Gruppe der Jugendlichen mit niedrigen Bildungsabschlüssen, unter Berücksichtigung wichtiger individueller Merkmale, der Migrationshintergrund einen unabhängigen, negativen Einfluss auf die Übergangsraten ausübt. Jungen Migranten gelingt es weniger häufig, in den kritischen Zeiträumen, in denen die meisten Jugendlichen den Zugang zur Ausbildung finden, erfolgreich zu sein. Diese Beobachtung bezieht sich nicht nur auf die Anfangsperiode der Suche, sondern lässt sich auch in den späteren Zeiträumen feststellen.

4.8 Zusammenfassung der wesentlichen Ergebnisse

Die hier durchgeführten quantitativen Analysen auf Basis der Daten der BIBB-Studie zeichnen ein facettenreiches Bild der Übergangsprozesse von der Schule in die berufliche Erstausbildung bei jungen Menschen mit und ohne Migrationshintergrund. Die vorliegenden Ergebnisse beziehen sich – wie schon erläutert – nur auf Jugendliche mit niedrigen Schulabschlüssen. Schon bei ersten deskriptiven Analysen zwischen Einheimischen und Migranten fallen Differenzen ins Auge. So streben Migranten – und insbesondere Migrantinnen – zum Zeitpunkt des Verlassens der Schule zu einem größeren Anteil als die Einheimischen eine berufliche Ausbildung an. Die Migranten sind allerdings zu diesem Zeitpunkt im Durchschnitt älter als die deutschen Jugendlichen. Außerdem ist ein größerer Anteil von ihnen ohne Schulabschluss. Das Interesse der Migrantenjugendlichen an einer beruflichen Qualifikation bleibt auch bei erschwerten Zugangsbedingungen und starkem Wettbewerb auf dem Ausbildungsmarkt erhalten.

Diese Momentaufnahmen werden durch Analysen ergänzt, die die Verteilung der Jugendlichen ab Beginn ihres 15. Lebensjahrs über fünf Jahre hinweg auf verschiedene Zustände/Status im Übergangsprozess darstellen. Auffällig ist dabei, dass die Übergänge der einheimischen Jugendlichen viel stärker institutionell geregelt sind als die der Migrantenjugendlichen. So ist bei den Statusverteilungen für die einheimische deutsche Gruppe zu beobachten, dass sich ca. ab Beginn des 17. Lebensjahrs eine kontinuierliche Abnahme der sich in Ausbildung Befindenden verzeichnen lässt, die entweder eine Erwerbstätigkeit aufnehmen oder sich in Zuständen befinden, wo sie nach (vermutlich) absolvierter Berufsausbildung auf der Suche nach einer Arbeitsstelle sind. Der Anteil derjenigen, die an Maßnahmen teilnehmen, fällt – zumindest für die Gruppe der jungen einheimischen Männer – äußerst gering aus.

Für die Migrantenjugendlichen hingegen lassen sich aus den Statusverteilungen viel schwächere institutionenbedingte Strukturierungen beobachten. Mit zunehmendem Alter nimmt der Anteil der sich in schulischen Kontexten befindlichen Jugendlichen zwar ab und die Zahl der Jugendlichen in Erwerbsarbeit nimmt zu, aber diese Prozesse finden später und vor allem langsamer statt. Der Anteil von jungen Migranten, die sich in Ausbildung befinden, bleibt über all diese Zeitperioden relativ hoch. Deutlich wird zudem, dass die Teilnahme an Maßnahmen des Übergangssystems viel länger anhält und auf einen größeren Teil der Migrantenjugendlichen zutrifft.

Wie schnell die individuellen Übergänge in eine berufliche Ausbildung bei den hier untersuchten beiden Gruppen von Jugendlichen vollzogen werden, lässt sich erst anhand der nach dem Kaplan-Meier-Verfahren berechneten Übergangsfunktionen erkennen. Die Gegenüberstellung dieser Funktionen verdeutlicht, dass signifikante Unterschiede sowohl in der Übergangsgeschwindigkeit als auch hinsichtlich des Gesamtanteils der in eine Ausbildung Eingemündeten existieren. Die deutlichsten Unterschiede sind zwischen jungen Männern mit und ohne Migrationshintergrund zu verzeichnen. Während einheimische Männer nach etwas über einem Jahr bereits zur Hälfte in eine Ausbildung eingemündet sind, benötigen männliche Migranten mehr als doppelt so lang, etwa zweieinhalb Jahre, bis 50 Prozent eine Ausbildung aufgenommen haben.

Anhand des PCE-Modells lässt sich, ergänzend zu den vorhergehenden Analysen, der Einfluss mehrerer individueller Merkmale auf die Übergangsrate schätzen. Dabei wird klar, dass das Merkmal Migrationshintergrund – neben dem Merkmal, in einem höheren Alter die Schule zu verlassen – einen eigenständigen negativen Einfluss auf die Übergansrate der Jugendlichen ausübt. Andere individuelle Merkmale, wie z.B. weiblichen Geschlechts zu sein, eine bessere Durchschnittsnote im Abschlusszeugnis erreicht zu haben oder aus einem höher gebildeten Elternhaus zu stammen, üben für die Gruppe der Jugendlichen, die hier untersucht werden, keinen unabhängigen signifikanten Einfluss auf die Übergangsrate aus.

Ein sehr interessanter Befund bezieht sich auf die zeitliche Opportunitätsstruktur von Übergangsprozessen: Es scheint kürzere Zeiträume zu geben, in denen relativ viele Übergänge stattfinden und längere Perioden, in denen die Anzahl der Übergänge äußerst gering ausfällt. Anhand der periodenspezifischen Schätzung des Einflusses, den der Migrationshintergrund ausübt, wird klar, dass es den Migrantenjugendlichen weniger häufig gelingt, die für die Übergänge günstigen Zeitperioden für sich zu nutzen.

Die Zusammenfassung der Analyseergebnisse im Überblick verdeutlicht, dass die Frage, ob Migrantenjugendliche im Vergleich zu einheimischen Jugendlichen größere Schwierigkeiten beim Übergang von der Schule in die berufliche Erstausbildung haben, tendenziell bejaht werden muss.

5 Integrations- und Berufsbildungspolitik auf kommunaler Ebene

5.1 Das methodische Vorgehen

5.1.1 Fragestellung der qualitativen Fallstudien

Vor der Analyse der Ergebnisse der Fallstudien sollen kurz die Fragestellungen in Erinnerung gerufen werden, die auf dieser Ebene verfolgt werden. Prinzipiell beziehen sie sich auf die eingangs formulierte, erste Kernfragestellung der Arbeit: „Auf welche Weise wird auf kommunaler Ebene Berufsbildungspolitik gemacht?" Für die Konkretisierung dieser Fragestellung wurden drei unterschiedliche Ebenen identifiziert, die sowohl soziologisch als auch politikwissenschaftlich relevant sind: die Akteursebene, die Policy-Ebene und die Implementationsebene.

Akteure der Integrations- und Berufsbildungspolitik

Welche politischen und gesellschaftlichen Akteure sind auf der Ebene der kommunalen berufs- und ausbildungsbezogenen Jugendpolitik voneinander zu unterscheiden? Welche Rollen bzw. welche unterschiedlichen Interessen und Positionen sind unter den Akteuren auszumachen? Welche (gegenseitigen) Abhängigkeiten gibt es?

Policies: Entscheidungsfindung und Programme in der Integrations- und Berufsbildungspolitik

Wie laufen Entscheidungsprozesse in der berufs- und ausbildungsbezogenen Jugendpolitik auf kommunaler Ebene? Welche institutionellen und personellen Strukturen haben sich entwickelt? Welche Verbindung besteht zwischen integrationspolitischen und ausbildungsbezogenen Ansätzen?

Welche Richtlinien und Programme wurden zu verschiedenen Zeitpunkten für einzelne Bereiche der Berufsbildungspolitik gegenüber Migrantenjugendlichen erarbeitet? Welche symbolische bzw. umsetzungsorientierte Politik ist hierbei auszumachen?

Implementation der Integrations- und Berufsbildungspolitik

Welche Besonderheiten sind bei der Umsetzung der Programme festzustellen? Wie wird der Handlungsauftrag von Seiten verschiedener Akteure aufgefasst?

Welche Steuerungs- und Kontrollinstrumente werden von den auftraggebenden Akteuren eingesetzt? Wie ist der Umgang mit divergierenden Zielsetzungen, Umsetzungshemmnissen und Konflikten in der Implementierungsphase? Auf welche „Erfolge" der Implementation verweisen die Entscheidungsträger? Welche „vielversprechenden Ansätze" werden von Praktikern hervorgehoben?

Zur Beantwortung dieser Untersuchungsfragen wurden in zwei Kommunen Fallstudien durchgeführt. Diese beziehen sich jeweils auf alle drei Analyseebenen und erlauben es, die Faktoren, die auf den drei Ebenen wirksam werden, in ihrer Interdependenz zu betrachten. Gleichzeitig hat der punktuell angestellte Vergleich zwischen den beiden Kommunen zusätzliche Aussagekraft, da dadurch die Spannbreite an möglichen Ausprägungen deutlich wird.

Fallstudien sollen eine dichte Beschreibung einzelner (Untersuchungs-)Einheiten liefern, um ein besseres Verständnis über eine größere Gruppe von ähnlichen Einheiten zu erlangen (Gerring 2004: 342). Im Rahmen der hier formulierten Fragestellung erscheint es zentral, Interpretationen und Entscheidungen der Akteure im Bereich der lokalen Ausbildungsförderung im Rahmen eines Sinngebungs- und Handlungsprozesses zu rekonstruieren. Für das Verständnis subjektiver Relevanzsysteme und Handlungsstrategien institutioneller Akteure auf der kommunalen Ebene scheint der Einsatz qualitativer Methoden besonders gut geeignet zu sein (vgl. Behrens 2003). Mit einem quantitativen Ansatz, wie z.B. einem standardisierten Fragebogen, wäre es dagegen schwierig, die Wahrnehmung bestimmter Probleme durch diese Akteure und die Herangehensweisen, die diese zur Problemlösung entwickelt haben, zu erheben. Daher verspricht der Einsatz von Dokumentenanalysen und Experteninterviews für diesen Teil der Fragestellung ertragreicher zu sein.

Anhand deskriptiver Darstellungen von statistischen Daten hingegen sollen – als Kontrastfolie zu diesen subjektiven Relevanzsystemen – Entwicklungen im demografischen und wirtschaftlichen Bereich auf Ebene der beiden untersuchten Kommunen aufgezeigt und näher diskutiert werden.

5.1.2 Fallauswahl

Als Gegenstand der Falluntersuchungen dienen die Städte Frankfurt a. M. und München. Die Logik der Fallauswahl folgt einem „most-similar-case"-Ansatz (vgl. Dogan 2002: 73-74). Beide Städte stellen den Mittelpunkt von wirtschaftlichen Großregionen dar und weisen damit eine über ihre Stadtgrenzen weit hinaus reichende wirtschaftliche Bedeutung auf. Rein auf die Einwohnerzahl bezogen ist Frankfurt mit ca. 660.000 Personen, die dort leben, nur halb so groß wie München mit 1.3 Millionen Einwohnern. Jedoch bildet Frankfurt das Zentrum des Rhein-Main-Großraums, in dem 5.3 Millionen Menschen leben. Laut der offiziellen Internetseite der Stadt Frankfurt bietet diese Region in 320.000 Unternehmen Beschäftigung für 2.7 Millionen Menschen und generiert ein jährliches Bruttoinlandsprodukt in Höhe von ca. 180 Mrd. Euro.[15] Die wirtschaftliche Leistungsfähigkeit des Großraums München fällt mit ca. 210 Mrd. Euro noch etwas höher aus und bietet 2.1 Mio. Personen eine Beschäftigungsmöglichkeit.[16]

---

15   http://www.frankfurt.de/sixcms/detail.php?id=stadtfrankfurt_eval01.c.125162.de (Zugriff am: 20.05.2007)
16   http://www.landratsamt-muenchen.de/pdf/emm_newsletter.pdf (Zugriff am: 20.05.2007)

Das methodische Vorgehen

Die Wirtschaft in den beiden Kommunen hat sich in den letzten Jahren – insbesondere im Vergleich zu den strukturschwachen Regionen in Deutschland – durchaus positiv entwickelt. Die Rate der Erwerbslosen lag auf niedrigem Niveau und das Verhältnis zwischen Angebot und Nachfrage von Ausbildungsplätzen fiel im bundesdeutschen Vergleich relativ günstig aus (vgl. Magistrat Frankfurt/Main 2007b: 240-241). Dies ist insofern für die Untersuchung wichtig, weil durch diese Merkmale sichergestellt ist, dass die beiden Städte mitsamt ihrem Umland Fallbeispiele darstellen, die über einen hochmodernen und voll entwickelten Arbeits- und Ausbildungsmarkt verfügen mit den Vorteilen und den typischen Risiken moderner Volkswirtschaften. Die Chancen auf einen Ausbildungsplatz bzw. auf eine Arbeitsstelle lagen in beiden Kommunen höher als im Vergleich zu vielen anderen Städten in Deutschland.

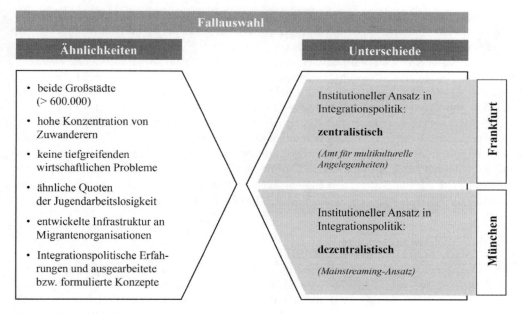

Quelle: eigene Darstellung

Abbildung 5-1: Fallauswahl

Sowohl Frankfurt als auch München werden in der aktuellen (Fach-)Diskussion als fortgeschrittene Modelle für kommunale Integrationspolitik beschrieben (vgl. Filsinger 1998, Pröhl 1998, Schader-Stiftung et al. 2007). In beiden Kommunen hat sich eine für deutsche Großstädte mit hohem Zuwandereranteil typische Damit wurden bewusst zwei Kommunen für die Fallstudien ausgewählt, in denen es aufgrund der wirtschaftlichen Situation einen berufsbildungspolitischen Gestaltungsfreiraum gibt. In Kommunen mit schlechteren wirtschaftlichen Rahmendaten wäre dagegen zu befürchten, dass die finanziellen Schwierigkeiten den politischen Diskurs zu stark dominieren würden und auch in Interviews in erster Linie auf die politische Gestaltungsohnmacht verwiesen würde. Dies war in Frankfurt und München bei weitem weniger zu befürchten als beispielsweise in Berlin oder Duisburg.

Vielfalt von migrationsspezifischen öffentlichen und privaten Akteuren herausgebildet. Im Lauf der Zeit haben sich diese Akteure mehr oder minder in die politischen Strukturen vor Ort eingegliedert und für eine personelle und thematische Kontinuität gesorgt. Darüber hinaus wurden in beiden Kommunen spezielle Einrichtungen geschaffen, die sich migrationsspezifischen Aufgaben widmen.

Der Entwicklungspfad, der zur Herausbildung dieser integrationspolitischen Ansätze geführt hat, verlief allerdings unterschiedlich. In Frankfurt bestand die Strategie darin, ein Amt für multikulturelle Angelegenheiten (AmkA) zu schaffen, welches als zentrale administrative Einheit mit der Koordinierung der Integrationspolitik betraut ist und in vielen Bereichen Pionierarbeit leistet. Auch in München wurden bis Mitte der 1990er Jahre verschiedene Initiativen gestartet, um über zentralverantwortliche Einheiten in der Verwaltung integrationspolitische Impulse zu setzen. Doch gegen Ende der 1990er Jahre hat sich München entschieden, diese zentralistische Strategie zugunsten einer Querschnittsorientierung aufzugeben und alle kommunalen Administrationsbereiche stärker in die Verantwortung zu nehmen. Die Stadt folgt seither klar einem Mainstreaming-Ansatz.

Aufgrund der beschriebenen Gemeinsamkeiten als wirtschaftlich prosperierende Zentren von Großregionen und integrationspolitische Vorreiter aber auch aufgrund der Unterschiede hinsichtlich des Umgangs mit Migration und Integration auf kommunaler Ebene eignen sich München und Frankfurt sehr gut als Gegenstand von Fallanalysen.

Die Fallstudien basieren auf Experteninterviews und Dokumentenanalysen. Der erste Schritt der empirischen Erhebung bestand darin, in Frankfurt und München nach Dokumenten zu suchen, die für die Untersuchungsfrage von Bedeutung sind. Die erste Sichtung dieser Daten wurde genutzt, um Experten auszuwählen, mit denen Interviews geführt werden sollten. Im Zuge der Interviews stieß man wiederum auf weitere Dokumente, die für die Studie interessant waren, so dass die Sammlung sich fortwährend erweiterte.

5.1.3   Dokumentenanalysen

Die ausgewählten Dokumente zu Planungs-, Entscheidungs- und Implementationsprozessen in der Integrationspolitik bzw. der Ausbildungsförderung weisen entweder einen allgemein richtungsgebenden Charakter auf und sind daher für alle Bereiche des Politikfeldes relevant oder sie betreffen speziell die Gruppe der Jugendlichen mit Migrationshintergrund und deren Integration in den Ausbildungsmarkt.

Zu den analysierten Dokumenten zählen unter anderem Unterlagen, die Auskunft über die Aufgabenstellung von einzelnen Akteuren geben. Sie wurden herangezogen, um die institutionellen Rahmenbedingungen dieses Politikfeldes nachzuzeichnen. Anhand von Protokollen von Gremiensitzungen galt es, Sitzungsverläufe, Befürchtungen und Motivation einzelner Mitglieder zu rekonstruieren. Neben den Ergebnissen, die in Beschlüssen festgehalten sind, sind demnach auch die prozessrelevanten Informationen, sowie die darin zu Tage tretenden Wahrnehmungs- und Verarbeitungsmuster von besonderem Interesse. Vorschläge und Beschlussvorlagen wurden - unabhängig davon, ob sie zur Anwendung gekommen sind oder nicht - ausgewertet, sofern sie öffentliche und/oder fachliche Diskussionen beeinflusst haben.

Die zahlreichen Dokumente, die im Lauf der Studie zusammengetragen wurden, lassen sich folgenden Typen zuordnen:

- Eigenveröffentlichungen der Kommunen: Beschreibung von Aufträgen, Zuständigkeiten und Kompetenzen relevanter Ämter bzw. Abteilungen

Das methodische Vorgehen

- Geschäftsordnungen relevanter Organe und Gremien (z.B. Stadtrat, Stadtratsausschüsse, Ausländerbeirat, Arbeitskreise)
- Sitzungsprotokolle, Tagesordnungen und sonstige Dokumente aus den relevanten Arbeitsgremien
- Konzeptpapiere und Beschlussvorlagen von Seiten der Politik und Verwaltungsspitze
- Dokumentationen zu fachstellenspezifischen Entwicklungen: z.B. zur Einrichtung eines Amtes für multikulturelle Angelegenheiten oder einer Stelle für interkulturelle Zusammenarbeit
- Konzepte von freien Trägern der Jugendhilfe

Alle Dokumente wurden gesichtet, hinsichtlich ihrer Aussagekraft gewichtet, und in eine historische Ordnung gebracht, um integrationspolitische und ausbildungsbezogene Entwicklungsprozesse nachzuzeichnen. Zudem wurden die einzelnen Dokumente entsprechend ihrer thematischen Inhalte katalogisiert. Erste Analysen dienten der Vorbereitung der Experteninterviews: Auswahl der Gesprächspartner, Erstellen eines akteursspezifischen Interviewleitfadens und vertiefende inhaltliche Vorbereitung auf das Interview.

5.1.4 Experteninterviews

Die Befragung von Schlüsselpersonen aus Politik, Verwaltung sowie intermediären Organisationen mittels problemzentrierter, teilstrukturierter Interviews zielte darauf ab, ein tiefergehendes Verständnis für die Hintergründe von politischen Prozessen und Entscheidungen sowie über konzeptionelle Entwicklungen und institutionelle Regelungen zu erreichen.

Die Gesprächspartner wurden in den Interviews problemspezifisch angeleitet (vgl. Witzel 2000). Sie sollten in erster Linie über ihre Erfahrungen in den politischen Prozessen berichten. Zusätzlich wurden Einschätzungen über die Funktion und den Einfluss bestimmter Akteure bzw. Akteursnetzwerke erfragt. Die systematische Analyse der Interviews erlaubte eine Rekonstruktion der Interaktionsprozesse und zielte auf eine differenzierte Einschätzung, wie die verschiedenen Akteure ihre (Macht-)Ressourcen einsetzen und welche Strategien sie verfolgen. Die Interviews dienten darüber hinaus der Schließung von Informationslücken sowie der Qualifizierung bereits vorhandener Daten, die in anderen Interviews oder im Zuge der Dokumentenanalyse gewonnen worden waren.

Kritisch ist anzumerken, dass bei Experteninterviews die Gefahr der Instrumentalisierung des Forschungsvorhabens durch die befragten Akteure besteht. Für viele dieser Akteure, seien es Vertreter von Parteien, Verbänden oder anderen Institutionen, steht die Durchsetzung ihrer politischen Interessen im Vordergrund. Aus diesem Grund sind sie vermutlich geneigt - auch im Kontext einer Forschung - Informationen selektiv weiterzugeben. Die Interviewaussagen wurden daher, ohne den Interpretationsfreiraum der Akteure auszuschließen, auf ihre Plausibilität überprüft und mit anderen verfügbaren Informationsquellen abgeglichen.

5.1.4.1 Sampling-Strategie

Die Stichprobe sollte bestimmten methodischen Absichten und theoretischen Vorüberlegungen gerecht werden. Methodisch gesehen war es wichtig, innerhalb der Stichprobe eine ausreichend große Bandbreite an Vertretern verschiedener Institutionen zu haben, um Vergleiche zwischen diesen anstellen zu können. Dies hing mit der theoretischen Prämisse zusammen, dass das Handlungsfeld „Berufsbildungspolitik" auf kommunaler Ebene durch die Interessen unterschiedlicher Akteure bzw. Akteursgruppen geprägt wird. Die Schwierigkeit bestand daher darin, vorab zu entscheiden, welche Akteure nun jeweils politisch maßgeblich und zudem für die hier formulierte Fragestellung inhaltlich relevant sind.

Die Entscheidung für die Auswahl der relevanten Interviewpartner wurde dadurch vereinfacht, dass in beiden Kommunen Gremien existieren, die sich explizit mit der Förderung der beruflichen Qualifizierung von Jugendlichen beschäftigen. Nach einigen Gesprächen mit den Personen, die die Geschäftsführungsfunktion in diesen Gremien ausüben, wurde eine Liste der wichtigsten Institutionen und deren Vertreter zusammengestellt.

Eine weitere Strategie bestand darin, die bereits zusammengestellten Materialien und die gesammelte Literatur zur Integrationsarbeit mit Jugendlichen in diesen Kommunen zu sichten und die dort erwähnten Akteure aufzulisten, die offensichtlich eine prominente Rolle einnehmen bzw. eine Modellfunktion in diesem Bereich ausüben.

Schnell wurde allerdings klar, dass die ursprüngliche Überlegung, die Anzahl der Interviews auf lediglich zehn pro Kommune zu beschränken, den oben genannten Ansprüchen nicht genügen würde. Denn die Stichprobe in der jeweiligen Kommune sollte sowohl Vertreter der Leitungs- und Entscheidungsebenen der wichtigsten Institutionen umfassen, als auch eine ausreichende Anzahl an Praktikern aus der Arbeit mit den Jugendlichen im Übergang Schule-Beruf. So wurden letztlich pro Kommune 22 Interviews, also insgesamt 44 Gespräche geführt.

5.1.4.2   Durchführung, Transkription und Aufbereitung der Interviews

Die Interviewpartner wurden im Vorfeld schriftlich oder telefonisch kontaktiert und für die Fragestellung sensibilisiert. Die Vorbereitung und Durchführung der Interviews entsprach der problemorientierten Interviewtechnik, wie sie von Andreas Witzel (2000) beschrieben wird. Die Interviews wurden dementsprechend vor- und nachbereitet.

Der Interviewleitfaden diente lediglich zur Orientierung während des Interviews. Es wurde versucht, Kommunikationssituationen zu vermeiden, die durch kurze Fragen und Antworten gekennzeichnet sind. Stattdessen wurden die Interviewpartner dazu ermuntert, Informationen eigenständig in einen Kontext zu setzen bzw. anhand konkreter Beispiele zu illustrieren. Weiterhin wurden durchgängige Frageraster verwendet, so z.B. Nachfragen zu typischen und untypischen Handlungssituationen, hinderlichen gegenüber förderlichen Bedingungen, sinnvollen gegenüber weniger sinnvollen Regelungen, etc.

Bei den ersten Interviews stellte sich heraus, dass die Interviewten zögerlich reagierten, als die Diskussion um die Berufsbildungspolitik von Anfang an in Bezug zum Thema „Jugendliche mit Migrationshintergrund" gesetzt wurde. Das mag daran liegen, dass das Thema „Migranten" ein politisch relativ sensibles Thema darstellt. Daher wurde die Fragestrategie geändert, so dass die meisten Akteure zuerst auf „Hauptschulabsolventen" und „benachteiligte Jugendlichen" angesprochen wurden, um anschließend auf das Thema „Jugendliche mit Migrationshintergrund" zu kommen. Diese Strategie bezog sich allerdings nur auf das unmittelbare Interview. In den im Voraus zugeschickten Materialien, wie z.B. der Zusammenfassung des Vorhabens, wurde das Forschungsinteresse der Studie hingegen explizit benannt. Allgemein ist festzuhalten, dass die Mehrheit der Interviewpartner ausführlich über ihre Ansichten und Erfahrungen berichtet hat.

Die Interviews dauerten im Durchschnitt ca. eine Stunde. Die Tonaufnahmen mussten für eine Weiterverarbeitung digitalisiert, also in sog. „wav-Dateien" umgewandelt werden.

Das methodische Vorgehen

Im Anschluss daran wurden sie vollständig transkribiert und computerunterstützt mit dem Programm ATLASti analysiert.

5.1.4.3 Überblick zu Interviewpartnern

Insgesamt wurden 25 Entscheidungsträger und 16 Praktiker interviewt. Die übrigen drei Personen konnten weder der einen noch anderen Gruppe zugeordnet werden. Die folgende Tabelle gibt einen Überblick über die Institutionen, die die Interviewpartner vertreten.

Tabelle 5-1: Gesamtüberblick über die vertretenen Institutionen in den Interviews

Institution	München	Frankfurt
Arbeitsagentur	1	1
Wirtschaft	1	2
Kommune	7	7
Träger von Maßnahmen	10	5
Politik	1	3
Experten/Wissenschaft	2	4
Insgesamt	22	22

Quelle: eigene Darstellung

Die 14 Vertreter der Kommunen gehören unterschiedlichen Ressorts an: drei Interviewpartner sind der kommunalen Wirtschafts- und Arbeitsförderung zuzuordnen, sechs der Abteilung für Jugend und Soziales, und fünf spezifischen Abteilungen für Integrationspolitik.

5.1.5 *Vorgehensweise bei der Datenanalyse und Ergebnisdarstellung*

Die Datenanalyse begann mit der Spezifizierung von Kernthemen und zentralen Konzepten, die bei der Auswertung des Datenmaterials von Interesse waren. Die Auswahl der analyserelevanten Themen und Konzepte leitete sich zum einen aus der Fragestellung ab, wurde aber zum anderen wesentlich durch die ersten Schritte der Dokumentenanalyse und vor allem durch die in den Interviews gewonnenen Erkenntnisse beeinflusst.

Aus der Analyse einer zunächst begrenzten Anzahl von Interviews und der Kodierung der darin enthaltenen Daten wurde ein Index entwickelt. Sämtliche Interviews wurden entlang dieser Indexkategorien computergestützt kodiert. Während des Kodierverfahrens traten auch bislang noch nicht bedachte oder wenig elaborierte Aspekte der Fragestellung zu Tage. Durch dieses iterative Verfahren wurde der ursprüngliche Index weiter ausgebaut.

Im Anschluss an die Auswertung der Einzelinterviews wurde eine interviewübergreifende Analyse vorgenommen, die sich an den Themen und Konzepten orientierte, die im Verlauf der bisherigen Erhebungs- und Auswertungsphasen als theoretisch relevant erkannt wurden. Die mehrmals überarbeiteten themenspezifischen Analysen wurden stark verdichtet und haben einen eher zusammenfassenden Charakter, wie etwa bei der Darstellung der integrationspolitischen Rahmenbedingungen in den beiden ausgewählten Kommunen. Teilweise bleiben die hier vorgestellten Analysen aber auch „nah am Material", um zu zeigen, auf welchen konkreten Äußerungen die Schlussfolgerungen basieren. Insbesondere die Ausführungen zu Struktur, Problemsicht und Handlungsstrategien der Berufsbildungspolitik orientieren sich an dieser Art der Ergebnispräsentation.

5.1.6   Aufbau der Ergebnispräsentation

Im Folgenden werden zunächst basierend auf Dokumentenanalysen die jeweiligen Rahmenbedingungen in den untersuchten Kommunen dargestellt. Hierbei werden kommunale Charakteristika der Migrationsgeschichte und der historischen Bedeutung von Einwanderung umrissen, um dann die aktuelle Bevölkerungsstruktur darzustellen und dabei unter anderem darauf hinzuweisen, wie groß der Anteil der Einwohner ist, die einen Migrationshintergrund besitzen. Dabei interessiert natürlich insbesondere der Anteil der Jugendlichen mit Migrationshintergrund, aus dem sich ablesen lässt, welche Relevanz das Thema dieser Untersuchung für die jeweilige Kommune besitzt. Hierzu gehört selbstverständlich auch die Frage nach dem Arbeits- und Ausbildungsmarkt.

Im Anschluss erfolgt eine relativ stark abstrahierte Darlegung der institutionellen Ausgestaltung der Integrationspolitik in beiden Kommunen. Es wird gezeigt, unter welchen politischen Rahmenbedingungen sich die aktuelle Struktur entwickelt hat und wer die zentralen Akteure sind. Dazu werden die Daten, die aus den analysierten Dokumenten stammen und die Daten, die durch Interviews mit integrationspolitischen Akteuren und mit Wissenschaftlern gewonnen wurden, schrittweise soweit strukturiert und verdichtet, dass letztlich für jede Kommune ein Schaubild entwickelt werden konnte, die die Gremienstruktur der Integrationspolitik plastisch darstellt. Dadurch gelingt es, die Gemeinsamkeiten und Unterschiede des zentralistischen Ansatzes in Frankfurt und des Mainstreaming-Ansatzes in München zu visualisieren.

Weiterhin nach Städten getrennt, beginnt dann der Hauptteil der qualitativen Analyse, der sich mit der Berufsbildungspolitik befasst. Zunächst wird die Akteursebene betrachtet, die sich in München im Arbeitskreis „Jugend, Bildung, Beruf" und in Frankfurt im Netzwerk „Jugend und Arbeit" konkretisiert. Diese beiden zentralen Gremien werden hinsichtlich ihrer Gründungsgeschichte und Mitgliederstruktur analysiert. Dann werden die Kooperationsbeziehungen und die Aufgaben- und Rollenverteilungen aus der Sicht der verschiedenen Interviewpartner beschrieben, die dazu immer wieder wörtlich zitiert werden. Die Zitate dienen u. a. dazu, die Art und Weise transparent zu machen, in der sich die Entscheidungsträger, die in diesen Gremien agieren, über verschiedene Aspekte des Untersuchungsgegenstandes äußern.

Ferner wird in diesem Abschnitt zu der institutionellen Ausgestaltung der Ausbildungsförderung die Policyebene analysiert, indem die Arbeit in den o.g. Gremien hinsichtlich ihrer Entscheidungsfindungsprozesse und hinsichtlich ausgewählter Richtlinien und Programme analysiert wird, die im Bereich der Berufsbildungspolitik formuliert wurden.

Die weiteren Ergebnisse werden kommunenübergreifend präsentiert. Zunächst geht es um die spezifische Problemwahrnehmung der Entscheidungsträger. Was denken sie über Jugendliche mit Migrationshintergrund und über deren Eltern? Fällt der Blick vorwiegend auf die vermuteten Ressourcen oder auf die Defizite? Weiter interessiert, wie die Schule als Instanz, die der Berufsbildung vorgelagert ist, beurteilt wird. Agiert sie aus Sicht der Entscheidungsträger situationsgerecht und nimmt Bezug auf berufliche Anforderungen? Dies führt zu der Frage, wie eigentlich die Entwicklungen auf dem Ausbildungsmarkt von Seiten der Entscheidungsträger beschrieben werden. Bei diesen Analysen der Problemwahrnehmung gilt es, vergleichende Interpretationen vorzunehmen, um die Haltung, die sich hinter einer Äußerung verbirgt, deutlich zu machen.

Die daran anschließenden Teile nehmen Bezug auf die Ebene der Implementation. Hier kommen ergänzend zu den Entscheidungsträgern auch Praktiker zu Wort, die aus ihrer spezifischen Perspektive, welche die Lebenswelt der Jugendlichen mit einbezieht, in einigen Aspekten von der Herangehensweise der Entscheidungsträger abweichen. Jeweils getrennt für die beiden Akteursgruppen werden Handlungsstrategien im Bereich der Berufsbildung beschrieben und auf ihre Wirksamkeit analysiert. Des Weiteren wird geschildert, welche Handlungszwänge, Zuständigkeiten und Prioritätensetzungen sich bei den beiden Akteursgruppen beobachten lassen.

Im letzten Teil geht es schließlich darum, eine übergreifende Auswertung zu den Handlungsstrategien vorzunehmen, die als aussichtsreich angesehen werden und zu skizzieren, welche Rahmenbedingungen aus Sicht der jeweiligen Akteursgruppe als wesentlich erachtet werden, um erfolgreich agieren zu können. Des Weiteren sollen einige zentrale Entwicklungen diskutiert werden, die effizientes Handeln flankieren und garantieren sollen, es aber möglicherweise stattdessen behindern.

5.2 Demografische und wirtschaftliche Rahmenbedingungen in den untersuchten Kommunen

Die beiden Kommunen Frankfurt a. M. und München wurden unter anderem aufgrund ihrer hohen Ähnlichkeit bezüglich demografischer und wirtschaftlicher Rahmendaten für die Fallstudien ausgewählt. Daher sollen nun wesentliche Aspekte der Bevölkerungsstruktur und der wirtschaftlichen Lage in beiden Städten dargestellt werden.

Ein Blick auf die Tabelle 5-2 zeigt, dass Frankfurt und München bundesweit schon lange an der Spitze der Städte mit dem höchsten Ausländeranteil stehen. Wie es dazu kam und wie sich die Einwohnerschaft hinsichtlich der Alters- und Wanderungsstruktur entwickelt hat, sind einige der Fragen, die nun erst für München und anschließend für Frankfurt beantwortet werden sollen.

Tabelle 5-2: Zehn deutsche Städte mit der höchsten Anzahl an ausländischen Staatsbürgern in den Jahren 1980,1992 und 2004

Stadt	Bevölkerung absolut			Ausländer absolut			Prozentualer Ausländeranteil		
	1980	1992	2004	1980	1992	2004	1980	1992	2004
Berlin*	1.898.922	3.446.031	3.387.828	233.011	382.792	454.545	12,3	11,1	13,4
München	1.298.749	1.229.052	1.273.168	218.238	279.672	282.208	16,8	22,8	22,2
Hamburg	1.648.622	1.668.757	1.715.225	143.124	235.474	244.401	8,7	14,1	14,2
Köln	977.461	956.690	1.022.627	141.306	174.298	192.165	14,5	18,2	18,8
Frankfurt	629.039	654.079	655.079	138.781	185.390	165.600	22,1	28,3	25,3
Stuttgart	581.299	591.946	590.657	105.475	139.273	127.560	18,1	23,5	21,6
Düsseldorf	591.390	577.561	574.541	81.140	99.676	100.990	13,7	17,3	17,6
Nürnberg	484.466	497.496	495.302	59.021	76.723	94.495	12,2	15,4	19,1
Duisburg	559.309	537.441	503.664	72.959	88.069	75.194	13,0	16,4	14,9
Dortmund	60.9248	601.007	588.860	52.806	65.550	79.842	8,7	10,9	13,6

* Ab 1992 beziehen sich die Zahlen auf beide Teile Berlins, 1980 nur auf Berlin West.

Quellen: Statistische Ämter der Städte; Deutscher Städtetag; aus: Schönwälder und Höhn (2007: 30)

5.2.1 München

Die Geschichte der Stadt München verzeichnet - neben der ethnisch-religiösen Vielfalt, die aufgrund der einheimischen z. B. protestantischen und jüdischen Minderheiten ohnehin seit längerer Zeit bestand – unterschiedlichste Arten von Migration (Koch 2005). So haben beispielsweise italienische Arbeiter durch ihre Beschäftigung in den Ziegeleien des Münchner Ostens tatkräftig den Ausbau der Stadt im 19. Jahrhundert unterstützt. In jedem Frühling kamen sie zum „Ziegelpatschen" nach München, um nach Ende der Saison im Winter wieder in ihre Heimatorte im Friaul und in Venetien zurückzukehren (Gattinger 2001). Ein weiteres Beispiel sind die russischen Exilanten, darunter Revolutionäre, Künstler aber auch einfache Studenten, die sich zu Zeiten politischer Unruhen im Zarenreich am Ende des 19. Jahrhunderts in München versammelt haben (Vollhardt 2005).

Nach dem Ende des Zweiten Weltkriegs setzte sich in Mitteleuropa eine Bewegung von Flüchtlingen und Vertriebenen in zuvor unbekanntem Ausmaß in Gang. Zwischen 1945 und 1961 kamen 12 Millionen Menschen nach Westdeutschland (Bommes 2006, Lemberg 1959). Auch in der Stadt München und ihrem Umland wurde eine große Anzahl dieser Flüchtlinge aufgenommen. Die Eingliederung dieser Gruppen in die Gesellschaft musste unter schwierigsten Umständen geschehen – in einer Zeit, die von Kriegszerstörung und Mangel gekennzeichnet war.

Ab Mitte der 1950er Jahre setzte dann eine Immigration ein, die sich von den historischen Mustern der saisonalen Wanderungen oder dem Flüchtlingsstrom im Anschluss an den Zweiten Weltkrieg qualitativ unterschied. Dabei handelte es sich um eine erwünschte Zuwanderung von Menschen aufgrund des bestehenden Arbeitskräftebedarfs. Verträge zur Anwerbung von Arbeitern wurden zuerst mit Italien, später mit Griechenland, Spanien, Portugal, Jugoslawien und der Türkei geschlossen. Die Anwerbung wurde im Zusammenhang mit der Ölkrise Mitte der 1970er Jahre und der danach einsetzenden wirtschaftlichen Rezession be-

Demografische und wirtschaftliche Rahmenbedingungen in den untersuchten Kommunen 105

endet. Während des organisierten Rekrutierungsprozesses jedoch spielte München eine besondere Rolle: Die Arbeitsverwaltung hatte den Münchner Bahnhof als Verteilungsstelle für die ankommenden Arbeitskräfte festgelegt. Im Keller des Hauptbahnhofs befanden sich Aufenthaltsräume für die angeworbenen Arbeiterinnen und Arbeiter. Dort warteten sie auf ihre Anschlusszüge und wurden zwischenzeitlich versorgt. Aus Sicht der damaligen Zuwanderer kommt München daher eine besondere Bedeutung zu, denn es war die erste deutsche Stadt, die sie zu sehen bekamen, bzw. es war der Ort, wo sie den ersten Kontakt mit den Vertretern der Aufnahmegesellschaft hatten (vgl. Dunkel und Stramaglia-Faggion 2000).

Die Zuwanderung nach München selbst setzte aufgrund des zunächst geringen Arbeitskräftebedarfs eher später ein. In der Stadt wurden 1950 33.500 Personen mit ausländischer Staatsangehörigkeit gezählt, was 4 Prozent der damaligen Wohnbevölkerung entsprach. 1973 dagegen, also im Jahr des Anwerbestopps, waren es etwas weniger als 230.000 Menschen mit ausländischem Pass, und diese machten ca. 17 Prozent der Gesamtbevölkerung aus.[17]

Für viele Zugewanderte aus dem südeuropäischen Raum bestand die Attraktivität Münchens in seiner geografischen Lage, also der relativen Nähe zu den jeweiligen Heimatländern. Die Gruppe der Personen aus dem damaligen Jugoslawien hat lange Zeit – bevor das Land in faktische Einzelstaaten bzw. statistische Teilkategorien aufgeteilt wurde – die Mehrheit unter den Zuwanderern in München gebildet, gefolgt von der Gruppe der türkischen Staatsangehörigen. München zeichnet sich zudem durch eine der größten griechischen Gemeinden aus, die in einer westdeutschen Großstadt vorzufinden ist (vgl. Tab. 5-3).

Tabelle 5-3: Ausländer in München nach Staatsangehörigkeit
(Stand: 31.12.2006)

Staat[1]	Ausländer	Frauenanteil	Anteil an der ausländischen Bevölkerung	Anteil an der Gesamtbevölkerung
Türkei	43.026	47,6 %	14,1 %	3,2 %
Kroatien	24.697	50,9 %	8,1 %	1,9 %
Griechenland	22.101	46,4 %	7,3 %	1,7 %
Österreich	21.466	45,8 %	7,1 %	1,6 %
Italien	20.871	39,2 %	6,9 %	1,6 %
Serbien und Montenegro[2]	20.169	47,1 %	6,6 %	1,5 %
Bosnien-Herzegowina	16.485	47,0 %	5,4 %	1,2 %
Polen	14.144	44,7 %	4,6 %	1,1 %
Serbien[2]	4.128	44,9 %	1,4 %	0,3 %

1) Aufgeführt sind hier lediglich Nationalitäten, die eine Gruppengröße von mehr als 10.000 Personen aufweisen.

2) Montenegro ist seit dem 3. Juni 2006 unabhängig.

Quelle: Statistisches Amt München; LH München – Sozialreferat / Stelle für interkulturelle Zusammenarbeit (2008b: 14); Hauptwohnsitzbevölkerung - Stand: 31.12.2006,

---

17 Statistisches Amt der Stadt München, Tabelle „Die Bevölkerung seit 1900" für das Jahr 2006. URL: http://www.mstatistik-muenchen.de/themen/bevoelkerung/jahreszahlen/jahreszahlen_ 2006/p-jt070101.pdf [Zugriff am: 20.02.2007]

Wie die unten aufgeführte Grafik verdeutlicht, ist die ausländische Bevölkerung Münchens im Durchschnitt jünger als die deutsche. Auffällig ist, dass neben der Bevölkerung im Kindes- und Jugendalter, auch die Anteile in den erwerbsfähigen Altersgruppen bis 44 proportional stärker besetzt sind.

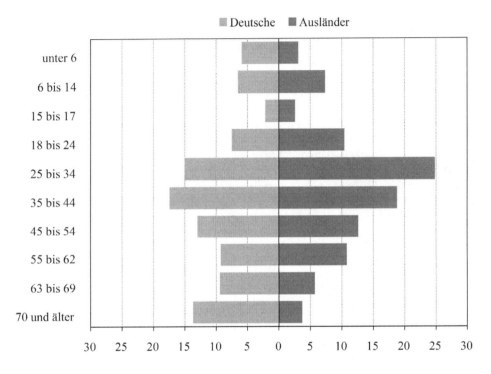

Hauptwohnsitzbevölkerung - Stand: 31.12.2006

Quelle: Statistisches Amt München – ZIMAS; LH München – Sozialreferat / Stelle für interkulturelle Zusammenarbeit (2008b: 11)

Abbildung 5-2: Deutsche und ausländische Bevölkerung in München nach Altersgruppen (in %)

Zieht man die Daten heran, die im Rahmen des Mikrozensus im Jahr 2005 erhoben worden sind, erhält man ein Bild, das die migrationsbedingte Vielfalt in der Stadt etwas treffender beschreibt (vgl. Tabelle 5-4). Der Anteil der ausländischen Staatsbürger, die in München ansässig waren, lag zwar bei ca. 24 Prozent, allerdings spart diese Zahl die Personen aus, die als Spätaussiedler zugewandert sind und die eingebürgert wurden. Diese machen immerhin ca. 10 Prozent der gesamten Wohnbevölkerung Münchens aus. Somit ist von einem Zuwandereranteil in Höhe von ungefähr 34 Prozent auszugehen. Zieht man die ungleiche Verteilung der Altersgruppen, wie sie oben für das Merkmal „Staatsangehörigkeit" erfasst und abgebildet ist, hinzu, lässt sich unschwer erkennen, welchen Stellenwert Personen mit Migrationshintergrund in verschiedenen Handlungsfeldern, wie z. B. der Bildung oder Ausbildung, einnehmen.

Demografische und wirtschaftliche Rahmenbedingungen in den untersuchten Kommunen 107

Tabelle 5-4: Personen mit Migrationshintergrund in München
(Stand: 30.06.2005)*

Raumeinheit	Deutschland	früheres Bundesgebiet ohne Berlin	Neue Länder und Berlin	Bayern	München
Migrationsstatus	Anzahl in 1.000				
Insgesamt	82.465	65.688	16.777	12.456	1.254
Deutsche ohne Migrationshintergrund	67.133	51.783	15.350	10.098	823
Ausländer	7.321	6.547	774	1.180	303
Deutsche mit Migrationshintergrund	8.012	7.358	654	1.178	128
	in % der jeweiligen Bevölkerung				
Insgesamt	100	100	100	100	100
Deutsche ohne Migrationshintergrund	81	79	91	81	66
Ausländer	9	10	5	9	24
Deutsche mit Migrationshintergrund	10	11	4	9	10

*Hauptwohnsitzbevölkerung

Quelle: Mikrozensus 2005 des Statistischen Bundesamtes

Lenkt man den Blick auf die wirtschaftlichen Rahmendaten, so wird deutlich, dass Integrations- und Berufsbildungspolitik in München bislang unter Bedingungen relativer wirtschaftlicher Prosperität durchgeführt wird. Die Arbeitslosenquote ist entsprechend gering (vgl. Tab. 5-5).

Tabelle 5-5: Ausgewählte Großstädte Ausländeranteil Wirtschaftsindikatoren (2005)

	Ausländeranteil in %	Bruttoinlands- produkt in € [1]	Erwerbstätige im Dienstleistungssektor in % [2]	Arbeitslosenquote in % [3]
Hamburg	14,2	75.277	83	13,4
München	23,3	71.843	80	9,7
Frankfurt a.M.	24,8	81.329	88	11,8
Stuttgart	21,9 [4]	72.814	74	11,6
Düsseldorf	16,9	79.596	84	13,5

(1) BIP zu Marktpreisen je Erwerbstätigem in jeweiligen Preisen. Berechnungsstand August 2005. Revidierte Ergebnisse.

(2) Bezogen auf Erwerbstätige am Arbeitsort. Berechnungsstand 19.10.2005. Jahresdurchschnitt. Revidierte Ergebnisse.

(3) Am 15.06.2005. Bezogen auf die abhängigen zivilen Erwerbspersonen.

(4) Bezogen auf die wohnberechtigte Bevölkerung

Quelle: Arbeitskreis Volkswirtschaftliche Gesamtrechnungen der Länder, Arbeitskreis Erwerbstätigenrechnung des Bundes und der Länder, Angaben der Städte; Statistisches Jahrbuch Frankfurt a.M. (2006: 221, 224)

Dennoch sind deutliche Unterschiede zwischen der Arbeitsmarktlage der Deutschen und Nicht-Deutschen zu verzeichnen: Die Erwerbslosigkeit unter der ausländischen Erwerbsbevölkerung liegt mit 38,6 Prozent der gesamten Erwerbslosen deutlich über der Proportion ihres Bevölkerungsanteils (LH München - Sozialreferat / Stelle für interkulturelle Zusammenarbeit 2008b, Anlage 3: 12).

Zudem fällt auf, dass der Anteil der Personen ohne abgeschlossene Berufsausbildung innerhalb der erwerbslosen Ausländer mit fast 90 Prozent deutlich höher ausfällt als der Anteil in der Gesamtgruppe der Erwerbslosen (vgl. Tab. 5-6). Dieser Umstand deutet darauf hin, dass die Erwerbslosigkeit unter den Zuwanderern in München u.a. als ein Qualifikationsproblem angesehen werden kann.

Tabelle 5-6: Anteil der Erwerbslosen nach Bildungsqualifikation (Stand 31.08.07)

	Erwerbslose insgesamt		Erwerbslose Ausländer	
		Anteil in %		Anteil in %
Insgesamt	27.392		11.585	
ohne abgeschlossene Berufsausbildung	21.771	79,48	10.389	89,68
betriebliche/ außerbetriebliche Ausbildung	4.924	17,98	984	8,49
Berufsfachschule	141	0,51	50	0,43
Fachschule	40	0,15	11	0,09
Fachhochschule	159	0,58	38	0,33
Universität	357	1,30	113	0,98

Quelle: VerBIS (LH München - Sozialreferat / Stelle für interkulturelle Zusammenarbeit 2008b, Anlage 3)

Es gibt allerdings auch eine Kehrseite der Medaille: Angesichts der zahlreichen Firmen und Hochschulen vor Ort, die international ausgerichtet sind und forschungsintensiv arbeiten, ist zu vermuten, dass eine nicht zu unterschätzende Anzahl an Hochqualifizierten in München und dem Münchner Umland lebt. Genaue Zahlen über diese Gruppe existieren nicht. Als Indiz der Attraktivität Münchens für Hochqualifizierte kann jedoch die Anzahl der Arbeitserlaubnisse herangezogen werden, die im Rahmen der Greencard-Initiative von der Agentur für Arbeit in München vergeben wurden (vgl. LH München - Sozialreferat / Stelle für interkulturelle Zusammenarbeit 2008a).

5.2.2   *Frankfurt a. M.*

Auch Frankfurt a. M. kann auf eine lange und abwechslungsreiche Migrationsgeschichte zurückblicken. Schon mit der Entwicklung zur Handels- und Messestadt im 13. und 14. Jahrhundert bot die Stadt Anreize für Zuzügler. Die Aktivitäten der großen jüdischen Gemeinde ermöglichten den Aufbau eines weltweit operierenden Bankenwesens. Die wirtschaftliche und – zumindest zeitweise – auch politische Bedeutung sorgte dafür, dass Frankfurt über lange Zeit eines der wichtigsten Zentren für internationale Wanderungsbewegungen im deutschsprachigen Raum war. Im 16. und 17. Jahrhundert wurde Frankfurt ein Zufluchtsort für viele Gruppen, insbesondere für Hugenotten, Juden und südniederländische Calvinisten, die ihrerseits die Handelsbeziehungen der Stadt stärkten und sie kulturell bereicherten (Asche 2007,

Freist 2007, Jersch-Wenzel 2007, Karpf 1993). Auch als im 20. Jahrhundert ausländische Arbeitskräfte angeworben wurden, war Frankfurt als Industriestandort ein attraktives Ziel. Hinzu kam, dass der Ausbau des Frankfurter Flughafens zu einer Drehscheibe des internationalen Luftverkehrs optimale Voraussetzungen für internationale Kontakte und Zuwanderung schuf.

Diese historische und infrastrukturelle Entwicklung lässt es nur folgerichtig erscheinen, dass Frankfurt bereits 1980 den höchsten prozentualen Ausländeranteil aller deutschen Großstädte aufwies. In den 1980er Jahren lag die ausländische Bevölkerung Frankfurts relativ stabil bei ca. 140.000. Ab 1990 erfolgte dann eine rasche Zunahme in Zusammenhang mit einem bundesdeutschen bzw. europäischen Trend (Mauerfall und Jugoslawien-Krieg), um 1995 einen Höchststand von fast 188.000 Personen zu erreichen. Danach ist wiederum eine vermutlich einbürgerungsbedingte moderate Abnahme zu verzeichnen auf zuletzt etwas mehr als 160.000 Personen im Jahre 2006 (Magistrat Frankfurt/Main 2007b: 10). Damit liegt Frankfurt mit 25,7 Prozent vor München (23 Prozent) und Stuttgart (21,7 Prozent) (Magistrat Frankfurt/Main 2007b: 17, 237). Rund ein Viertel aller Frankfurter hat also keinen deutschen Pass, doch der Anteil der Zuwanderer liegt noch um einiges höher.

Tabelle 5-7: Ausländer in Frankfurt a.M. nach Kontinenten und häufigsten Staatsangehörigkeiten (2006) [1]

Staatsangehörigkeit		Ausländer	
		absolut	in %
Europa		121 588	74,7
EU-Staaten zusammen		52 967	32,6
davon	*Griechenland*	6 670	4,1
	Italien	13 923	8,6
	Polen	8 921	5,5
übriges Europa zusammen		68 621	42,2
davon	*Bosnien und Herzegowina*	5 280	3,2
	Kroatien	12 013	7,4
	Serbien [2]	10 838	6,7
	Türkei	31 594	19,4
Amerika		6 179	3,8
Afrika		12 621	7,8
davon	*Marokko*	6 333	3,9
Asien		20 853	12,8
Australien und Ozeanien		322	0,2
staatenlos		686	0,4
Ungeklärt und ohne Angabe		425	0,3
Insgesamt		162 674	100

(1) Personen mit Hauptwohnsitz in Frankfurt a.M zum 31. Dezember 2006; Gruppen mit unter 5000 Mitgliedern sind in den Oberkategorien zusammengefasst.

(2) Ohne den am 3. Juni 2006 proklamierten unabhängigen Staat Montenegro.

Quelle: Melderegister; Statistisches Jahrbuch Frankfurt a. M. (2007b), 32.

Während andere Städte nur darüber spekulieren können, wie weit Ausländer- und Migrantenanteil differieren, ist Frankfurt einen Schritt weiter. Seit 2005 hat die Stadt ihre Meldestatistik umgestellt, so dass bekannt ist, wie viele Einwohner einen Migrationshintergrund haben. Das sind neben den 162.674 Personen mit ausländischer Staatsangehörigkeit immerhin noch 73.582 deutsche Staatsangehörige (Stand 31.12.2006). Insgesamt beträgt der Migrantenanteil 37,4 Prozent. Verglichen mit dem Anteil der ausländischen Staatsangehörigen (25,7 Prozent) ist das ein deutlich höherer Wert, dessen statistische Aussagekraft angesichts steigender Einbürgerungszahlen nicht zu unterschätzen ist.[18]

Aufgrund der Einzigartigkeit dieser statistischen Neuorientierung, an der – wie man unten sehen wird - insbesondere die Entscheidungsträger großes Interesse äußern, soll das Erfassungsverfahren der Meldestatistik etwas genauer erläutert werden: Es ist relativ aufwändig und weist einige Ungenauigkeiten auf, dennoch hat es einen wesentlich größeren Erkenntniswert als die Kategorie Staatsangehörigkeit. In die Zählung fließen vier Indikatoren ein, die unterschiedlich aussagekräftig sind.[19] Am sichersten ist das Merkmal „optionsdeutsch" bei Kindern und Jugendlichen, die in Deutschland geboren sind und ausländische Eltern haben. Sicher ist diese Angabe insofern, als sie bei Umzügen an die neue Meldebehörde weitergeleitet wird. Als zweiter Indikator wird das Merkmal „Einbürgerung" herangezogen, das allerdings bei Umzügen in eine andere Gemeinde häufig verloren geht. Es folgen Deutsche mit einer zusätzlichen ausländischen Staatsangehörigkeit. Hierzu zählen insbesondere viele Kinder aus einem deutsch-ausländischen Elternhaus, aber auch deutschstämmige (Spät-)Aussiedler, die ihre alte Staatsangehörigkeit beibehalten haben. Die vierte Kategorie bilden Deutsche, deren „Geburtsort im Ausland" liegt.[20] Dieser Indikator ist mit der größten Unsicherheit behaftet, denn zu dieser Gruppe zählen auch Kinder deutscher Staatsbürger, die aus verschiedensten Gründen im Ausland zur Welt kamen.

Tabelle 5-8: Deutsche mit Migrationshinweisen in Frankfurt a. M. 31.12.2005

Zuordnung erfolgt über das Merkmal	Insgesamt		Davon mit Geburtsort in …		
	absolut	%	Deutschland	Aussiedlerstaaten [2]	übrige Staaten
Optionsdeutsch	7.159	8,8	7.159	-	-
Einbürgerung	34.703	42,9	12.150	5.776	16.777
Zweite ausländische Staatsangehörigkeit	20.328	25,1	9.588	7.587	3.153
Geburtsort im Ausland [1]	18.780	23,2		8.726	10.054
Insgesamt	80.970	100,0	28.897	22.089	29.984

(1) Ohne Heimatvertriebene und Flüchtlinge

(2) Dazu gehören insbesondere Bulgarien, ehem. Jugoslawien, Polen, Rumänien, ehem. Sowjetunion, ehem. Tschechoslowakei, Ungarn.

Quelle: Melderegister Stadt Frankfurt/Main, Einwohner mit Haupt- oder Nebenwohnung; Aus: Frankfurter Statistische Berichte 1/2006

---

18 Im Mikrozensus 2005 weichen die Angaben für Einwohner mit und ohne Migrationshintergrund in Frankfurt a.M. aufgrund der Unterschiede im Stichtag (30.06.2005), dem Erhebungsverfahren und den vorgenommenen Definitionen leicht von den oben genannten Zahlen ab: Deutsche ohne Migrationshintergrund 60,5 Prozent; Deutsche mit Migrationshintergrund: 15,3 Prozent; Ausländer: 24,2 Prozent. (vgl. Statistisches Bundesamt 2007: 30-31).

19 Dazu im Einzelnen: Frankfurter Statistische Berichte 1/2006.

20 Bereinigt um Flüchtlinge und Heimatvertriebene, die nach dem Ende des Zweiten Weltkrieges die damals deutsch besiedelten Gebiete Osteuropas verlassen mussten.

Demografische und wirtschaftliche Rahmenbedingungen in den untersuchten Kommunen 111

Insgesamt kommen die Statistiker zu dem Ergebnis, dass sich der Frankfurter Migrantenanteil zwischen 36,4 Prozent und 37,9 Prozent bewegt, je nachdem, ob man die 10.054 Personen dazu zählt oder nicht, deren Geburtsort im Ausland, aber nicht in einem Aussiedlerstaat liegt.

Diese Anpassung der Meldestatistik bringt diverse Erkenntnisse mit sich, von denen einige für die vorliegende Untersuchung besonders interessant sind. Denn eine altersbezogene Statistik, die den Migrationshintergrund berücksichtigt, lässt besonders markante Unterschiede in der jüngeren Bevölkerung erkennen. Beispielsweise ist bei den unter 10-jährigen die Gruppe der Deutschen mit Migrationshinweis (Optionsdeutsche) aufgrund der Änderungen des Staatsbürgerschaftsrechtes zum 1.1.2000 bereits etwas größer als die Gruppe der Ausländer (vgl. Abb. 5-3).

Doch auch bei den Jugendlichen und jungen Erwachsenen ist der Anteil der Deutschen mit Migrationshintergrund nicht unerheblich. Wenn man sich also die Frage stellt, für wie viele Jugendliche denn eigentlich die hier untersuchte Thematik Relevanz besitzt, so kann man für Frankfurt davon ausgehen, dass beinahe jeder zweite Jugendliche potenziell betroffen ist.

In welche Richtung sich die Zusammensetzung der Bevölkerung künftig entwickeln wird, wird deutlich, wenn wir die Geburtenstatistik betrachten und danach fragen, welche Staatsangehörigkeit die Eltern der Neugeborenen besitzen.

2006 wurden in Frankfurt 6719 Kinder geboren. 2167 von ihnen haben deutsche Eltern. Das entspricht weniger als einem Drittel (32 Prozent.) Ein Teil dieser deutschen Eltern dürfte die deutsche Staatsangehörigkeit durch Einbürgerung erhalten haben. Bei den meisten Neugeborenen (2870) hatte ein Elternteil die deutsche und ein Elternteil eine ausländische Staatsangehörigkeit. 43 Prozent der Kinder stammen also aus einer binationalen Beziehung, wohingegen bei 1682 Neugeborenen (25 Prozent) beide Eltern eine ausländische Staatsangehörigkeit besitzen. Dabei hat aber nur knapp ein Zehntel (665) der Neugeborenen eine ausländische Staatsangehörigkeit.[21] „Der Nachwuchs besteht also zu zwei Dritteln aus Ausländern und Kindern mit Migrationshintergrund, die aber überwiegend die deutsche Staatsangehörigkeit haben."[22]

---

21 Vgl. Magistrat Frankfurt/Main (2007b: 51). Zusätzliche Informationen wurden im Februar 2007 vom Bürgeramt, Statistik und Wahlen Frankfurt a.M. eingeholt, um die hier angegebenen Zahlen zu den Untergruppen zu spezifizieren.

22 Redemanuskript von Dr. Albrecht Magen, Diskussion des Integrationsberichts 2005, Stadtverordnetenversammlung 14. September 2006. URL: www.stadt-frankfurt.biz/sixcms/media.php/738/Rede_Plenum_14_9_06.pdf (Zugriff am: 20.06.2007).

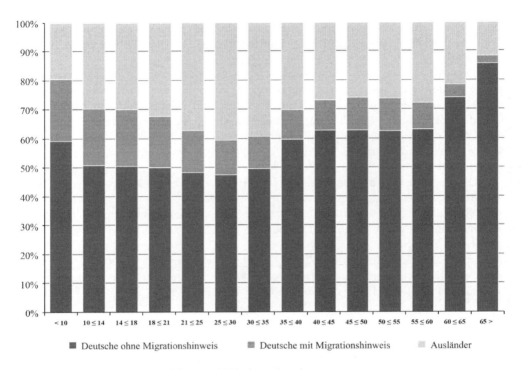

Quelle: Statistisches Jahrbuch Frankfurt a.M. 2006; eigene Berechnungen.

Abbildung 5-3: Einwohnerinnen und Einwohner mit Hauptwohnung in Frankfurt a.M. am 31. Dezember 2005 nach Altersgruppen, Staatsangehörigkeit und Migrationshinweis

Augenfällig ist außerdem der überaus hohe Migrantenanteil (d.h. „Ausländer" + „Deutsche mit Migrationshinweis") bei den Erwachsenen bis 34 Jahre: Er beträgt teilweise über 50 Prozent! (siehe Abb. 5-3). Ein weiterer Erkenntnisgewinn aufgrund der statistischen Umorientierung liegt darin, dass endlich relativ zuverlässige Angaben über die Anzahl der (Spät-) Aussiedler vorliegen (22.089). Diese bislang statistisch unsichtbare Gruppe ist in Frankfurt offensichtlich nach der türkischen die zweitgrößte Migrantengruppe.

Analog zu München lässt sich sagen, dass Frankfurt a. M. eine Stadt ist, der es wirtschaftlich gut geht. Das Bruttoinlandsprodukt lag 2004 bei über 80.000 € je Erwerbstätigem (vgl. Tab. 5-5). Ein Vergleich mit weiteren finanzstarken Großstädten verdeutlicht die günstige Wirtschaftsposition. Frankfurt ist Standort internationaler Konzerne und Banken und hat den Übergang zu einer postindustriellen, dienstleistungsorientierten Ökonomie vollzogen.

Allerdings hat der ökonomische Strukturwandel (Tertiarisierung) auch dazu geführt, dass viele Beschäftigungsmöglichkeiten im industriellen Bereich bzw. produzierenden Gewerbe weggefallen sind. Dafür sind Arbeitsstellen im Dienstleistungsbereich entstanden, sowohl im Segment für Höherqualifizierte als auch bei den einfacheren Serviceleistungen. Da jedoch die Mehrheit der Zuwanderer ursprünglich Tätigkeiten nachging, für die sie angelernt wurde bzw. keine besondere Vorqualifikation brauchte, hatte die wirtschaftliche Umstrukturierung für viele Migranten gravierende Folgen. Die Anzahl der sozialversicherungspflichtig beschäftigten Ausländer in Frankfurt a. M. hat seit 1995 (76.699) stetig abgenommen und lag 2006 bei 68.789 (Magistrat Frankfurt/Main 2007b: 91). Während die Arbeitslosenquote insgesamt 10 Prozent der abhängig beschäftigten zivilen Erwerbsbevölkerung umfasste (Stand: Juni 2007), betrug der Anteil der Arbeitslosen unter der ausländischen Bevölkerung 15,6 Prozent und lag damit weit über dem der Deutschen (8,3 Prozent).[23]

Die Entwicklung Frankfurts zu einer multikulturellen Dienstleistungsmetropole hat also durchaus ihre Kehrseiten. Deshalb wurde Frankfurts Zukunftsvision als Metropole und Weltstadt mindestens seit Ende der 1980er Jahre auch kontrovers diskutiert. Angesichts der sozialen Verwerfungen wiesen insbesondere die Linken auf die Notwendigkeit einer gesellschaftlich-politischen Umorientierung hin (Herterich 1988, Lieser und Keil 1988, Prigge 1988, Schmid 1988).

Nach diesem kurzen Abriss über zentrale demografische und wirtschaftliche Merkmale der ausgewählten Kommunen soll nun darauf eingegangen werden, wie im jeweiligen lokalen Kontext die Integrationspolitik institutionell ausgestaltet ist.

5.3 Die institutionelle Ausgestaltung der Integrationspolitik in München und Frankfurt a. M.

Frankfurt a. M. und München werden in der Integrationsforschung immer wieder als Vorzeigekommunen in Sachen Integrationspolitik beschrieben. Das war ein wichtiger Grund dafür, diese beiden Kommunen auszuwählen, um zu untersuchen, wie auf lokaler Ebene mit Fragen der beruflichen Bildung für Jugendliche mit Migrationshintergrund umgegangen wird. Besonders interessant erscheint die Untersuchung dieser beiden Städte, die sich in demografischer und wirtschaftlicher Hinsicht stark ähneln, insbesondere deshalb, weil sie auf dem Gebiet der Integrationspolitik unterschiedliche institutionelle Strategien verfolgen.

Beginnend mit München, das sich für einen dezentralistischen Mainstreaming-Ansatz entschieden hat und sich daher ebenso wie in anderen Politikbereichen auch im Integrationsbereich am Neuen Steuerungsmodell orientiert, wird anschließend auf Frankfurt a. M. eingegangen, das mit der Einrichtung des Amtes für Multikulturelle Angelegenheiten (AmkA) ursprünglich einen zentralistischen Ansatz der Integrationspolitik gewählt hat.

5.3.1 München: Integrationspolitik nach dem Neuen Steuerungsmodell[24]

Die parteipolitischen Machtverhältnisse in München zeichnen sich seit längerer Zeit durch ihren „insularen" Charakter aus: Obwohl die Landespolitik durchgehend von der CSU bestimmt ist, konnten sich auf kommunaler Ebene rote bzw. rot-grüne Mehrheiten behaupten. Sicherlich hat dies dazu geführt, dass in München manche integrationspolitische Diskussion anders geführt worden ist als im Rest von Bayern und dass sich die Positionen, die auf städtischer Ebene vertreten worden sind, erheblich von denen der Landesregierung unterschieden haben.

---

23 Die Rohdaten wurden unter http://www.pub.arbeitsamt.de/hst/services/statistik/detail/a.html von der Bundesagentur für Arbeit ermittelt. Die Arbeitslosenquoten wurden selbst berechnet.

24 Der Text in diesem Abschnitt ist eine modifizierte Form eines Sammelbandbeitrags, der im Jahr 2009 erschienen ist: Aybek, Can (2009): München: Integrationspolitik nach dem Neuen Steuerungsmodell. In: Gesemann, Frank und Roland Roth (Hrsg.): Lokale Integrationspolitik in der Einwanderungsgesellschaft: Migration und Integration als Herausforderung von Kommunen. Wiesbaden, VS Verlag für Sozialwissenschaften.

Eine hervorgehobene Rolle spielen dabei die Grünen in München. Das Thema „Migration, Flüchtlinge und Integration" war und ist eines ihrer politischen Schwerpunktthemen. Sie organisieren Arbeitskreise, zu denen neben den Vertretern der Politik auch zahlreiche Vertreter der Sozialen Arbeit und Zivilgesellschaft eingeladen sind und bringen kontinuierlich Themen und Vorschläge in den Stadtrat ein. Es gibt zahlreiche Vertreterinnen und Vertreter der Grünen/Bündnis 90 im Stadtrat, die selbst einen Migrationshintergrund vorweisen. Auch die SPD hat solche Mitglieder in ihren Reihen. Diese kommen oft aus der Gewerkschaftsbewegung und engagieren sich in bestimmten migrationsspezifischen Themenbereichen. Hinsichtlich der parteipolitischen Aktivitäten und ihrem gesamtstädtischen Profil agiert die SPD allerdings eher zurückhaltend und überlässt die offensiven Strategien dem Juniorpartner der Koalition, den Grünen. Ausnahmen sind Initiativen, die explizit von der Ebene der obersten Exekutive der Stadt, so z. B. vom prominenten Oberbürgermeister Christian Ude (SPD), ausgehen, welcher die ausländischen Mitbürger zur Beteiligung an der Wahl für den Ausländerbeirat aufruft. Diese Vertretung der in München lebenden Zuwanderer besteht schon seit 1974 und stellt einen wichtigen Weg der politischen Partizipation dar, da der Beirat in migrationsspezifischen Angelegenheiten auf Ebene des Stadtrats und der Kommunalverwaltung zu Rate gezogen wird (Özakın 2006).

Bis in die zweite Hälfte der 1990er Jahre wurden auf Ebene der lokalen Politik und Verwaltung in München verschiedene Formen der institutionellen Ausgestaltung von Integrationspolitik ausprobiert. Dazu gehört die Einrichtung der Stelle einer Ausländerbeauftragten und später auch eines Ombudsmanns. Die lokale Integrationspolitik wurde als wichtiges Politikfeld angesehen, das nicht nur Fachkenntnisse voraussetzt, sondern auch institutionelle Unterstützung braucht. Die Stadt war in diesem Zeitraum auch bemüht, Daten über die ‚Lebenssituation der ausländischen Bürgerinnen und Bürger in München' (LH München - Planungsreferat 1997a) zu sammeln. Im Rahmen der Leitbildentwicklung für die Gesamtstadt wurde das Thema der zugewanderten Bevölkerung nicht ausgespart (LH München - Planungsreferat 1997b, Reiß-Schmidt und Tress 2000).

Gegen Ende der 1990er Jahre etablierte sich in München die Einsicht, dass eine Querschnittorientierung im Rahmen der Integrationspolitik für die lokalen Gegebenheiten passender wäre. Die Stellen, die zuvor eingerichtet worden waren, wurden aufgelöst bzw. die ihnen zugeschriebene Rolle wurde umdefiniert. Eine „Stelle für interkulturelle Arbeit" wurde eingerichtet, die als Teil des Wohnungsamtes im Rahmen des Sozialreferats zumindest formal eine relativ untergeordnete Position innerhalb der Verwaltungshierarchie einnimmt. Dennoch gehen von dieser Stelle integrationspolitisch sehr wichtige Impulse aus. Die Stelle wird offiziell als Verwaltungseinheit beschrieben, die „Querschnittsaufgaben für die gesamte Stadtverwaltung übernimmt" (Bertelsmann Stiftung und Bundesministerium des Innern 2005b: 11-12). Dazu gehört auch, dass sie bestimmte Diskussionen initiiert, Konferenzen veranstaltet oder Expertisen in Auftrag gibt und deren Ergebnisse in den stadtweiten Dialog zur Integrationspolitik einbringt.

Im Rahmen der Aktivitäten der Kommunalverwaltung im integrationspolitischen Bereich ging und geht der stärkste Impuls in München ohne Zweifel vom Sozialreferat aus. Neben der Stelle für interkulturelle Arbeit hat sich seit längerem vor allem das städtische Jugendamt hervorgetan. Seit Mitte der 1990er Jahre hat es sich die interkulturelle Orientierung der Regelversorgung als Ziel auf die Fahnen geschrieben. Unter interkultureller Orientierung wird dabei eine „sozialpolitische Haltung von Personen und Institutionen (...) verstanden, die anerkennt, dass unterschiedliche Gruppen mit unterschiedlichen Interessen in einer Stadtgesellschaft leben und diese sich in ihren Kommunikations- und Repräsentationsmitteln unterscheiden" (Auernheimer 1989: 386, zitiert nach: Handschuck 2004: 266). Damit verbunden ist ein Ansatz, der sich stark auf die Organisationsstrukturen und abläufe konzentriert. Dabei steht das Ziel im Vordergrund, einen gleichberechtigten Zugang aller Gesellschaftsmitglieder zu den Dienstleistungen zu gewährleisten, die von oder im Auftrag der Stadt angeboten werden. Um dies zu erreichen, wurde eine Strategie entworfen, die als Münchner „Drei-Säulen-Modell" in die Fachliteratur Eingang gefunden hat (Handschuck und Schröer 2003). Die hier angesprochenen drei Säulen beziehen sich auf den Ansatz der Neuen Steuerung (NSM), auf eine partizipative Sozialplanung und auf die Etablierung eines interkulturellen Qualitätsmanagements in allen relevanten Bereichen. Die Kombination dieser Ansätze soll die interkulturelle Ausrichtung und Öffnung der Regelversorgung vorantreiben.

Da weiter unten auf das Neue Steuerungsmodell detailliert eingegangen wird, sollen hier zunächst die beiden letzten Ansätze angesprochen werden. Die beteiligungsorientierte Sozialplanung wird als wichtiger Bestandteil der interkulturellen Öffnung der Verwaltung angesehen, da nur durch die Ermittlung und Einbindung der Bedürfnisse von Angehörigen der Zuwandererbevölkerung eine zielgruppenorientierte Ausrichtung der Dienstleistungen zu gewährleisten ist. Allerdings erfordert dies auch ein Umdenken in den Planungsprozessen, da vielerorts schon durch die Auswahl der Beteiligungsmethoden bestimmten (Zuwanderer-) Gruppen die Mitwirkung an diesen Verfahren erschwert werden kann (vgl. Straßburger und Aybek 2006).

Das interkulturelle Qualitätsmanagement ist ein Handlungsansatz, bei dem es um die Verankerung interkultureller Standards in der Sozialen Arbeit und im Verwaltungshandeln geht. Es verfolgt das Ziel, „durch eine strukturorientierte Strategie nachhaltig zu einer interkulturellen Orientierung und Öffnung von sozialen Diensten beizutragen. Beabsichtigt ist eine Einstellungs- und Verhaltensänderung der Mitarbeiter, wobei ein organisationsorientierter Zugang gewählt wird, d. h. die Veränderung der Organisation soll nicht von außen sondern von innen heraus auf freiwilliger Basis erfolgen. Angestrebt ist, möglichst alle Hierarchieebenen zu beteiligen" (LH München 2000).

Hierzu wird von Handschuck und Schröer (2000) vorgeschlagen, dass jede Institution ein Leitbild entwickelt und die dort formulierten Gedanken in umsetzbare Ziele umwandelt. Es gilt, diese innerhalb bestimmter Zeiträume zu erreichen. Außerdem werden Schlüsselprozesse, also Abläufe und Aktivitäten innerhalb jeder Institution ausgemacht, deren Veränderung bzw. Anpassung für die Erfüllung der angestrebten Zielvorstellungen wichtig sind. Die Beschreibung der Schlüsselprozesse wird zumeist über sog. Qualitätszirkel innerhalb der Institution von den Mitarbeitern selbst vorgenommen. Bei diesem Vorgang wird von ihnen ein hohes Maß an Reflexionsvermögen verlangt. Unter fachgerechter Anleitung kommt der Qualitätsmanagementprozess einer umfassenden organisationsinternen Fortbildung gleich. Die Reflexion über die eigenen Arbeitsvorgänge und die Erfahrungen, die im Laufe dieser Veränderungsprozesse gemacht worden sind, werden in einem Qualitätshandbuch festgehalten, um eine Dokumentation und Weiterentwicklung des Erreichten zu ermöglichen. Zusätzlich ist vorgesehen, dass über fachgerechte Evaluationen das Ausmaß der erreichten institutionellen Veränderungen und erzielten Erfolge gemessen wird.

In den wissenschaftlichen Diskussionen gilt die Stadt München als eine der fortschrittlichsten Kommunen im Bereich der interkulturellen Öffnung mit besonderem Schwerpunkt in der Jugendhilfe (Filsinger 2002: 37, 44). Vom Jugendamt gingen verschiedene Initiativen zur interkulturellen Orientierung und Öffnung der Stadtverwaltung aus (Handschuck 2004, Handschuck und Schröer 1997, 2003). Im Jahr 2000 wurden sog. „Leitlinien für eine interkulturell orientierte Kinder- und Jugendhilfe" verabschiedet (LH München - Sozialreferat /

Stadtjugendamt 2000). Das interkulturelle Qualitätsmanagement wurde bereits in den Einrichtungen der Migrationssozialarbeit (vgl. LH München - Sozialreferat / Stadtjugendamt 2003) und in einigen Münchner Sozialregionen mit Erfolg erprobt und wurde ab Januar 2008 auf Einrichtungen in anderen Teilen der Stadt ausgedehnt (LH München/Sozialreferat 2007).

Im weiteren Verlauf der integrationspolitischen Entwicklungen auf lokaler Ebene gewann der Ansatz der interkulturellen Orientierung und Öffnung von Regeldiensten immer mehr an Gewicht (Filsinger 2002: 11). Er spielt auch eine bedeutende Rolle in dem Integrationskonzept, das die Stadt im Januar 2008 verabschiedet hat und auf das nun eingegangen werden soll.

Integrationspolitische Programme und Konzepte, die in den letzten Jahren auf lokaler Ebene entwickelt wurden, sind stark von Ansätzen beeinflusst, die auf der Philosophie des Neuen Steuerungsmodells (vgl. KGSt 1993) basieren. Das Münchner Integrationskonzept von 2008[25] ist hierfür ein typisches Beispiel. Die „Grundsätze und Strukturen der Integrationspolitik der Landeshauptstadt München", wie das Integrationskonzept der Stadt offiziell betitelt ist, formuliert eine Vision, setzt Ziele fest und spricht Programme und Instrumente an, mit denen diese Ziele erreicht werden sollen. Nachfolgend soll neben einzelnen Bestandteilen dieses Konzeptpapiers auch die allgemeine Herangehensweise angesprochen und diskutiert werden.

Dem integrationspolitischen Ansatz liegt folgende Vision zu Grunde:

> „München ist eine solidarische Stadtgesellschaft in der Verantwortung aller. Die Verständigung zwischen den vielfältigen gesellschaftlichen Gruppen ist die Grundlage von Integration. Maßnahmen und Dienstleistungen der Stadt stärken die vorhandenen Fähigkeiten aller in München lebender [sic!] Menschen, unabhängig von Alter, Geschlecht, Hautfarbe, Religion, kultureller und sozialer Herkunft, Behinderung, Weltanschauung sowie sexueller Identität. Ein besonderes Augenmerk verdienen Kinder und Jugendliche. Die Teilhabe Aller am gesellschaftlichen Leben, an kommunalpolitischen Entscheidungen und ihr Zugang zu Ressourcen sind gleichberechtigt gewährleistet". (2008a: 3)

Ergänzend dazu wird im Konzept auch definiert, was in diesem Zusammenhang unter Integration zu verstehen ist, nämlich „ein längerfristiger Prozess der Eingliederung und Einbindung von Zuwanderinnen und Zuwanderern in die gesellschaftlichen Kernbereiche. Für das Gelingen dieses Prozesses tragen Eingewanderte wie Mitglieder der Aufnahmegesellschaft in gleicher Weise Verantwortung. Unser Integrationsverständnis respektiert und wertschätzt kulturelle Vielfalt" (2008a: 3). In Anlehnung an gängige Definitionen aus der soziologischen Migrationsforschung (vgl. Heckmann 2003) werden vier Dimensionen der Integration unterschieden: die strukturelle, kulturelle, soziale und identifikatorische Dimension.

Ausgehend von diesem Integrationsverständnis und der formulierten Vision sollen künftig weiterführende Gedanken entwickelt und Zielvorstellungen zur lokalen Integrationspolitik formuliert werden. Das Münchner Integrationskonzept deutet – wie auch ähnliche Konzepte in anderen Städten – im Bereich der Politikgestaltung einen Wechsel von einer ressourcenorientierten zu einer outputorientierten Maßnahmenplanung an. Diese Veränderungen signalisieren die Übernahme von NSM-Standards in die Gestaltungsprozesse der Integrationspolitik. Ziel ist es, eine größere Effektivität durch einen Perspektivenwechsel in den handlungsleitenden Fragen zu erreichen. Vereinfachend formuliert war die ursprüngliche Frage: „Was können wir mit dem zur Verfügung stehenden Geld machen?" Die neue Frage

---

25 Soweit im Folgenden Belegstellen in Klammern lediglich als (2008a: *Seitenzahl*) angegeben werden, beziehen sich diese immer auf das Integrationskonzept der Landeshauptstadt München (Stand: 22.01.2008), für die die Belegstelle in der Literaturliste „LH München - Sozialreferat / Stelle für interkulturelle Zusammenarbeit (2008a)" lautet.

Die institutionelle Ausgestaltung der Integrationspolitik in München und Frankfurt a. M. 117

hingegen lautet: „Was müssen wir machen, um die von uns gesetzten Ziele zu erreichen?" Explizit wird dies z. B. im Münchner Integrationskonzept im Abschnitt „Indikatoren zur Entwicklung der interkulturellen Öffnung und Orientierung" (2008a: 9) formuliert, wenn von „Zielerreichungsquoten" oder „operationalisierten Zielen" der Verwaltungseinheiten die Rede ist.

Outputorientierung setzt voraus, dass die Maßnahmen, die umgesetzt werden, auch evaluiert werden: Die in die Umsetzung involvierten Akteure müssen sich der Situation, die vor dem Beginn des Programms bzw. der Maßnahme bestanden hat (Status quo ante), bewusst sein. Zudem müssen sie während der Laufzeit der Programme regelmäßig diese Informationen und relevante Daten zu den Programmeffekten erheben. Außerdem müssen Auswertungen erfolgen.

Das Münchener Integrationskonzept sieht vor, dass Daten über verschiedene Aspekte der Integration in der Stadt gesammelt und daraus Indikatoren gebildet werden, anhand derer der „Stand der Integration" in einem bestimmten Bereich beurteilt werden kann. Die Erhebung von Indikatoren dient also dem Zweck einer faktengestützten Politikgestaltung (engl. „evidence based policy-making" – EPM). Im Falle der Stadt München sind die erwähnten Indikatoren entlang der Dimensionen der Integration (s.o.) gruppiert. In manchen Bereichen greift die Stadt dabei auf Daten zurück, die von ihr vor Ort erhoben werden. Auf der identifikatorischen Dimension z. B. geht es um die Beurteilung, inwiefern Zugewanderte sich mit den Werten der Aufnahmegesellschaft identifizieren. Im Konzept (2008a: 14) werden hierzu folgende Indikatoren vorgeschlagen:

- Anteil von Menschen mit Migrationshintergrund, die Stadtteilprojekte gestalten bzw. mitgestalten
- Anteil von Menschen mit Migrationshintergrund im bürgerschaftlichen Engagement
- Mitgliedschaft in Beiräten (Elternbeiräte, Mieterbeiräte usw.)

Andere Indikatoren werden nicht bzw. können nicht durch die kommunale Verwaltung selbst erhoben werden. Typisch hierfür sind z. B. Daten hinsichtlich der Erwerbstätigkeit bzw. Arbeitslosigkeit von Migranten. Diese Daten werden prinzipiell über die Arbeitsverwaltung bereitgestellt, die (zumindest aktuell) nicht nach Migrationshintergrund, sondern nach Staatsbürgerschaft der Personen unterscheidet.

Die Diskussion, aus welchen Daten aussagefähige Indikatoren gebildet werden können, ist nicht abgeschlossen. Aufgrund der unterschiedlichen Zuständigkeiten besteht zudem Abstimmungsbedarf zwischen verschiedenen Behörden und Organisationen. Schon an dem oben angeführten Beispiel wird deutlich, dass die Entwicklung von Indikatoren und die Beurteilung ihrer Praxisrelevanz ein schwieriges Terrain darstellen. Identifiziert sich z. B. eine Person, die sich nicht ehrenamtlich engagiert, weniger mit der Gesellschaft, als eine engagierte Person?

Auf programmatischer Ebene wird im Rahmen des Konzepts dennoch das Ziel formuliert, „den Stand der Integration" zu erfassen bzw. zu bewerten (2008a: 18) und die Veränderungen nachzuzeichnen, die in einer bestimmten Zeitperiode stattgefunden haben. Dies soll im Rahmen einer regelmäßigen Berichterstattung erfolgen. Die Schlüsselbegriffe hier lauten „Monitoring" und „Controlling", welche auch aus dem NSM-Ansatz stammen (KGSt 2006).

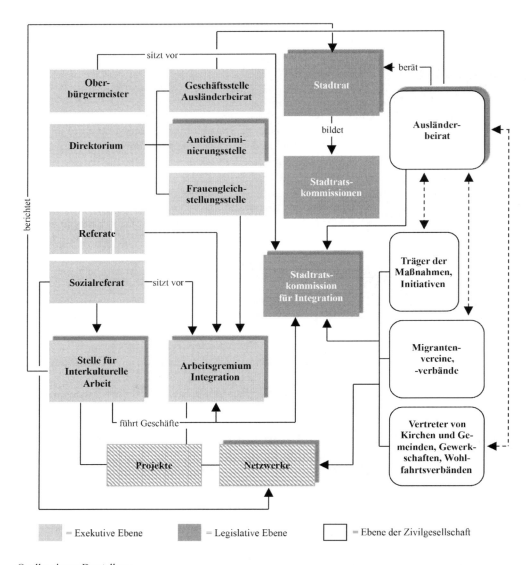

Quelle: eigene Darstellung

Abbildung 5-4: Institutionelle Struktur der Integrationspolitik in München (Stand: Januar 2008)

Das Münchner Integrationskonzept betont, dass auf institutioneller Ebene (vgl. Abb. 5-4) eine „differenzierte Gremienstruktur" (2008a: 15-18) benötigt wird, um „die Umsetzung und Vernetzung der Handlungskonzepte sowohl auf strategischer als auch auf operativer Ebene innerhalb der Verwaltung" sicherzustellen. Über die grundsätzliche Ausrichtung der Integrationspolitik entscheidet als legislatives Organ der Stadtrat. Der Ausländerbeirat berät den Stadtrat, aber auch andere Instanzen, in migrationsspezifischen Fragen. Darüber hinaus ist der Vorsitzende des Beirats auch Mitglied der Stadtratskommission für Integration. Unter dem Vorsitz des Oberbürgermeisters verfolgt diese Kommission das Ziel, die politische

Die institutionelle Ausgestaltung der Integrationspolitik in München und Frankfurt a. M.

Meinungsbildung voranzutreiben und diverse Projekte auf zivilgesellschaftlicher Ebene, wie auch innerhalb der Verwaltung, anzuregen. Innerhalb der Stadtratskommission kommt der Verwaltung eine ausschließlich beratende Funktion zu. Die operative Ebene wird durch ein „Arbeitsgremium Integration" abgedeckt, dem der Sozialreferent vorsitzt. In diesem Gremium versammeln sich Vertreter einiger Referate und städtischer Stellen, um die integrationspolitischen Ziele abzustimmen, referatsübergreifende Maßnahmen zu koordinieren und gemeinsame Vorlagen für den Stadtrat zu erarbeiten. Darüber hinaus ist dies auch die zentrale Institution, die für die Zusammenstellung der Daten im Rahmen der Integrationsberichterstattung zuständig ist. Der Bericht selbst wird jedoch von der bereits oben vorgestellten Stelle für interkulturelle Arbeit vorgelegt. Dieser Stelle kommt insofern eine hervorgehobene Rolle zu, als sie nicht nur die Verantwortung für die Koordination des bundesweiten Integrationsprogramms auf lokaler Ebene und der Integrationskurse trägt, sondern auch die Geschäftsführung der Stadtratskommission und des Arbeitsgremiums übernimmt. Für Institutionen in und außerhalb Münchens – wie z. B. das Bundesamt für Migration und Flüchtlinge – ist sie die zentrale Ansprechpartnerin. Bei Beschwerden im Zusammenhang mit individuellen Diskriminierungserfahrungen ist hingegen eine Antidiskriminierungsstelle für Menschen mit Migrationshintergrund (kurz AMIGRA) direkt im Direktorium beim Oberbürgermeister angesiedelt. Dieses institutionelle Gefüge wird durch verschiedene themenspezifische oder projektbezogene Netzwerke ergänzt, an denen unterschiedliche Akteure aus Politik, Verwaltung, Wirtschaft und Zivilgesellschaft beteiligt sein können. Diese vorgeschlagene Struktur basiert laut desselben Konzepts auf der Logik der Neuen Steuerung (2008a: 15).

5.3.2 Frankfurt a. M.: Integrationspolitik ausgehend vom Amt für multikulturelle Angelegenheiten[26]

Integration bedeutet „eine Politik des friedlichen Zusammenlebens der hier beheimateten unterschiedlichen Bevölkerungsgruppen".[27] Auf diese Formel bringt der Magistrat der Stadt Frankfurt a. M. den Grundsatz seiner Integrationspolitik. Integration wird damit als eine Aufgabe definiert, die nicht nur Migranten, sondern alle Bürger betrifft. Wie sich dieser Leitsatz vor Ort konkretisiert, welche Strukturen dafür geschaffen wurden, wie Problemlösungsstrategien kreativ erprobt und weiterentwickelt wurden, ist Gegenstand der folgenden Ausführungen.

Die Grundlage dessen, was die lokale Integrationspolitik in Frankfurt a. M. heute ausmacht, wurde 1989 gelegt. Damals lösten nach der Kommunalwahl SPD und Grüne die christdemokratische Mehrheit im Römer, dem Frankfurter Stadtparlament, ab. Die neue Integrationspolitik gründete auf der Idee einer multikulturellen Gesellschaft, welche von den Grünen in den 1980er Jahren in die Diskussion eingebracht worden war.

Sie forderten die Anerkennung der Migrationsrealität und der kulturellen Vielfalt in der Gesellschaft. Mit dieser Position formulierten sie einen Gegenentwurf zu der von den anderen Parteien mehrheitlich vertretenen Meinung, dass Deutschland kein Zuwanderungsland sei und dass die im Land lebenden Ausländer größtenteils in ihre Heimatländer zurückkehren oder sich assimilieren würden. Für die Grünen stellte das Thema „multikulturelle Ge-

---

26   Der Text in diesem Abschnitt ist eine modifizierte Form des selbst verfassten Teils eines Sammelbandbeitrags, der im Jahr 2009 erschienen ist: Aybek, Can und Gaby Straßburger (2009): „Politik des friedlichen Zusammenlebens" - ein Integrationsansatz mit Modellcharakter in Frankfurt/Main". In: Gesemann, Frank und Roland Roth (Hrsg.): Lokale Integrationspolitik in der Einwanderungsgesellschaft: Migration und Integration als Herausforderung von Kommunen. Wiesbaden, VS Verlag für Sozialwissenschaften.

27   http://www.frankfurt.de/sixcms/detail.php?id=441487 (Zugriff am: 22.07.2007).

sellschaft" bzw. Migrations- und Integrationspolitik neben der Friedens- und Umweltpolitik eines der zentralen Handlungsfelder dar. Zugleich war es ein Thema, mit dem sich neben der Stammwählerschaft neue, bürgerlich-weltoffene, städtische Wählerkreise ansprechen ließen. Angesichts der fremdenfeindlichen Übergriffe, die Anfang der 1990er Jahre eskalierten und angesichts der teilweise nationalistischen Diskurse, die im Anschluss an den Mauerfall in Deutschland geführt wurden, hatte die Befürwortung der „multikulturellen Gesellschaft" auch eine moralische Dimension.

In einer gesellschaftspolitischen Atmosphäre, in der die Diskussion in Deutschland um das nationale Selbstverständnis und um Zuwanderung besonders aufgeheizt war, entwickelten die Frankfurter Grünen – allen voran Daniel Cohn-Bendit – ein politisches Programm, das die Stadt zur „multikulturellen Metropole" erklärte und eine Verwaltungsreorganisation forderte, die diesem Umstand Rechnung trägt (Radtke 2003: 60-61). Für Spannungen im Rahmen der politischen Auseinandersetzungen in Frankfurt hat sicherlich auch die Persönlichkeit von Cohn-Bendit gesorgt, der vor Streitgesprächen nicht zurückschreckte. Ein Beispiel für seine provokanten Ideen findet sich in einem Interview mit Claus Leggewie, in dem Cohn-Bendit sich (bereits 1989!) für die Einführung des Territorialitätsprinzips bei der Gewährung der deutschen Staatsbürgerschaft einsetzt: „... alle Menschen, die auf dem Boden der Republik Deutschland geboren sind, haben das Recht, deren Staatsbürgerschaft zu erhalten. Das entscheiden die Eltern bei Geburt oder die Betroffenen entscheiden es selbst mit 16 oder 18" (Leggewie 1990: 63).

Die Vorstellung, die die Frankfurter Grünen von der multikulturellen Gesellschaft hatten, war durch die Akzeptanz von kultureller Vielfalt und Unterschiedlichkeit geprägt. Sie betonten allerdings auch, dass das Zusammenleben von Einheimischen und Zuwanderern nicht konfliktfrei abläuft, sondern auf beiden Seiten viel Verständnis und Offenheit voraussetzt. Hierzu einer der Mitstreiter Cohn-Bendits, Thomas Schmid: „Nicht auf multiethnischen Festivals wird über die multikulturelle Gesellschaft entschieden, sondern in den Behörden und im alltäglichsten Alltag" (Schmid 1991: 22).

Im Anschluss an den rot-grünen Erfolg bei den Kommunalwahlen 1989 und die Aushandlung einer Koalitionsvereinbarung ging man daran, die integrationspolitischen Vorstellungen in die Tat umzusetzen. Die Stadt Frankfurt a.M. verfolgte ein bis dahin bundesweit einmaliges Konzept und richtete das Amt für multikulturelle Angelegenheiten (AmkA) ein. Diese Behörde sollte künftig eine Vordenkerrolle für die Integrationspolitik auf gesamtstädtischer Ebene übernehmen. Vor dieser Amtsgründung gab es – im Gegensatz zu München – keine städtische Stelle, die sich explizit mit integrationspolitischen Aufgaben befasst hätte. Zum ersten (ehrenamtlichen) Dezernenten wurde Daniel Cohn-Bendit ernannt, die Amtsleitung wurde Rosi Wolf-Almanasreh übertragen. Wolf-Almanasreh, die dem Amt bis 2001 vorstand, war zuvor als Geschäftsführerin des „Verbands binationaler Familien und Partnerschaften e.V." tätig gewesen. Es wurden 14 Mitarbeiter eingestellt, die entweder einen Migrationshintergrund vorweisen konnten oder sich durch Mehrsprachigkeit auszeichneten. Zur selben Zeit waren der Ausländerbeauftragten der Bundesregierung, Lieselotte Funke, lediglich neun Mitarbeiter unterstellt (Dietrich 2002: 82).

In seiner Antrittsrede vor der Stadtverordnetenversammlung sagte Cohn-Bendit, die Einrichtung des AmkA sei als Beleg dafür zu werten, dass die Stadt Frankfurt die Realität, in der sie lebt, also die multikulturelle Stadtgesellschaft, anerkennt und sich entschieden hat, die Probleme, die im Zusammenhang mit kultureller Diversität und Einwanderung auftauchen – soweit sie auf städtischer Ebene lösbar sind – auch anzugehen (Cohn-Bendit 1989).

Das AmkA war anfangs in vier Abteilungen gegliedert: (1) Koordination und Sonderveranstaltungen, (2) Öffentlichkeitsarbeit, (3) Integration, Antidiskriminierungsarbeit und Soforthilfe und (4) die Geschäftsstelle der Kommunalen Ausländervertretung (Stadt Frankfurt a. M. und AmkA 1993: 19). Dabei kam - nach Einschätzung der damaligen Amtsleiterin Wolf-Almanasreh - in den ersten Jahren der Öffentlichkeitsarbeit eine Schlüsselrolle zu (Dietrich 2002: 82). Formal wurde das Amt den anderen Behörden in der städtischen Verwaltungshierarchie zwar gleichgestellt, jedoch mit keinerlei Weisungsbefugnis ausgestattet (Noormann 1994: 75-76). Ziel war es, einen Perspektivenwechsel herbeizuführen, insbesondere innerhalb der kommunalen Administration, aber auch allgemein in der Politik und der Stadtgesellschaft.

Bei der Einrichtung des Amtes handelte es sich, wie Leggewie (Leggewie 1990: 49) betont, um ein „,persuasives' politisches Programm", das die „Einstellungen und Verhaltensweisen der Bevölkerung kommunikativ und über Symbole beeinflussen" sollte. So begriff sich das AmkA als ein „Kommunikationsamt" (Cohn-Bendit und Schmid 1992: 289) in doppelter Hinsicht. Auf der einen Seite sollte die Öffentlichkeit davon überzeugt werden, dass es richtig und sinnvoll ist, eine offensive Integrationspolitik zu betreiben und dass dazu die Gesellschaft umdenken muss, ebenso wie die Institutionen überzeugt und umgebaut werden müssen. Auf der anderen Seite sollten die Zugewanderten davon überzeugt werden, dass die Einwanderungsgesellschaft nur funktionieren kann, wenn es einen Konsens über verbindliche Werte gibt und Migranten das ihnen Fremde an den Deutschen ebenso respektieren, wie die Deutschen das Fremde an den Migranten respektieren sollten.

Das AmkA erklärte also explizit nicht nur die Migranten sowie soziale und ethnische Minderheiten zu seiner Zielgruppe, sondern gleichermaßen auch die Einheimischen. Cohn-Bendit betonte, dass das Amt weder als „Klagemauer gegen Deutsche" noch als „Institution zur Ausländerbeglückung" eingerichtet worden ist. Das Ziel sei vielmehr, dass „Rahmenbedingungen entstehen, die es auch Ausländern ermöglichen, die Chancen, die sie haben könnten, auch zu bekommen" (Cohn-Bendit und Schmid 1992: 287, 314).

In der praktischen Arbeit hatte dies zur Folge, dass das Amt eine Reihe von Funktionen gleichzeitig erfüllen musste (vgl. auch Bosswick und Will 2002: 12-13):

- *Vermittlungsfunktion* bei der Weitervermittlung von ratsuchenden Zuwanderern an die entsprechenden Stellen und Ämter
- *Beratungs- und Unterstützungsfunktion:* Das Amt tritt als Anlaufstelle für Personen auf, die sich in Diskriminierungsfragen beraten lassen wollen. Darüber hinaus fördert und berät es Zuwanderer bei Vereinsgründungen oder Behörden bei der Vorbereitung und Umsetzung von interkulturellen Aktivitäten. Für einige Aktivitäten werden auch finanzielle Mittel zur Verfügung gestellt.
- *Initiator und Träger von Integrationsmaßnahmen:* Seit seiner Gründung hat das AmkA eine Vielzahl von Integrationsmaßnahmen konzipiert und umgesetzt. Das grundsätzliche Interesse des Amtes besteht vor allem darin, durch Beispielprojekte innovative Herangehensweisen zu erproben und diese – im Falle des Erfolgs – möglichst in eine Regelförderung zu überführen.
- *Informationsfunktion:* Das AmkA stellt Informationen über die Situation der Zuwanderer in der Stadt zusammen. Bei Bedarf gibt es wissenschaftliche Expertisen in Auftrag bzw. initiiert die wissenschaftliche Begleitung von Projekten. Für Zuwanderer stellt es mehrsprachige Materialien zur Verfügung. Das Amt berät zudem andere Behörden bei der Erstellung von fremdsprachigem Informationsmaterial und Ausschilderungen.

- *Koordinationsfunktion*: Oftmals übernimmt das AmkA bei Projekten und Vorhaben zur Integrationspolitik die koordinierende Rolle. Beispielsweise wurden die von der Stadt initiierten Sprach- und Orientierungskurse für Neuzuwanderer durch das AmkA gesteuert.

In den ersten Jahren nach der Gründung wurde das AmkA vor allem von Seiten der CDU immer wieder in Frage gestellt. Wolf-Almanasreh berichtet, dass aber auch die Linken und Vertreter von Migrantenorganisationen Kritik am AmkA übten. Während die Linken dem AmkA eine allzu folkloristische Herangehensweise vorwarfen, erhoben die Migrantenvertreter den Einwand, dass eine Person mit Migrationshintergrund die Interessen von Zuwanderern besser wahren könne und deshalb die Amtsleitung möglichst durch eine solche Person besetzt werden müsse (Dietrich 2002: 82-83).

Trotz dieser Kritik gelang es dem AmkA, sich in die Strukturen der Kommunalverwaltung einzugliedern und die Anerkennung seiner Kooperationspartner innerhalb und außerhalb der Administration zu gewinnen. Zwischenzeitlich (1995-2000) musste das AmkA einen Prestigeverlust hinnehmen, da es nicht mehr wie ursprünglich einem eigenständigen Dezernat unterstellt war. Unter der grünen Schuldezernentin Jutta Ebeling wurde es dem Bildungsdezernat zugeordnet. Nach dem Machtwechsel im Jahr 2000 wurde dies allerdings wieder rückgängig gemacht und der damalige ausländerpolitische Sprecher der CDU, Dr. Magen, zum Dezernenten für Integration (und nicht mehr „für multikulturelle Angelegenheiten") ernannt. Da das Amt nunmehr von allen wichtigen politischen Parteien in Frankfurt akzeptiert wurde, sind seither auch Stellen, die sich bislang dem AmkA gegenüber eher reserviert gezeigt hatten, eher gewillt, mit ihm zu kooperieren. Laut Helga Nagel, Amtsleiterin seit September 2001, wirkt sich der parteiübergreifende Konsens über die Notwendigkeit des Amtes positiv auf die Arbeit aus, da es „nicht mehr nur ein Teilbereich politischer Profilierung für die Grünen, sondern wirklich mehrheitsfähig innerhalb aller demokratischen Parteien in Frankfurt ist" (zitiert nach Dietrich 2002: 83). Im Anschluss an die Kommunalwahlen des Jahres 2006 bildete sich in Frankfurt eine schwarz-grüne Koalition. Als Nachfolger des verstorbenen Dr. Magen wurde Jean-Claude Diallo von den Grünen als ehrenamtlicher Dezernent für Integration eingesetzt.

Die institutionelle Ausgestaltung der Integrationspolitik in München und Frankfurt a. M.

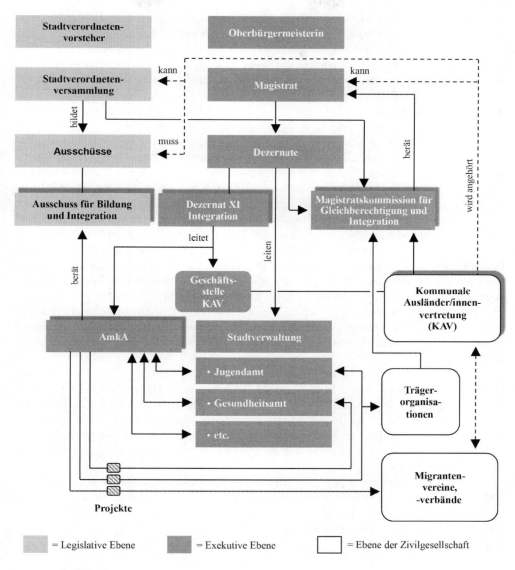

Quelle: eigene Darstellung

Abbildung 5-5: Institutionelle Struktur in Frankfurt a.M. (Stand: Januar 2008)

Neben dem Dezernat für Integration und dem AmkA wurde 1992 auch eine „Kommunale Ausländervertretung" (KAV) (vgl. Abb. 5-5 oben) eingerichtet, die als Beirat die Interessen und Bedürfnisse der Ausländer gegenüber der Stadtverordnetenversammlung (SVV) vertreten sollte (Nagel 2007: 5). Die Aufgaben und Befugnisse der KAV sind in der Hessischen Gemeindeordnung (HGO) festgeschrieben (Dreßler und Adrian 2000: 76-77). So besteht eine Informationspflicht des Magistrats gegenüber der KAV. Der KAV wiederum wird „ein Vorschlagsrecht in allen Angelegenheiten, die ausländische Einwohner betreffen" (ebd.: 76), eingeräumt. Die SVV und der Magistrat können die KAV anhören, wobei auf Ebene der

SVV-Ausschüsse eine Anhörungspflicht für den KAV besteht (vgl. HGO, Art. 88, Abs. 1 und 2). Die Geschäftsstelle der KAV ist dem Dezernat für Integration angegliedert.

1994 wurde diesem institutionellen Gefüge eine „Magistratskommission für Gleichberechtigung und Integration" hinzugefügt. Im Rahmen der Legislative wiederum wurde zunächst ein „Ausschuss für Immigration und Integration" (1997) gebildet, welcher Juni 2006 als „Ausschuss für Bildung und Integration" mit dem ehemaligen Schulausschuss zusammengelegt wurde. Diese Gremien sollten Themen wie Zuwanderung und Integration auf der Ebene des Magistrats beziehungsweise der SVV dauerhaft verankern.

Der Ausschuss für Bildung und Integration ähnelt in seiner Funktion einem parlamentarischen Ausschuss, wie man ihn aus der Bundespolitik kennt. Er kommt regelmäßig zusammen und bereitet Themen vor, die in der SVV diskutiert werden sollen. In diesen Sitzungen wird zwar ein Votum getroffen, aber dieses hat keinen bindenden Charakter, sondern ist lediglich als Empfehlung an die SVV zu verstehen.

Der Kommission für Gleichberechtigung und Integration wurde die Aufgabe übertragen, „wichtige Entscheidungen, die hauptsächlich ausländische Einwohner betreffen, vorzubereiten" und „ämter- und fachübergreifende Ausländerfragen zu behandeln" (SVV Frankfurt/Main 1994). Sie setzt sich nicht nur aus Mitgliedern des Magistrats zusammen, sondern schließt auch Mitglieder der SVV, der KAV sowie nicht-parlamentarischer Institutionen ein, so z.B. auch Vertreter von Jugendverbänden. Insofern fußt die Meinungsbildung in der Kommission auf einer breiteren Basis. Allerdings berichtet der Magistrat (Magistrat Frankfurt/Main 2007a: 2), dass die Kommission in der Legislaturperiode 2001-2006 lediglich sechsmal getagt habe, was darauf hindeutet, dass ihre Beratungsfunktion nicht allzu oft in Anspruch genommen wird.

Auf exekutiver Ebene liegt die formale Zuständigkeit für integrationspolitische Angelegenheiten im engeren Sinne beim Dezernat für Integration. So wurde z.B. durch einen Beschluss der SVV im Januar 2000 dem Magistrat die Aufgabe auferlegt, „jährlich einen Bericht über Maßnahmen zur Integration ausländischer Mitbürgerinnen und Mitbürger sowie von deutschen Aussiedlern" (SVV Frankfurt/Main 2000) zu erstellen. Die Verantwortung für die Erstellung eines solchen Berichts liegt beim Dezernat für Integration bzw. als ausführendem Amt beim AmkA.

Neben der Berichterstattung über Integrationsprogramme und -prozesse in Frankfurt a.M. geht das AmkA – wie bereits dargelegt – zahlreichen weiteren Aufgaben nach. Eine der wichtigsten Funktionen besteht darin, als Initiator und Träger von Integrationsmaßnahmen aufzutreten, unter anderem im Handlungsfeld „Bildung bzw. Ausbildung von Jugendlichen mit Migrationshintergrund".

5.4   Die institutionelle Ausgestaltung der Berufsbildungspolitik

Vor dem Hintergrund der im letzten Abschnitt dargestellten Integrationspolitik in München und Frankfurt a.M. stellt sich nun die Frage, welche institutionelle Ausgestaltung das für diese Untersuchung zentrale Politikfeld, die Berufsbildungspolitik erfahren hat. Ein besonderes Augenmerk liegt darauf, wie die Thematik des Übergangs von Jugendlichen mit Migrationshintergrund in die berufliche Erstausbildung aufgegriffen wird.

Das Thema Migration/Integration steht in diesem Politikbereich nicht im Fokus, müsste aber – sowohl nach dem in München verfolgten Mainstreaming- Ansatz als auch nach dem „persuasiven politischen Programm" (Leggewie 1990: 49) des AmkA in Frankfurt – als Querschnittsaufgabe angesehen und aktiv aufgegriffen werden. Inwiefern und in welcher Form

Die institutionelle Ausgestaltung der Berufsbildungspolitik 125

dies geschieht, soll im Folgenden analysiert werden. Dazu werden in beiden Kommunen die Gremien untersucht, die sich als die zentralen Netzwerke in diesem Politikfeld etabliert haben: der Arbeitskreis „Jugend, Bildung, Beruf" in München und das Netzwerk „Jugend und Arbeit" in Frankfurt a. M. Die Ausführungen basieren im Wesentlichen auf Interviews mit Entscheidungsträgern, die diesen beiden Netzwerken angehören. Um zu verdeutlichen, wie die Entscheidungsträger argumentieren und um eventuelle Rückschlüsse auf die dahinter stehende Problemwahrnehmung zu ermöglichen, die im nächsten Kapitel dann dezidiert aufgegriffen wird, werden die Interviewpartner hier immer wieder im Original zitiert. Die Angaben in Klammern geben die exakte Stelle im Interviewtranskript wieder.

5.4.1 Der Arbeitskreis „Jugend, Bildung, Beruf" in München

Die Gründung des Arbeitskreises „Jugend, Bildung, Beruf" in München erfolgte im Jahr 1994 unter Federführung der damaligen zweiten Bürgermeisterin, Gertraud Burkert. Sie griff damit eine Empfehlung von Wissenschaftlern auf, die im Auftrag der Stadt München Konzeptionen zur berufsbezogenen Jugendhilfe und zur Schulsozialarbeit erstellt hatten. Darin fand sich die Anregung, einen Beirat einzurichten: „Analog zu einem Senioren- oder Ausländerbeirat, hatten wir die Idee, für die Frage der Jugendbildung in München auch einen Beirat einzurichten. Damit nicht nur das Jugendamt, d.h. allein das Sozialreferat oder allein das Schulreferat damit befasst sind, sondern ein Beirat, mit allen relevanten Institutionen, einschließlich Arbeit und Wirtschaft, also Arbeitsverwaltung, Kammern und Gewerkschaft." (I-27: 30).

Letztlich wurde dann kein Beirat, sondern ein Arbeitskreis gegründet, denn „den Arbeitskreis auf der Ebene der Beiräte zu installieren, (…) wäre kommunalpolitisch zu kompliziert gewesen. Da muss dann das Direktorium zustimmen und der Oberbürgermeister, weil Beiräte dort angesiedelt sind." (I-27: 30)

Die Gründung des Arbeitskreises erfolgte vor dem Hintergrund diverser bereichsübergreifender Kooperationserfahrungen, die positiv verlaufen waren. Beispielsweise hatten unterschiedliche Akteure bereits im Beirat eines Projektes zusammen gearbeitet, das Jugendlichen Beratung anbietet, die ihrer Schulpflicht nicht nachkommen und daher von einem Bußgeldverfahren bedroht sind. „Wir hatten Anfang der 90er Jahre in München die Situation, dass über 400 Jugendliche wegen Schulversäumnissen im Knast saßen. Das war völlig verrückt. (…) Das Projekt ‚Übergang Schule-Arbeitswelt' setzt an diesem Problem an und hat den Auftrag, alle Jugendlichen, die mit einem Bußgeldverfahren bedroht werden, zu beraten. (...) Für die Geschichte des Arbeitskreises ‚Jugend, Bildung, Beruf' war das wichtig, weil dieses Projekt einen Beirat hatte, und dessen Vorsitzende war die stellvertretende Bürgermeisterin. Dieser Beirat ist dann letztlich für den Arbeitskreis (...) um Vertreter der Kammern und der Wirtschaft [ergänzt worden]. Die Berufsberatung ist auch drin. Eigentlich sind alle wichtigen Akteure vertreten. Vorsitzende ist immer noch die zweite Bürgermeisterin." (I-23: 46)

Weitere Vorläufer des 1994 gegründeten Gremiums waren Arbeitskreise, die bei verschiedenen Referaten angesiedelt waren und sich um diverse Instrumentarien der Ausbildungsförderung gruppierten, ohne in eine übergreifende Konzeption eingebettet zu sein. „Es gab vorher in dem Bereich ‚Integration von Jugendlichen in das Arbeitsleben' vereinzelte, relativ isolierte Projekte - vorwiegend beim Stadtjugendamt angesiedelt, aber auch beim Referat für Arbeit und Wirtschaft. Diese Projekte wurden von drei Arbeitskreisen koordiniert, die sich gelegentlich trafen: Beratungsprojekte, Beschäftigungsprojekte und Ausbildungsprojekte. Aber die haben relativ lose nebeneinander her gelebt und eigentlich gab es keine Gesamtkonzeption. Alles ist mehr oder weniger zufällig entstanden." (I-27: 38)

Das Hauptanliegen des Arbeitskreises „Jugend, Bildung, Beruf" besteht nach Ansicht des Referats Arbeit und Wirtschaft, dem die Organisation des Arbeitskreises obliegt, darin, „die Plattform aller im Bereich Jugendmaßnahmen oder Jugendarbeit aktiven Akteure" zu sein. Es ist „ein Abstimmungsforum, in dem über Bedarfe gesprochen wird, aber auch über konkrete Maßnahmen und über Verantwortlichkeiten." In dieser Plattform sind „von der Agentur, über die ARGE zur Jugendgerichtshilfe, bis zum staatlichen Schulamt und den jeweiligen großen Trägervertretern alle vereint." (I-29: 108)

Bei der Besetzung des Arbeitskreises „Jugend, Bildung, Beruf" wurde darauf geachtet, dass die Effizienz und die Durchsetzungsfähigkeit möglichst groß sind. Hier spiegelt sich möglicherweise die ursprüngliche Idee wider, einen Beirat zu bilden, denn der Arbeitskreis ist mit festen Mitgliedern besetzt, die Entscheidungsmacht besitzen: „Das ist ein ‚closed job', weil es wirklich ein arbeitsfähiges Gremium sein soll. Es sind im Grunde genommen alle großen, verantwortlichen Akteure dabei. Sie müssen dann eben eine Entscheidung treffen, ob Sie nun jeden dazu nehmen oder versuchen, nur die Repräsentanten der jeweiligen Einrichtungen zu nehmen. Dann sind halt die großen Jugendverbände dabei und nicht ein kleiner Weiterbildungsträger XY. Das ist eine Entscheidung, die mit der Arbeitsfähigkeit von so einem Gremium zu tun hat." (I-29: 112)

Zu den Institutionen, die im Arbeitskreis Mitglied sind, gehören die Agentur für Arbeit, d.h. die Berufsberatung, die relevanten Referate der Stadt München, d.h. Schulreferat, Jugendamt und das Referat für Arbeit und Wirtschaft sowie die Stelle für interkulturelle Arbeit, ebenso Vertreter der Handwerkskammern und der IHK sowie Arbeitnehmervertretungen, also DGB und Verdi. Daneben sind freie Träger eingebunden sowie das Deutsche Jugendinstitut, das staatliche Schulamt und Vertreter aus der Kommunalpolitik und vom Ausländerbeirat (vgl. Tab. 5-9).

Die Effizienz des Arbeitskreises wird darauf zurückgeführt, dass die institutionellen Vertreter aus der Führungsebene kommen. „Diejenigen, die im Gremium vertreten sind, sind nicht irgendwelche Personen, die in der Hierarchie relativ weit unten stehen, sondern es ist für das Schulreferat meistens die Stadtschulrätin dabei. Für das Schulreferat sind die Leiter der Fachabteilung für Hauptschulen und für Berufsschulen dabei. Und entsprechend von den anderen Organisationen auch die oberen Vertreter. Das trägt natürlich mit dazu bei, dass das Ganze eine hohe Verbindlichkeit hat." (I-31: 50)

Die Arbeitsweise wird von den interviewten Mitgliedern des Arbeitskreises entsprechend positiv empfunden, wie beispielsweise folgende Äußerung eines Wirtschaftsvertreters zeigt: „Man tauscht sich aus, wenn die Kommune eine Idee hat oder ein Problemfeld erkennt. Dann erfolgt über die Aktionen eigentlich immer eine enge Abstimmung und Information, und zum Teil sitzt man dann auch mit in den Projektgruppen und entwickelt gemeinsam Strategien. Also das ist ein sehr gutes Miteinander." (I-25: 6)

Ein wichtiges Moment liegt offensichtlich darin, dass Ideen gemeinsam entwickelt werden, was insbesondere dadurch erleichtert wird, dass sich die Akteure sehr gut kennen und einander einschätzen können. „Projektideen entwickeln sich in den meisten Fällen aus den Beratungen in dem Arbeitskreis ‚Jugend-Bildung-Beruf'. Da werden Probleme lokalisiert. Sagen wir mal, wir haben das Problem ‚Wie gewinnen wir ausländische Unternehmen?' Dann überlegt man sich, wie kann man das machen. Und das funktioniert auch. Zwar ist das nicht nur personenabhängig, aber es erleichtert natürlich vieles, wenn man sich gut versteht und gut miteinander kann." (I-25: 6)

Die institutionelle Ausgestaltung der Berufsbildungspolitik

Der Arbeitskreis hat einen klaren, eingespielten Jahresrhythmus, wobei sich die Arbeitsschwerpunkte der einzelnen Treffen an handlungspraktischen Erfordernissen orientieren. „Die Struktur hat sich so etabliert, dass wir uns drei- oder viermal im Jahr treffen. Das erste Treffen im Frühjahr nennt sich auch Ausbildungskonferenz. Da geht es vor allen Dingen um einen Rückblick auf das abgeschlossene Lehrjahr. Im Frühjahr liegen dazu die Daten der Kammern vor. Wie hat sich die Bewerberlage verändert oder hat sich signifikant etwas im Meldeverhalten von offenen Stellen verändert? Dort werden auch Strategien zum ‚Tag des Ausbildungsplatzes‘ gemeinsam besprochen. Der zweite und dritte Sitzungstag sind sozusagen normale Arbeitskreissitzungen. Hier ist das Ziel, Projekte vorzustellen, die die einzelnen Institutionen intern gestaltet haben." (I-30: 26)

Die Entstehungsgeschichte der im Zitat angesprochenen „Ausbildungskonferenz" macht deutlich, dass die Mitglieder des Arbeitskreises darum bemüht sind, ihre Energie zu bündeln. Dazu gehört eine möglichst klare Gremienstruktur, die sich nur erhalten lässt, wenn man es vermeidet, Parallelstrukturen einzurichten. Die vom Arbeitskreis „Jugend, Bildung, Beruf" organisierte Ausbildungskonferenz ist ein Resultat dieser Arbeitsphilosophie. Sie war ursprünglich als Pflichtaufgabe der Agentur für Arbeit vorgeschrieben worden. „Bei diesen Ausbildungskonferenzen sollten sich die Beteiligten am regionalen Ausbildungsmarkt an einen Tisch setzen. Und dann haben wir uns in München überlegt: Die da genannten Akteure, das sind doch eigentlich genau die Akteure, die sich laufend im Arbeitskreis ‚Jugend-Bildung-Beruf‘ treffen. Und dann haben wir gesagt: Diese Ausbildungskonferenzen sind verpflichtend von den Arbeitsämtern durchzuführen, aber da jetzt ein neues Gremium zu etablieren, das es eigentlich schon gibt - das ist ja überflüssig. Und darum nutzen wir hier in München den Arbeitskreis ‚Jugend-Bildung-Beruf‘ dafür und widmen die Veranstaltung einfach um." (I-31: 26)

Wenngleich die Mitglieder des Arbeitskreises „Jugend, Bildung, Beruf" eng miteinander kooperieren und viele Projekte nicht nur miteinander abstimmen, sondern sie auch gemeinsam finanzieren, lässt sich dennoch deutlich die institutionell geprägte Identität der einzelnen Akteure unterscheiden:

- Die *Stadtverwaltung*, die den Arbeitskreis über das Referat für Arbeit und Wirtschaft koordiniert, sieht sich als „Querschnittsförderer": „Unsere Projekte werden in der Regel als sog. Pilotprojekte finanziert, weil wir eben versuchen, neue Ideen umzusetzen. Wir können uns das ja auch leisten, weil wir hier Möglichkeiten haben, Dinge zu fördern, die über die anderen strengeren Korsette nicht möglich sind. Gleichzeitig gibt es aber keine 100-Prozent-Förderung aus unserem Topf. Wir machen nur ergänzende Förderungen, und die anderen müssen auch mit ins Boot." (I-29: 104) Auf der anderen Seite reklamiert die Stadtverwaltung eine „Lobbyfunktion". Hierzu gehört es zum einen, die Entwicklung zu beobachten und Probleme frühzeitig zu erkennen: „Wie sich das entwickelt, wo Probleme entstehen, was es für Maßnahmen gibt, wo man Maßnahmen weiter entwickeln muss…" (I-26: 36) Zum anderen erfordert die „soziale Verantwortung", dass man ein besonderes Augenmerk auf benachteiligte Jugendliche richtet: „Die anderen schauen immer auf das Große und Ganze, auf alle Berufe usw. Und wir sagen eher: was ist mit den Jugendlichen mit schlechten Bildungsabschlüssen, ohne Hauptschulabschluss, Förderschüler usw., die auf dem Markt wenig Chancen haben? Wird für die genügend getan?" (I-26: 36)
- Die *Vertreter der Wirtschaft* (Handwerkskammer und IHK) betonen dagegen ihren direkten Kontakt zum Ausbildungsmarkt: „Die Frage, was können wir tun als Kammer

und wo liegt der Mehrwert, den wir bringen? Was sind unsere Produkte, die wir einbringen können? Das ist einmal ganz klar die Funktion, die wir im Rahmen der Zuständigkeit der beruflichen Bildung haben mit allem, was dazugehört, also der Zugriff auf die Ausbildungsförderung, auf die Ausbilder, auf die Prüfer, auf alles, was im engeren Zusammenhang mit Ausbildung zu tun hat bei den Unternehmen." (I-25: 17) Insofern sehen sich die Kammern als Gewährsmann und Verbindungsglied zu ihren Mitgliedsunternehmen: „Wenn die Kammer sagt, das ist unterstützenswert, dann wissen die, das haben wir entsprechend geprüft. Das ist unser Part: Projekte ‚promoten‘, sie an die Unternehmen heranbringen. Da können wir wirklich unseren Vorteil ausspielen." (I-25: 21) Eine weitere wichtige Funktion der Kammern, die auch von Seiten anderer Interviewpartner unterstrichen wird, ist die des „Datenlieferanten" (I-25: 21 u. I-26: 104).

- Die *Arbeitsverwaltung* sieht einen ihrer besonderen Aufgabenschwerpunkte im Rahmen des Arbeitskreises in der Organisation der Ausbildungskonferenz (I-28: 34). Zudem sieht sie sich als wichtigen Geldgeber, der es insbesondere der Kommunalpolitik leichter macht, bestimmten Projekten zuzustimmen, wenn die Kosten von der Arbeitsagentur mitfinanziert werden und vice versa. „Wir haben einige Projekte, die in finanzieller Kooperation laufen. Da tut sich der Stadtrat einfach leichter, ‚Ja‘ zu sagen, wenn die Agentur sagt, wir zahlen die Hälfte. Wir konnten schon auf beiden Seiten Projekte dadurch installieren, dass wir jeweils gesagt haben, die andere Seite zahlt schon." (I-30: 34)

- Die *Kommunalpolitik* ist federführend für den Arbeitskreis „Jugend, Bildung, Beruf" verantwortlich. Das Engagement der zweiten Bürgermeisterin unterstreicht die politische Priorität der Thematik: „Bei insgesamt 37 Sitzungen war 36mal die Bürgermeisterin mit dabei. Und wenn Sie sich die Termindichte der Stadtspitze anschauen, zeigt es, dass ihr das Gremium sehr, sehr wichtig ist." (I-31: 50) Konkret schlägt sich die Federführung der Bürgermeisterin in einer hohen Wirksamkeit des Arbeitskreises nieder, wie ein Interviewpartner des Referates für Arbeit und Wirtschaft betont, das den Arbeitskreis organisiert: „Dadurch dass die Bürgermeisterin vertreten ist und wir die Sitzungen detailliert protokollieren, hat das Ergebnis immer einen hohen Grad an Verbindlichkeit. Wenn der Arbeitskreis sich auf etwas festlegt, dann haben Sie auch die Gewähr, dass das abgearbeitet wird." (I-31: 50)
In aller Regel halten sich die im Arbeitskreis vertretenen Kommunalpolitiker inhaltlich zurück. Den Grund dafür sieht ein Interviewpartner in der Komplexität der Problematik: „Man kann sich mit dieser Materie meines Erachtens nur hauptamtlich beschäftigen, sonst wird's wirklich kompliziert." (I-30: 106) Er beobachtet, dass sich die Politik stark auf die Expertise der Fachkräfte verlässt und insbesondere dann für eine Idee aus dem Arbeitskreis zu gewinnen ist, wenn sie bereits zuvor von Vertretern verschiedener Institutionen positiv beurteilt worden ist. Für Politiker ist es wichtig, „… dass es nicht nur meine persönliche Meinung ist, sondern dass auch andere Institutionen zustimmen. Wenn mehrere sagen ‚Jawohl, das find ich so gut, dass ich sogar selbst einsteige‘, dann ist das wie eine Versicherung für die Politiker, dass es das Richtige ist." (I-30: 106) Parteipolitik scheint im Arbeitskreis eine untergeordnete Rolle zu spielen. Meist ziehen alle an einem Strang, lediglich im Bereich der berufsbezogenen Jugendhilfe hätte die CSU sich eher zurückgehalten „… denn das sind ja Betriebe, die staatlich subventioniert werden und in gewisser Weise den freien Betrieben Konkurrenz machen" (I-26: 112). Im Allgemeinen lassen sich jedoch nach Ansicht mehrerer Gesprächspartner keine parteipolitischen Differenzen erkennen.

Die institutionelle Ausgestaltung der Berufsbildungspolitik

■ Die *integrationspolitischen Akteure* (Stelle für interkulturelle Arbeit) reklamieren im Arbeitskreis eindeutig eine Lobbyfunktion für sich: „Das können Sie sich ganz konkret so vorstellen: Im Arbeitskreis ‚Jugend, Bildung, Beruf‘, wird ein Projekt vorgestellt, bei dem es darum geht, Jugendliche aus dem Hauptschulbereich in Praktika zu bringen. Wir hören uns das an und sagen: ‚Habt ihr daran gedacht, dass 30 Prozent der Bevölkerung Münchens einen Migrationshintergrund hat? Wie könnt ihr die erreichen?‘“ (I-14: 17)
Das besondere Augenmerk auf Jugendliche mit Migrationshintergrund, das von den integrationspolitischen Akteuren in den Arbeitskreis eingebracht wird, ist bisweilen Auslöser für inhaltliche Recherchen, um Ungleichheitsstrukturen aufzudecken, wie ein Interviewpartner berichtet: „Die Kollegin von der Stelle für interkulturelle Zusammenarbeit hat mal gefragt, woran es denn liegt, dass ausländische Jugendliche die Berufsausbildung häufiger abbrechen als deutsche Jugendliche. Und irgendwie konnte da keiner die Antwort liefern. Darum habe ich dann in der Folge recherchiert und mir die empirischen Daten dazu besorgt, habe die dann ausgewertet und habe es dann wieder einfließen lassen in das Gremium.“ (I-31: 50)

Der Arbeitskreis „Jugend, Bildung, Beruf“ arbeitet nach dem Konsensprinzip. Man ist offenkundig in erster Linie darum bemüht, sich auf eine gemeinsame Lösung zu einigen. „Es ist ein ganz starkes Anliegen, dass man (...) eine gemeinsame Lösung findet. (...) Es ist kein Streitorgan, ganz im Gegenteil! Ich habe das immer als sehr konsensverpflichtet erlebt.“ (I-29: 116) Entsprechend verzichtet das Gremium auch auf eine Geschäftsordnung und versucht stattdessen in einem offenen Dialog einen Konsens herbeizuführen (I-29: 120).
Die Vorgehensweise des Arbeitskreises besteht darin, dass der komplette Arbeitskreis drei- bis viermal jährlich zusammenkommt und mehrere Unterarbeitskreise existieren, die sich öfter treffen. In den Sitzungen des Arbeitskreises, in dem auch die Leitungsebene zusammenkommt, herrscht nach Ansicht einer Interviewpartnerin aus der Kommunalverwaltung eine spezifische „Besprechungskultur“ vor, in der „Selbstdarstellung eine gewisse Rolle spielt“: „Da stellen sich natürlich die ganzen verschiedenen Gruppen auch dar, die Kammern, die Gewerkschaft usw. Da werden die Probleme nicht so konkret angegangen. Es werden eher Ergebnisse vorgestellt, die man erarbeitet hat. Und es wird auch nicht immer kritisch genug diskutiert.“ (I-26: 40)
Die Zurückhaltung ist ihres Erachtens auch dadurch bedingt, dass man sich vor der Bürgermeisterin keine Blöße geben wolle. Dennoch hält sie den Arbeitskreis für wichtig, um die Führungsebene der verschiedenen Institutionen zusammenzubringen (I-26: 40). Ein anderer Gesprächspartner betont, dass die regelmäßigen Treffen im Arbeitskreis die Verbindlichkeit sichern: „Das ist es, was uns viermal jährlich erneut zusammenschweißt. Wo man dann wieder in die Verantwortung genommen wird. Alles andere läuft natürlich auf Arbeitsebenen, weil man sich ja nicht viermal im Jahr treffen kann und das war's dann“. (I-30: 46)
Die konkrete Arbeit wird in den Unterarbeitskreisen geleistet, deren Teilnehmerzahl deutlich geringer ist. „Wir haben zum Beispiel immer einen Unterarbeitskreis gehabt, … da waren nur das Arbeitsamt, das Jugendamt, das Sozialamt und das Referat für Arbeit und Wirtschaft dabei. Immer so vier bis sechs Leute. (...) Dort haben wir die konkreten Sachen geplant und besprochen. Da hat sich ein guter persönlicher Kontakt ergeben, der die Grundlage dafür war, dass wir einiges auch weitergebracht haben.“ (I-26: 40-42)
Die Ziele, die mit der Arbeit des Arbeitskreises verbunden sind, können in gemeinsame Ziele auf der einen Seite und spezifische bzw. sich potenziell ergänzende Ziele auf der anderen Seite unterschieden werden. Das wichtigste gemeinsame Ziel ist sicherlich – wie die

bisherigen Ausführungen bereits verdeutlicht haben – im Aufbau von effizienten, lösungsorientierten Kooperationsstrukturen zu sehen, die sich nach Ansicht der Interviewpartner mittlerweile mehrfach bewährt haben, was einen vertrauensvollen Umgang miteinander ermöglicht, bei dem Institutions- oder Parteiinteressen in den Hintergrund treten.

Mit vereinten Kräften wird in regelmäßigen Abständen die Ausbildungslage analysiert, um unmittelbar praktische Schlüsse daraus zu ziehen, die als Rahmenvorgaben für die weitere Arbeit in den Unterarbeitskreisen oder Projektgruppen dienen. „Es geht um größere Planungsvorhaben, um Abstimmungen in diesem Bereich. Wir haben dann auch zweimal im Jahr so eine Statuserhebung: Wie sieht es aus? Wo sind eigentlich die größeren Verschiebungen? Dann kann man sich überlegen: Was kann man mit den jeweils zur Verfügung stehenden Mitteln und Ressourcen machen? Und wer macht was?" (I-29: 120)

Dabei treten selbstverständlich auch unterschiedliche Interessenschwerpunkte zutage, beispielsweise zwischen dem Sozialreferat und den Wirtschaftsvertretern, wie ein Vertreter der kommunalen Verwaltung unterstreicht: „Die IHK und die Handwerkskammer vertreten natürlich erst mal die Interessen ihrer Betriebe. Also die nehmen Vorschläge von uns auf, wenn sie mit den Interessen der Betriebe zusammenpassen. Wenn das nicht der Fall ist, dann interessiert sie das auch nicht." (I-26: 104) Er sieht an dieser Stelle klar divergierende Interessen, während es zwischen Arbeitsagentur und Jugendhilfe eine deutlich stärkere Überschneidung der Interessenlage gäbe. Letzteres wird auch von Seiten der Arbeitsagentur bestätigt, die sich in einer vermittelnden „Maklerposition" sieht: „Natürlich haben Wirtschaftsverbände andere Interessen als jetzt zum Beispiel das Jugendamt. Genau da zeigt sich dann die Maklerposition der Agentur, sie muss halt beide Seiten befriedigen." (I-30: 42)

Ein gemeinsames Ziel aller Beteiligten ist in der Abstimmung und Koordination der unterschiedlichen Angebote zu sehen sowie in der gegenseitigen Information über die jeweiligen Aktivitäten. „München hat nicht zu wenige Angebote, es hat zu viele. Deshalb kommt es darauf an, die zusammenzubringen." (I-30: 30) Dadurch dass Ideen zunächst im Arbeitskreis gemeinsam entwickelt werden, bevor sie anschließend in Unterarbeitsgruppen weiter konkretisiert werden, um danach wieder im Arbeitskreis vorgestellt zu werden, wird sichergestellt, dass die verschiedenen Angebote aufeinander abgestimmt sind: „Es ist selten passiert, dass es da zu Überraschungen kam. Dass man gesagt hat: ,Oh, Ihr habt das eingerichtet, das haben wir doch auch schon.' Wir klären vorher ab, ob die Linie richtig ist. Dann wird das Projekt entwickelt und allen vorgestellt, damit zum Beispiel auch die Industrie- und Handelskammer weiß, das ist ein Berufsorientierungsprojekt, das es an so und so viel Schulen gibt." (I-30: 26)

Doch es geht nicht nur um die Verbesserung der Informationslage nach innen, sondern auch um die Kommunikation nach außen: „Es hilft nicht, dass nur wir über Projekte wissen, man muss es auch irgendwo nachschlagen können. So eine Nachschlagemöglichkeit soll nicht nur der Fachmann haben, sondern das muss ja auch das Jugendzentrum oder der Lehrer benutzen können." (I-30: 30) Aus diesem Grund soll eine Homepage laufend aktualisiert werden, die Informationen zu Angeboten bereithält.

Die institutionelle Ausgestaltung der Berufsbildungspolitik 131

Tabelle 5-9: Der Arbeitskreis „Jugend, Bildung, Beruf" in München

Gründung	1994
Organisatorische Anbindung	Vorsitz: zweite Bürgermeisterin Koordination: Referat für Arbeit und Wirtschaft
Mitglieder	Führungsebene; geschlossene Mitgliederstruktur
Mitgliedsinstitutionen	Agentur für Arbeit, Kommunalverwaltung (Schulreferat, Referat für Arbeit und Wirtschaft, Sozialreferat, Stelle für interkulturelle Arbeit), staatliches Schulamt, Kommunalpolitik, Ausländerbeirat, Wirtschaftsvertreter (Arbeitgeber und Arbeitnehmer), freie Träger, Deutsches Jugendinstitut
Arbeitsweise	Konsensprinzip
Arbeitsstruktur	Arbeitskreis und Unterarbeitskreise
Zielsetzungen	Analyse des Status quo, Identifizierung von Handlungsbedarf, Rahmenvorgaben für Projekte, Abstimmung und Koordination, Öffentlichkeitsarbeit

5.4.2 Das Netzwerk „Jugend und Arbeit" in Frankfurt a. M.

Das Netzwerk „Jugend und Arbeit" in Frankfurt a. M. ist ein Gremium, das im Jahr 2004 gegründet wurde. Es operiert in Abstimmung mit der Ständigen Wirtschafts- und Arbeitsmarktkonferenz (SWAK). Auf der Homepage der IHK wurde das Netzwerk folgendermaßen präsentiert: „Im Netzwerk ‚Jugend und Arbeit Frankfurt' sind alle Akteure des Arbeitsfeldes vertreten. Es ist ein Forum für fachliche Diskussionen, Abstimmung von wesentlichen Positionen, Weiterentwicklung und Bearbeitung inhaltlicher und organisatorischer Fragen. (...) Eine wichtige Aufgabe ist die Umsetzung der Standards sowie die Entwicklung und Abstimmung von neuen Konzepten und Maßnahmen. Neue Projekte werden eingebracht und in die Systematik integriert. Das Netzwerk moderiert den Prozess, entwickelt Entscheidungshilfen, berät die Entscheider und berichtet über den Stand der Entwicklung und über die Ergebnisse. Die ständige Wirtschafts- und Arbeitsmarktkonferenz kann gezielt Aufträge an das Netzwerk formulieren."[28]

Anlass der Gründung des Netzwerks „Jugend und Arbeit" dürfte nach Auskunft einiger Interviewpartner eine Studie zur Situation von Schulabgängern gewesen sein, die vom staatlichen Schulamt erstellt wurde. Demnach mündete offensichtlich nur ein ziemlich geringer Teil der Schulabgänger in den normalen Ausbildungsmarkt: „Bei dieser Untersuchung stellte sich heraus, dass nur ein Drittel aller Jugendlichen überhaupt direkt in Ausbildung geht. Und selbst diejenigen, die in eine Maßnahme der Arbeitsagentur oder in eine Vollzeitklasse der beruflichen Schulen gehen, selbst die landen dann hinterher nicht alle in Ausbildung, sondern drehen eine weitere Warteschleife. Das war die Ausgangslage, die in die Ständige Arbeitsmarktkonferenz hineingetragen wurde." (I-32: 33)

Die Konfrontation mit dieser Erkenntnis scheint letztlich der Anlass dafür gewesen zu sein, das Netzwerk zu gründen. Der genaue Vorgang bleibt etwas unklar, da die Gesprächspartner zumindest in Teilen voneinander abweichende Versionen präsentieren. Ein Vertreter der Kommunalverwaltung aus dem Bereich Wirtschaftsförderung schildert den Hergang als „das Resultat der Diskussion der Ständigen Wirtschafts- und Arbeitsmarktkonferenz unter dem Vorsitz des Oberbürgermeisters. Dort versammeln sich alle wirtschaftspolitischen Akteure, bzw. alle gesellschaftspolitischen Akteure, weil da auch Kirchen drin [sind]. Insgesamt 30 bis 40 Institutionen. Das eigentliche Arbeitsgremium der SWAK ist der Arbeitsausschuss,

---

28 Vgl. http://www.frankfurt-main.ihk.de/cgi-bin/druck.pl?file=/berufsbildung/marktplatz/projekte/netzwerk_jugend_arbeit/rahmenkon zept/index.html [Zugriff am: 07.08.2008].

wo auch die Entscheidungsträger mit dem Portemonnaie sitzen. Und in diesem Arbeitsausschuss wurde zum ersten Mal diskutiert, was können wir denn machen, um für Jugendliche den Übergang ins Erwerbsleben zu verbessern. Das fing damit an, dass dort mal das staatliche Schulamt vorgestellt hat, wie viel Jugendliche eigentlich in der Berufsschule geparkt werden mit Berufsvorbereitungsjahr usw. Eine relativ wuchtige Zahl. Und dann ging der Auftrag an die Wirtschaftsförderung, sich etwas einfallen zu lassen." (I-37: 19) Den Aufbau des Netzwerks scheint demzufolge die Kommune vorangetrieben zu haben.

Dagegen hebt eine Vertreterin der Arbeitsverwaltung die besondere Rolle der Berufsberatung hervor: „Warum dieses Netzwerk überhaupt entstanden ist? Das war auf Initiative der damaligen Abteilungsleiterin Berufsberatung. Die hat das Netzwerk ins Leben gerufen und zwar in Zusammenhang mit dem Modellprojekt ‚Neue Förderstrukturen für benachteiligte Jugendliche'." (I-36: 86) Die Notwendigkeit, das Netzwerk zu gründen, ergab sich aufgrund der tief greifenden strukturellen Veränderungen und einem daraus resultierenden Bedarf, einen besseren Überblick über neue Konzepte und Verordnungen zu geben: „Um für das staatliche Schulamt, für das Stadtschulamt, für die Industrie- und Handelskammer und für das Jugendsozialamt die Transparenz herzustellen, was wird da jetzt eigentlich gemacht in Frankfurt, hat die Abteilungsleiterin Berufsberatung gesagt: ‚Okay, wir müssen selbst was machen, wo ein Austausch stattfindet, damit wir wissen, was wird eigentlich im Moment in Frankfurt gemacht?' Das war eigentlich so die Initiative, und daraus ist das Netzwerk ‚Jugend und Arbeit' entstanden." (I-36: 86)

Zu den Mitgliedern des Netzwerks „Jugend und Arbeit" zählen laut Internetpräsentation die Arbeitsagentur sowie die Arbeitgeber- und Arbeitnehmervertreter (IHK und Handwerkskammer sowie DGB und Hessen Metall). Daneben ist die Kommunalverwaltung mit dem Jugend- und Sozialamt, dem Stadtschulamt und der Wirtschaftsförderung vertreten. Hinzu kommt das Staatliche Schulamt für die Stadt Frankfurt a. M. Des Weiteren gehören dem Netzwerk diverse Trägerinstitutionen an (Gesellschaft für Jugendbeschäftigung, Trägerverbund MOVE, Werkstatt Frankfurt e.V., Zentrum für Weiterbildung GmbH) sowie die Fachhochschule Frankfurt a. M.[29]

Eine Interviewpartnerin, die diesem Gremium angehört, beschreibt es als „ein institutionalisiertes Netzwerk, geleitet von der Wirtschaftsförderung Frankfurt, einer Tochter-GmbH der Stadt Frankfurt. In diesem Netzwerk sitzen alle Institutionen, die mit Jugendlichen zu tun haben, also von der Jugendhilfe über das Arbeitsamt, das staatliche Schulamt, das städtische Schulamt, IHK, Handwerkskammer und was es da alles noch so gibt." (I-32: 21)

Ähnlich die Charakterisierung durch ein anderes Mitglied des Netzwerkes: „Das Netzwerk ‚Jugend und Arbeit' setzt sich aus Agentur, Rhein-Main-Jobcenter, Jugendsozialamt, Amt für Wirtschaftsförderung der Stadt Frankfurt, dem staatlichen und städtischen Schulamt und dem deutschen Gewerkschaftsbund zusammen. Und die Kammern sind noch dabei, die IHK und die Handelskammern. Die sagen: ‚Wir bündeln hier alles, was Jugend und Arbeit und den Übergang Schule- Beruf und Arbeitsmarkt betrifft.'" (I-36: 50)

Interessanterweise fehlen in beiden Aufzählungen die Trägerinstitutionen, die ebenfalls im Netzwerk vertreten sind. Das mag ein belangloser Zufall sein, der jedoch dadurch die Aufmerksamkeit auf sich zieht, dass eine integrationspolitische Akteurin der Kommunalverwaltung, die nicht im Netzwerk vertreten ist, die Beteiligung der Trägerinstitutionen wie folgt kritisiert: „Dieses Netzwerk ‚Jugend und Arbeit' hat sich, ich weiß nicht aus welchen kommunalpolitischen Dynamiken heraus, gebildet. Da sitzen jetzt nun irgendwie alle drin,

---

29 Vgl. http://www.frankfurt-main.ihk.de/cgi-bin/druck.pl?file=/berufsbildung/marktplatz/projekte/netzwerk_jugend_arbeit/mitwir kende/index.html [Zugriff am: 07.08.2008]

Die institutionelle Ausgestaltung der Berufsbildungspolitik 133

die in diesem Markt Geld zu verteilen oder zu nehmen haben (...) vor allen Dingen Träger, Träger, Träger. (...) Also ich bin immer sehr skeptisch, wenn die Träger drin sind. Weil dann wird nur trägerbezogen hin- und hergeschachert. Und es wird eigentlich gar kein ehrliches Wort mehr geredet." (I-07: 84-88)

Die Netzwerkzusammensetzung scheint relativ fest zu sein. Ein Mitglied bezeichnet den Teilnehmerkreis als „geschlossen". Zwar gäbe es im Prinzip noch Spielraum, doch seines Erachtens passt die Zusammensetzung: „Wir diskutieren auch immer, wenn sich was Neues tut, aber eigentlich haben die das ziemlich flächendeckend besetzt." (I-37: 28)

Weitaus kritischer ist dagegen die Sicht der bereits zitierten, integrationspolitischen Akteurin, die sich darum bemüht, in das Netzwerk aufgenommen zu werden, damit auch ihre Anliegen Berücksichtigung finden: „Ich versuche jetzt seit Wochen, da reinzugehen, (...) also für mich ist das vor allem eine symbolische Geschichte, da rein zu kommen (...) Da wird Geld verteilt, da werden Kontakte aufrecht gehalten und gepflegt, darüber passiert ganz viel. Das ist doch immer so, wenn ich nicht drin bin im Spiel, kennt mich keiner." Sie äußert ihr Unverständnis darüber, dass sie – obwohl ihr Amt Teil der Kommunalverwaltung ist, ausgeschlossen wird: „Ich bin ja kein Träger, sondern eine Unterabteilung der Stadt." (I-07: 84-88)

Die grundlegende Zielsetzung des Arbeitskreises umreißt ein Vertreter des kommunalen Wirtschaftsdezernats mittels einer Metapher: „Das ist am besten damit vergleichbar, wenn Sie - wie es in Kanada üblich ist - viele Baumstämme in einen Fluss schmeißen. Das geht erst auch ziemlich durcheinander. Und irgendwann mal kommt die Situation, wo die Stämme alle parallel sind. So etwa ist es als Bild zu verstehen, wenn man sagt, die Funktion dieses Netzwerks besteht darin, dass die Sache dann etwas homogener wird. Wobei das nicht bedeutet, dass es nicht auch noch Ausreißer gibt." (I-37: 21) Er baut darauf, dass ein „Wir-Gefühl" und damit ein gewisser Gruppendruck entsteht, so dass ein Normierungseffekt eintritt und „es letztendlich wirkt als ob die Politik aus einer Hand käme, obwohl sie von ganz verschiedenen Organisationen stammt." (I-37: 21)

Die Motivation der Mitglieder, sich im Netzwerk zu engagieren, basiert seiner Ansicht nach nicht zuletzt darauf, dass die Erwartung besteht, zu einem späteren Zeitpunkt würde das Netzwerk über die Mittelvergabe entscheiden: „Viele sind ja in dem Netzwerk drin, um nichts zu versäumen. Da geht es ja um Gelder. Nicht, weil wir die vergeben, sondern es wird ja so sein, dass das Netzwerk nicht nur ein Diskussionsklub bleibt, sondern dass es mal mehr wird. Wir sind ja inzwischen akkreditiert bei der SWAK und sollen an diesem Thema weiterarbeiten. Das ist ein offizieller Auftrag an all derjenigen, die sich mit Wirtschafts- und Arbeitsmarktpolitik in Frankfurt befassen." (I-37: 21)

Grundsätzlich liegt der Fokus des Netzwerkes auf einer mittel- bis längerfristigen Handlungsperspektive und bei der Entwicklung strategischer Leitlinien. Falls kurzfristige Angelegenheiten zu erledigen sind, werden sie in Unterarbeitsgruppen verlagert: „Das Netzwerk soll eigentlich längerfristig agieren und wirken. Es soll schon schauen, dass es mittelfristig irgendwelche Ergebnisse erzielt, aber keine aktuellen Projekte in Angriff nehmen. Das geschieht dann in Untergruppen." (I-32: 53)

Eine der ersten gemeinsamen Aufgaben, die das Netzwerk in Angriff genommen hat, bestand darin, sich einen Überblick über alle Projekte zu verschaffen, die es im Bereich Jugend und Bildung in Frankfurt gibt. Dieser Überblick sollte im Internet veröffentlicht werden. Daneben wurde ein Rahmenkonzept entwickelt, welches mittlerweile bei der Konzeption weiterer Projekte als Grundlage herangezogen werden muss. „Aber es ist ein ziemliches Sammelsurium. Das kann man überhaupt nicht koordinieren. Deswegen haben wir eben dieses Rahmenkonzept als Arbeitsgrundlage entwickelt, wo sich jede Organisation in ihrem

Bereich mit ihren Zielsetzungen, mit ihrer Konzipierung von Maßnahmen daran orientieren soll. Das ist ein erster Schritt auf einem langen Weg, wo wir einfach hoffen, dass wir in ein paar Jahren zu etwas übersichtlicheren Strukturen, vor allem leistungsfähigeren Strukturen kommen." (I-37: 21)

Eine der gemeinsamen Aufgaben darin, Projekte zu begutachten: „Da schaut man, passen die zu uns, passen die nicht zu uns. Und die werden sozusagen gemeinsam genehmigt." (I-32: 49) In Frankfurt werden „nur Projekte [gefördert], die in diesem Netzwerk vorgestellt werden. Das heißt, die Verzettelung, die es andernorts gibt, dass die eine Institution den einen fördert und die andere Institution auch in derselben Region jemand anders fördert, mit ähnlichen Zielrichtungen, aber eben ohne Synergieeffekte, die gibt es hier nicht mehr." (I-32: 21)

Daneben ging es zum Erhebungszeitpunkt darum, eine Berufsbildungsmesse zu organisieren, welche mit einer Fachtagung verbunden werden sollte, die sich dezidiert mit der Zielgruppe „Jugendliche mit Migrationshintergrund" befasst. „Die Initiative kam vom Netzwerk. Wir wollen auch wirklich die ganzen Akteure einladen, die operativen Akteure am Ausbildungs- und Arbeitsmarkt und in den Schulen, und Referenten dazuholen, die berichten können." (I-36: 86)

Für die verschiedenen Akteure entsteht durch die Arbeit im Netzwerk ein Effizienzgewinn. Denn Entscheidungen über Projektvorhaben können unmittelbar getroffen werden, da alle wichtigen Akteure an einem Tisch sitzen. So berichtet etwa eine Vertreterin der Arbeitsverwaltung: "Das ist für mich auch deshalb sinnvoll, weil dort neue Projekte vorgestellt werden. Der Träger kommt dorthin und berichtet. Der läuft nicht von einer Einrichtung zur nächsten und stellt jedes Mal das Gleiche vor. Wenn er nur zu mir käme und mir sein Projekt vorstellt, dann muss ich sagen: ‚Ja, ich könnte mir das vorstellen, aber das müsste ich jetzt erst noch mal besprechen mit dem, mit dem, mit dem, mit dem' und so weiter. Und so haben wir es gebündelt, wir können es gleich besprechen und gegebenenfalls auch eine Entscheidung treffen und sagen: ‚Das geben wir in die Fachgruppe, das in die Untergruppe'. So werde ich ein Stück weit entlastet durch das Netzwerk, weil die Sachen dort einfach zusammenlaufen, es wird konsolidiert, es kann besprochen und entschieden werden: ‚das geht' oder ‚das geht nicht' und fertig. Ja, also das ist relativ einfach auch für uns." (I-36: 106)

Die Kooperation der zentralen Akteure hat darüber hinaus den Vorteil, dass man lernt, sich gegenseitig einzuschätzen und dadurch effizienter handeln kann, weil man weiß, an wen man sich mit bestimmten Anliegen am besten wendet: „Ich weiß dann auch, wie denkt der darüber, welche Argumente bringt denn die IHK mit ein, welche Argumente bringt die Stadt Frankfurt ein, d.h. ich weiß dann auch gleich, wo ist die Position der anderen Institutionen hier vor Ort. Ich muss mich nicht erst noch mal schlau fragen: ‚Wer könnte mir da weiterhelfen?', ‚Wer ist da der Entscheidungsträger?' und und und." (I-36: 106)

Ein eindeutiger Fall dafür, dass das Netzwerk genutzt wird, um effizient zu agieren, ist das Beispiel der sog. Jugendkonferenz, die der Arbeitsverwaltung gesetzlich vorgeschrieben ist: „Das Netzwerk ist gleichzeitig unsere Jugendkonferenz, die aus dem SGB II-Bereich gefordert ist." (I-36: 106)

Bei der Organisation der gemeinsamen Arbeit im Netzwerk „Jugend und Arbeit" wird darauf geachtet, sich nicht mit operativen Aufgaben zu überfrachten oder zu weit in die spezifischen Arbeitsbereiche der diversen Akteure vorzudringen. Dafür gibt es entweder Unterarbeitskreise oder aber die inhaltliche Arbeit wird unmittelbar in den Mitgliedsorganisationen geleistet. „Es kommt ab und zu mal vor, dass man bei einem Problemfall diskutiert, wie man das am besten aufdröselt, aber in der Regel bleibt es den Organisationen überlassen. Es geht im Netzwerk um diese gemeinsame Ausrichtung, wie Baumstämme, dass die parallel gehen

Die institutionelle Ausgestaltung der Berufsbildungspolitik

und dann hat man eigentlich schon unser Ziel erreicht. Denn der nächste Schritt würde ja ... wirklich ganz offenkundig in die Kompetenzebene und Organisation eingreifen, und das ist dann nicht legitimiert. Dafür hat niemand den Auftrag. Wir sind quasi ein interessengeleitetes Netzwerk, das darauf hofft, über eine bessere Abstimmung und Koordination mehr Boden-haftung zu erzeugen und bestimmte Prioritäten zu setzen." (I-37: 44)

Ein Beispiel für die Arbeit in untergeordneten Arbeitsgruppen betrifft die Evaluation von Maßnahmen. Hier zeigt sich auch, in welcher hierarchischen Abfolge man mit den unter-schiedlichen Arbeitsschritten umgeht: „In der Arbeitsgruppe ‚Erfolgsbeobachtung von Maß-nahmen' sind die Kollegen vom Jugendsozialamt, vom Rhein-Main-Jobcenter, das staatliche Schulamt und die Arbeitsagentur. Wir haben uns separat getroffen und haben die Erfolgsbe-obachtung festgelegt und beschrieben, wie man die handhaben kann. Das tragen wir dann wieder ins Netzwerk rein. Und dann entschließt sich das Netzwerk: ‚Wie gehen wir jetzt da-mit um? Verfolgen wir das weiter? Wird noch mal weiter in die Tiefe gegangen?" (I-36: 98)

Die gemeinsame Arbeit ist von einem impliziten Konsensprinzip geprägt, an das sich offensichtlich alle halten. Sollte dennoch einmal keine Einigkeit erzielt werden, werden The-men möglicherweise eher vertagt als konflikthaft diskutiert. Zumindest lässt sich die folgen-de Schilderung so interpretieren. „Also das gab es eigentlich noch nicht, dass man gesagt hat, ‚nein, ich bin nicht damit einverstanden.' Es gab aber durchaus Situationen, wo man sagt, ‚na, so ganz glücklich finde ich das nicht.' Oder neulich habe ich ein Projekt abgelehnt, allerdings war ich da auch nicht alleine, obwohl meine Argumente andere waren als die der anderen. Aber man hat sich schließlich dahin gehend geeinigt, dass wir gesagt haben: ‚Okay, das Projekt ist interessant, aber wir stellen es im Moment zurück.'" (I-36: 94)

Eine andere Strategie, mit Uneinigkeit umzugehen, besteht darin, die Angelegenheit in eine Unterarbeitsgruppe zu verlagern, damit dort nach einer Lösung für die strittigen Punkte gesucht wird: „Also man hat beispielsweise gesagt: ‚Wir sollten das und das anleiern, aber wir geben das erst mal in Arbeitsgruppen. Bitte arbeitet das noch mal genauer aus, in den operativen Bereichen.' Und dann wird ohnehin schon Pro und Kontra abgewogen bzw. dar-gelegt, und dann fällt es dem Netzwerk auch nicht so schwer, eine einheitliche Entscheidung zu treffen." (I-36: 94)

In Bezug auf die Themenstellung dieser Arbeit ist besonders zu bemerken, dass das Netzwerk - in dem, wie bereits vermerkt, keine integrationspolitischen Akteure vertreten sind - sich offensichtlich darauf geeinigt hat, das Thema Migrantenjugendliche nicht gesondert zu behandeln, wie eine Interviewpartnerin bemerkt, die allerdings selbst bei der entsprechend Sitzung nicht zugegen war: „Das Netzwerk sagt, wir machen nichts speziell für Migranten. Migranten sollen ja vor dem Gesichtspunkt der Integration behandelt werden wie Deutsche auch. Und es gibt auch genügend deutsche Schüler, die katastrophal schlecht sind." (I-32: 105) Wenn die IHK, die von dieser Interviewpartnerin vertreten wird, mit integrationspoli-tischen Akteuren kooperiert, dann findet diese Kooperation außerhalb des Netzwerkes statt (I-32: 105).

136 Integrations- und Berufsbildungspolitik auf kommunaler Ebene

Tabelle 5-10: Das Netzwerk „Jugend und Arbeit" in Frankfurt a. M.

Gründung	2004
Organisatorische Anbindung	Beauftragt durch: Ständige Wirtschafts- und Arbeitsmarktkonferenz Koordination: Wirtschaftsförderung
Mitglieder	Mittlere Führungsebene; geschlossene Mitgliederstruktur
Mitgliedsinstitutionen	Agentur für Arbeit, Kommunalverwaltung (Stadtschulamt, Jugend- und Sozialamt, Wirtschaftsförderung), staatliches Schulamt, Wirtschaftsvertreter (Arbeitgeber und Arbeitnehmer), freie Träger, Fachhochschule Frankfurt
Arbeitsweise	Konsensprinzip
Arbeitsstruktur	Netzwerksplenum und Unterarbeitsgruppen
Zielsetzungen	Entwicklung von Entscheidungshilfen, Beratung von Entscheidern, Entwicklung strategischer Leitlinien, Rahmenvorgaben, Begutachtung von Projekten Abstimmung und Koordination, Öffentlichkeitsarbeit

5.4.3 Zwischenfazit

Ein Vergleich der beiden Gremien, die in München und Frankfurt a. M., die zentrale Position im Bereich der Ausbildungsförderung besetzen, lenkt das Augenmerk zunächst auf das unterschiedliche Alter. Während der Arbeitskreis „Jugend, Bildung, Beruf" in München bereits seit längerer Zeit etabliert ist, handelt es sich beim Netzwerk „Jugend und Arbeit" in Frankfurt a. M. um ein Gremium, das sich zum Erhebungszeitpunkt noch in der Aufbauphase befand. Ein weiterer augenfälliger Unterschied ist die unterschiedliche Entscheidungsbefugnis. Während der Münchner Arbeitskreis mit der Führungsebene der Mitgliedsinstitutionen besetzt ist, sitzt diese in Frankfurt nicht im Netzwerk „Jugend und Arbeit", sondern in dem Gremium, das das Netzwerk beauftragt: die ständige Wirtschafts- und Arbeitsmarktkonferenz (SWAK). Im Netzwerk ist die zweite Führungsebene vertreten. Die Entscheidungsbefugnis des Netzwerkes ist daher tendenziell niedriger einzustufen als die des Münchner Arbeitskreises.

Beim Vergleich der Gremien, die in beiden Kommunen in der Ausbildungsförderung engagiert sind, interessiert im Rahmen dieser Untersuchung natürlich in erster Linie, wie die Thematik des Übergangs von Jugendlichen mit Migrationshintergrund in die berufliche Erstausbildung aufgegriffen wird. Hinsichtlich dieser Frage fällt zunächst auf, dass nur in München integrationspolitische Akteure im zentralen berufsbildungspolitischen Gremium vertreten sind. In Frankfurt dagegen scheinen die Reihen der aktuellen Mitglieder so geschlossen, dass integrationspolitischen Akteuren, die sich um eine Mitgliedschaft bemühen, der Eintritt zum Erhebungszeitpunkt noch verweigert war.

Wie sich im Münchner Arbeitskreis „Jugend, Bildung, Beruf" beobachten lässt, übernehmen die integrationspolitischen Akteure eine deutliche Lobbyfunktion für Jugendliche mit Migrationshintergrund und reklamieren Chancengerechtigkeit. Im Frankfurter Netzwerk „Jugend und Arbeit" scheint man dagegen übereingekommen zu sein, die Situation der Jugendlichen mit Migrationshintergrund nicht gesondert, sondern im Zusammenhang mit der Situation von niedrig qualifizierten Jugendlichen zu behandeln.

Ein Hintergrundfaktor für diese unterschiedliche Vorgehensweise könnte der unterschiedliche integrationspolitische Ansatz sein. In München wird Integration dezidiert als Querschnittsaufgabe definiert, was folgerichtig mit einer Vertretung integrationspolitischer Akteure in allen ihnen relevant erscheinenden Gremien einhergehen müsste. Allerdings wäre es wohl zu weit gegriffen, im Umkehrschluss davon auszugehen, dass im Frankfurter Fall der zentralistische Integrationsansatz, bei dem das Amt für multikulturelle Angelegenheiten

Kommunale Entscheidungsträger und ihre Situationswahrnehmung

eine Schlüsselposition einnimmt, dafür verantwortlich ist, dass im Netzwerk „Jugend und Arbeit" keine integrationspolitischen Akteure vertreten sind. Denn analog zur Stelle für interkulturelle Arbeit in München hat auch das AmkA die Zielsetzung, auf Akteure aus anderen relevanten Bereich einzuwirken, um Chancengleichheit für Einwohner mit Migrationshintergrund zu erzielen.

5.5 Kommunale Entscheidungsträger und ihre Situationswahrnehmung

Nach der Betrachtung der institutionellen Strukturen in den kommunalen Politikfeldern Integration und Berufsbildung soll nun danach gefragt werden, wie die Entscheidungsträger die Problematik des Übergangs Schule-Ausbildung eigentlich einschätzen. Was kennzeichnet die Problemlage ihrer Meinung nach und wer ist wofür verantwortlich? Die von ihnen artikulierten Vorannahmen fließen letztendlich, wenn auch unter Umständen eher implizit als offen, in ihre strategischen Entscheidungen ein und bilden damit einen wichtigen Ausgangspunkt für die konkrete Umsetzung von Programmen und Maßnahmen, die im darauf folgenden Abschnitt analysiert werden.

Zunächst soll dargelegt werden, welche Bilder die relevanten Akteure von niedrig qualifizierten Jugendlichen mit Migrationshintergrund in den Interviews zeichnen und welchen Einfluss sie dabei den Sozialisationsinstanzen Elternhaus und Schule zuschreiben. Ebenso wichtig erscheint es zu untersuchen, wie die Entscheidungsträger die Gelegenheitsstrukturen auf dem Ausbildungsmarkt beurteilen, mit denen die Jugendlichen konfrontiert sind.

Interviewaussagen zu diesen Themen sind oft in Schilderungen über Problemlagen eingebettet. Sie werden von den Interviewten meist angeführt, um zu veranschaulichen bzw. zu begründen, warum die Integration Jugendlichen mit niedriger schulischer Qualifikation und Migrationshintergrund in den Ausbildungsmarkt häufig scheitert bzw. warum trotz zahlreicher Programme und Maßnahmen nur geringe Erfolge zu verzeichnen sind. Als wesentliche Hindernisse werden hierfür drei Faktoren angeführt: die rasante Entwicklung der wirtschaftlichen Situation, die Realitätsferne der Schulen und die großen Defizite auf Seite der Migranten, sowohl bei den Jugendlichen als auch bei deren Eltern.

Den folgenden Ausführungen liegen Interviews mit Entscheidungsträgern aus München und Frankfurt zugrunde, die zum Zeitpunkt der Datenerhebung entweder im ausbildungsbezogenen oder im integrationspolitischen Bereich aktiv gewesen sind.

5.5.1 Einschätzung des Ausbildungsmarkts

Fragt man die Entscheidungsträger danach, wie sie die Entwicklung des Ausbildungsmarktes und die Möglichkeiten niedrig qualifizierter Jugendlicher beurteilen, fällt das Urteil reichlich ernüchternd aus. Zwar heben die einzelnen Interviewpartner jeweils unterschiedliche Aspekte besonders hervor, doch das Resümee läuft immer darauf hinaus, dass ein gewisser Teil der Jugendlichen angesichts der vorherrschenden Marktmechanismen ohne Ausbildung bleiben wird, falls nicht wider Erwarten grundlegende Veränderungen eintreten sollten.

Globalisierung und Strukturwandel sind aus Sicht der Interviewpartner die ausschlaggebenden Makroentwicklungen, die mit einer Reduzierung von Ausbildungsstellen und einer Neuausrichtung von Ausbildungsanforderungen einhergehen. Die Globalisierung wird für eine De-Industrialisierung westlicher Großstädte wie Frankfurt und München verantwortlich gemacht, weil aufgrund der Globalisierung nach Einschätzung eines Gesprächspartners die wirtschaftlichen Gewinnmöglichkeiten im Bereich der Bodenspekulation weitaus höher sind als im Bereich der Produktion (I-37: 107). Dieser De-Industrialisierung fallen insbesondere die Großbetriebe zum Opfer, „die traditionell immer weit über den eigenen Bedarf hinaus ausgebildet haben." Daneben existiert ein Teil dieser Großbetriebe zwar weiter, wurde jedoch im Zuge der Globalisierung von ausländischen Firmen übernommen, die ohne lokalen Bezug agieren und entsprechend auch keine „Verantwortung dafür übernehmen, dass man die Jugend ausbildet." Der Interviewte sieht diese Rahmenbedingungen als ausschlaggebend dafür an, dass die vielfältigen Bemühungen, mit ausbildungsfördernden Maßnahmen möglichst allen Jugendlichen eine Ausbildung zu ermöglichen, relativ erfolglos bleiben. „Streng genommen gibt es eine Überversorgung dieser Problemgruppe und das, was im Resultat rauskommt, ist trotzdem eine vierstellige Zahl von arbeitslosen Jugendlichen oder Jugendlichen, die keine Chance haben, ins Berufsleben einzusteigen." (I-37: 68)

Der globale Wettbewerb ist zudem nach Ansicht der Interviewpartner ein wesentlicher Faktor dafür, dass sich die Anforderungen an Auszubildende eklatant verändert haben. „Alle Ausbildungsberufe haben die Anforderungen drastisch erhöht in den letzten Jahren. Bei allen gibt es Erneuerungen in den Ausbildungsrichtlinien." (I-27: 208) Das führt dazu, dass sich die Differenz zwischen dem gewerblich-technischen Bereich und dem kaufmännischen Bereich hinsichtlich der Anforderungen an die Auszubildenden verringert. „Die Anforderungen an Jugendliche in gewerblich-technischen und kaufmännischen Berufen könnte man mittlerweile als gleich ansehen: sie haben in beiden Berufsfeldern die Anforderung, dass sie ständig dazu lernen müssen. Auch bei gewerblich-technischen Berufen müssen sie inzwischen Englisch können, sich mit dem PC auskennen und kommunizieren können. Gerade im Bereich Mechatroniker oder in den IT-Berufen müssen sie Projektarbeiten erledigen, und dafür müssen sie auch formulieren können. Insofern sind da die Unterschiede nicht sehr groß. Natürlich haben wir hier ein breites Angebot an Dienstleistungsberufen, aber da sind die Anforderungen durchweg ähnlich, also insofern kann man nur sagen, müssen Sie sich auf die neue Welt einstellen." (I-32: 89)

Mit diesen gewandelten Anforderungen ist nach Ansicht der interviewten Entscheidungsträger ein gewisser Prozentsatz der Jugendlichen eindeutig überfordert. Zum einen bringen viele die geforderten Voraussetzungen nicht mit und zum anderen sind viele sich gar nicht darüber im Klaren, wie stark sich die Anforderungen gewandelt haben. „Also diesen Wandel der Arbeit und ihrer Anforderungen kriegen die Leute nicht mit – weder die mit Migrationshintergrund noch die anderen. Und die sozial Schwächeren sind besonders schlecht dran, weil sie natürlich auch in sozialen Verhältnissen aufwachsen, in denen der Zugang zur Arbeit und damit die Einblicksmöglichkeiten in Arbeit und ihren Wandel am wenigsten gegeben sind. So dass wir wachsende Anteile der Bevölkerung haben, deren soziale Integration nicht mehr gelingt, weil sie sich ihre wirtschaftliche Existenz nicht mit Erwerbsarbeit sichern können." (I-23: 34)

Somit erkläre sich die zunächst paradox scheinende Situation, dass jedes Jahr sowohl in Frankfurt als auch in München etliche Jugendliche keinen Ausbildungsplatz finden, während gleichzeitig in etwa die gleiche Zahl an Ausbildungsplätzen entweder nicht besetzt werden könne oder aber an Auszubildende aus dem Umland oder aus anderen Bundesländern vergeben werde. Innerhalb der Kommune sei es nicht möglich, ein optimales Matching zu erzielen, so die befragten Experten. Dabei bestünden die Schwierigkeiten nicht ausschließlich darin, dass die betrieblichen Anforderungen und die Ressourcen der Jugendlichen nicht zueinander passten, sondern auch darin, dass die Informationen über veränderte Berufsbilder nicht ausreichend vorhanden seien. Der Kenntnisstand, den die Jugendlichen von den Berufen

Kommunale Entscheidungsträger und ihre Situationswahrnehmung

hätten, beziehe sich auf einen Zustand, den es mittlerweile gar nicht mehr gebe. „Der Wandel der Arbeit hat eine Dimension erreicht, die von den jungen Leuten nicht mehr wahrgenommen wird. Das lässt sich an einem Beispiel [zeigen]: BMW hatte vor ein paar Jahren riesige Schwierigkeiten, Lagerfacharbeiter zu finden und Auszubildende dafür. Das Problem war, dass ein Lagerfacharbeiter heute nicht mehr der Dödel ist, der im Lager sitzt und wartet, dass einer kommt und was will und er das dann aus dem Regal holt, sich das quittieren lässt, die Quittungen in eine Schublade legt, usw. Nein, der muss inzwischen ein hoch kompliziertes Management betreiben. Das ist eine Qualifikation wie beim Industriekaufmann." (I-23: 33) Da das neue Berufsbild – das sich auch in einer geänderten Berufsbezeichnung ausdrückte – bei der Zielgruppe, die BMW für die Besetzung dieser Ausbildungsplätze im Auge hatte, nicht ausreichend bekannt gewesen wäre, hätte es kaum Nachfrage von qualifizierten Bewerbern gegeben. Dagegen hätten diejenigen, die sich bewarben, nicht die erforderlichen Qualifikationen mitgebracht (I-23: 33).

5.5.2 Non scholae, sed vitae – Kritik an der Realitätsferne der Schule

Aus den Gesprächen mit Entscheidungsträgern im berufsbildungspolitischen Bereich wird deutlich, dass die Schule in ihren Augen hinter der rasanten gesellschaftlichen Entwicklung auf dem Arbeits- und Ausbildungsmarkt hinterherhinkt. Integrationspolitisch Verantwortliche verweisen daneben auf segregationsfördernde Auswirkungen des derzeitigen Schulsystems. Beide Argumentationsstränge treffen sich in ihrer Kritik an der Realitätsferne der Schulen. „Non scholae, sed vitae" lautet ihre implizite Forderung. Wobei sich *vitae*, d. h. für das Leben, einerseits konkret auf die Integration in den Arbeits- und Ausbildungsmarkt bezieht und andererseits in einem weiteren Sinn auf die allgemeine gesellschaftliche Integration.

Beispielsweise beklagt ein berufspolitischer Entscheidungsträger aus München, dass trotz der „fantastischen Voraussetzungen" auf dem Ausbildungsmarkt jährlich über 2000 Jugendliche in berufsbildende Maßnahmen einmünden. Da auch die positive Konjunktur keinen Rückgang dieser Zahl bewirke, scheint ihm klar, dass das Problem nicht auf der Nachfrage- sondern auf der Angebotsseite zu suchen ist: „Unsere Systeme, unser Schulsystem in erster Linie, und die ganzen vorgelagerten Instanzen produzieren Jugendliche, die diesem Ausbildungssystem nicht mehr gewachsen sind. Das ist das Problem!" Daher vertritt er die Meinung „Schule muss sich verändern - und zwar ganz gewaltig!" Dagegen lehnt er es ab, an die Betriebe zu appellieren, sich bei der Rekrutierung von Auszubildenden toleranter zu zeigen. Das sei betriebswirtschaftlich nicht vertretbar. „Ein Betrieb kann nur mit den Jugendlichen arbeiten, die er letztendlich sinnvoll in seinem Betrieb einsetzen kann. Da sollte man nicht die Verantwortlichkeiten falsch gewichten." (I-29: 132)

Von den Gesprächspartnern mit ausbildungspolitischer Entscheidungskompetenz werden in erster Linie zwei Faktoren als Ursache dafür gesehen, dass ein relativ großer Teil der Schulabgänger nicht „marktkonform" ist: zum einen, dass die politische Zuständigkeit für das Schulwesen in erster Linie bei den Ländern liegt und der Einfluss der Kommunen infolgedessen gering ist und zum anderen, dass daraus eine Abgeschlossenheit des Systems Schule resultiert, welche die Kooperationsbeziehungen mit lokalen Akteuren beeinträchtigt. Anstelle einer „selbstgesteuerten Schule, die ihr eigenes Profil entwickeln kann, die auch experimentierfreudig ist und die neue Lernformen einführen kann, um die Schüler in größeren Anteilen als das heute der Fall ist vorzubereiten auf die Berufs- und Wirtschaftswelt", habe man es mit einem engstirnigen System zu tun, das durch die Länderbürokratie dominiert sei. (I-38: 161)

„Das administrative System Schule ist noch zu unbeweglich," beklagt ein Interviewpartner, wenngleich er zugesteht, dass eine gewisse Flexibilisierung zu beobachten sei: „Der Bereich Schule ist zwar sensibler geworden und vor allem die Schulleiter, weniger die Schulverwaltung, haben eine Verantwortung angenommen. Sie sehen, dass sie nicht einfach sagen können ‚Ich mache meine Hauptschule bis Klasse 9 und dann schmeiß ich die Leute raus.' Sondern die fühlen sich schon in die Pflicht genommen. Aber dennoch denke ich, dass das System Schule insgesamt noch zu geschlossen ist, um die Voraussetzungen für eine Kooperation mit den anderen Partnern - Arbeitsverwaltung und Jugendhilfeträger - optimal zu erfüllen. Das ist nach wie vor noch ein Defizit." (I-27: 204)

Die gegenwärtigen Zuständigkeitsstrukturen führten unter anderem dazu, dass die Finanzierung von berufspolitischen Maßnahmen im Übergang Schule-Beruf unklar bzw. strittig sei, insbesondere dann, wenn bereichsübergreifende Ansätze verfolgt werden müssten. Angesichts der angespannten Finanzlage versuche jede Seite die Verantwortung auf die andere Seite abzuwälzen, indem sie sich auf ihre originäre Zuständigkeit berufe (I-26: 156; I-27: 204; I-28: 217).

Ein weiteres Manko, das nach Ansicht eines Gesprächspartners aus der Wirtschaft auf der kritisierten Abgeschlossenheit des Schulsystems basiert, besteht in der Selbstgenügsamkeit des Systems Schule. Schule sei eine Welt für sich, die mit dem „eigentlichen Leben" kaum etwas zu tun habe. Der Schulabgang komme einer „Vertreibung aus dem Paradies" gleich. Auf die raue Wirklichkeit seien die Schüler deshalb mitnichten vorbereitet: „Die wissen ja nicht mal, wie sie eine Bewerbung schreiben müssen." Eine der Ursachen sieht er bei den Lehrern: „Es ist erstaunlich, wie viel Nicht-Wissen da vorhanden ist. Das weiß man ja aus vielerlei Untersuchungen und die Wirtschaftsverbände klagen auch darüber, dass Wirtschaft in der Schule wie eine weiße Landkarte ist." (I-37: 98)

Während die Entscheidungsträger aus dem Bereich der Ausbildungsförderung in erster Linie beklagen, dass die Schulen von der wirtschaftlichen Entwicklung abgekoppelt sind und entsprechend hinterher hinken, kritisieren Akteure aus dem integrationspolitischen Bereich, dass das System Schule gesellschaftliche Ungleichheiten zementiere. Die Kritik bezieht sich auf unangemessene Selektionsmechanismen, die dazu führen, dass Kinder und Jugendliche mit Migrationshintergrund überproportional häufig Haupt- und Sonderschulen besuchen und auf die relative Undurchlässigkeit des deutschen Schulsystems, das den Übergang in weiterführende Schulen erschwert. (I-19: 46)

Darüber hinaus wird Schule als wesentlicher Ausgangspunkt und Verstärker räumlicher Segregationsprozesse beschrieben. Unzureichend ausgestattete Schulen veranlassen Eltern, die dazu in der Lage sind, bestimmten Stadtteilen den Rücken zu kehren, sobald ihre Kinder das Grundschulalter erreicht haben. Zurück bleiben diejenigen, die aufgrund ihrer wirtschaftlichen Situation keine andere Möglichkeit haben. Migrantenfamilien wiederum sind davon besonders stark betroffen. Die Situation in den Schulen vor Ort verschlechtert sich durch diese Entwicklung erneut, was weitere Abwanderungen forciert und zu einer Verschärfung der Problemlage führt. „In der Schule ist die hohe Konzentration ein Riesenproblem. Deshalb fürchte ich um die Zukunft dieser Wohngebiete, wenn nicht überdurchschnittlich in den Kindergarten- und Schulbereich investiert wird, so dass da regelrechte Leuchtturmschulen entstehen, die wiederum auch attraktiv werden könnten für diejenigen, die momentan abwandern." (I-21: 66)

5.5.3 Defizitorientierte Sicht auf die Jugendlichen und ihre Eltern

Was die Sicht auf die Jugendlichen mit Migrationshintergrund betrifft, so finden wir in den Interviews zum einen häufig Faktoren, die den Jugendlichen ein - nicht nur in schulischer Hinsicht - niedriges Bildungsniveau zuschreiben. Zum anderen werden wiederholt soziale Defizite erwähnt, die den Zugang zum Ausbildungsmarkt blockieren.

Ein gängiges Argument bezieht sich auf das Fehlen grundlegender Fertigkeiten, was im eklatanten Widerspruch zu den aktuellen Erfordernissen des Arbeitsmarktes stehe: „Ein Schüler mit schlechten Abschlüssen, der weder schreiben noch rechnen kann, wie soll der z. B. ein Elektronikhandwerk lernen? Der kann ja nicht einmal in den Kfz-Bereich, was ja einer der Lieblingsberufe von ausländischen Jugendlichen ist. Das ist so verwissenschaftlicht und mit so einer hohen Kapitalausstattung je Arbeitsplatz! Anlernen und Schlüssel reichen - das würde heute niemand mehr bezahlen." (I-37: 54)

Implizit klingt hier auch das Motiv der Zu-Spät-Gekommenen oder Stehen-Gebliebenen an, welches darauf hindeutet, dass sich die Zeiten gewandelt haben, während die Migranten der zweiten und dritten Generation immer noch von Rahmenbedingungen ausgehen, die zu einer Zeit Gültigkeit besaßen, als die Generation der Gastarbeiter nach Deutschland geholt wurde.

Daneben werden allgemeine Defizite beklagt, die die Vermittlung in Ausbildungsbetriebe behindern: „Wir haben Defizite im sozialen Bereich bei den Schulabgängern, und wir müssen hier irgendwas machen, um diese auszugleichen. Da hilft auch das noch so gute Matching nicht, wenn ich es nicht schaffe, den Jugendlichen … das Einmaleins des Lebens beizubringen." (I-25: 65)

Ein aus Sicht der interviewten Akteure besonders schwieriger Sonderfall sind die sog. Quereinsteiger, die erst als Jugendliche nach Deutschland kommen und daher nicht nur einen erheblichen Informationsrückstand aufholen, sondern zusätzlich auch noch eine biografische Krise bewältigen müssen: „Gerade bei den Jugendlichen mit Migrationshintergrund ist ein großer Teil dabei, die Sozialisationsprobleme haben. Sie sind irgendwann von den Eltern nachgeholt worden, waren sozialisiert in den Heimatländern und kamen dann im Alter von 12, 13 Jahren nach Deutschland. Diese Jugendlichen haben riesige Probleme, sich dann neu wieder einzuleben." I-36: 74

Bei der Analyse der Interviews mit diversen Entscheidungsträgern fällt auf, dass nicht nur die niedrig qualifizierten Jugendlichen mit Migrationshintergrund stark defizitär beschrieben werden, sondern dass darüber hinaus auch ihre Elternhäuser problematisch dargestellt werden. Den Eltern wird zum einen unterstellt, dass sie aufgrund eigener Probleme – insbesondere Arbeitslosigkeit - ihre Kinder nicht ausreichend unterstützen können. Zum anderen werden sie als Integrationsverhinderer charakterisiert, die sich in einer Parallelgesellschaft einigeln, anstatt sich darum zu kümmern, dass ihre Kinder den Einstieg ins Berufsleben meistern. Die Wortwahl ist teilweise ziemlich drastisch, und die Argumentationen sind von gängigen Vorurteilen und Schuldzuweisungen geprägt:

1. Migranteneltern setzen falsche Prioritäten:

> „Gastarbeiter waren unqualifizierte Leute, zum Teil Analphabeten. Jetzt sind die überproportional durch den Umbruch der Industriegesellschaft arbeitslos geworden. Die sind aber auch nicht richtig umzuschulen. Und der soziale Abfall pflanzt sich jetzt in die nächste Generation fort. Also ein Vater, der früher irgendwo Werkmeister war, hat seine Kinder aufs Gymnasium geschickt. Wenn er aber heute ein arbeitsloser Sozialhilfeempfänger ist, wird er immer dazu tendieren zu sagen: ‚Die sollen mal Geld verdienen gehen'. Ganz banal. Das

heißt, das soziale Abgleiten der Eltern führt auch zu Schwierigkeiten bei der Entwicklung der Kinder. (...) Deshalb stagniert zum Beispiel, dass die Ausländerkinder auf die Gymnasien gehen." (I-17: 94)

2. Migranteneltern leben in einer kulturellen und sprachlichen Parallelwelt, in der Frauen keine Rechte haben:

„Die Männer gehen arbeiten oder sind sonst wo unterwegs und die Mütter müssen zuhause bleiben und dürfen nicht raus. Und wenn ich es dann schon mal schaffe, sie in die Schule rein zubringen und dann mit Dolmetscher arbeiten muss, ist es natürlich schwierig. Was soll ich machen, wenn ich feststelle, in der Familie wird immer die Heimatsprache gesprochen oder der Fernseher läuft in der Heimatsprache und der Schüler spricht wirklich nur noch im Unterricht Deutsch?" (I-25: 65)

3. Migranteneltern haben zu wenig bzw. keine Informationen über das deutsche Ausbildungssystem und interessieren sich auch nicht dafür. Infolgedessen sind sie nicht in der Lage, die Bildungschancen ihrer Kinder angemessen zu beurteilen und sie bei ihrer Berufswahl zu unterstützen. Hier zwei Beispiele aus den durchgeführten Interviews:

„Wenn man die Ausbildungschancen der Jugendlichen erhöhen will, dann muss man auch eine starke Elternarbeit machen. Leider haben viele Eltern mit Migrationshintergrund keine Zugangsmöglichkeiten zu solchen Informationen oder es gibt ein großes Informationsdefizit." (I-20: 65)

„Elternabende – ein wirklich interessantes Instrument, aber sehr schwierig. Ich kenne ganz viele Hauptschullehrer, die erzählen, dass kaum jemand kommt, wenn sie einen Elternabend machen. Und das ist jetzt nicht nur ein Phänomen mit Türken, sondern auch die deutschen Eltern sind da sehr zurückhaltend." (I-29: 96)

Obwohl in diesem Abschnitt eigentlich nur die Problemwahrnehmung von Entscheidungsträgern analysiert wird, scheint an dieser Stelle der Hinweis angebracht, dass sich die defizitorientierte Wahrnehmung nicht nur auf Entscheidungsträger beschränkt hat, sondern vereinzelt auch bei Praktikern zu beobachten war, wenngleich in geringerem Ausmaß, da unter den Praktikern eher eine ressourcenorientierte Wahrnehmung der Jugendlichen vorherrscht. Die folgende Äußerung ist daher als Ausnahme zu werten. Darin schildert eine Praktikerin, die bei einem freien Träger beschäftigt ist, den niedrigen Informationsgrad der Migranteneltern. Sie betrachtet den migrantentypischen Aspekt der Aufstiegsorientierung als Ausgangspunkt eines berufsbiografischen Wunschdenkens, welches sich von Generation zu Generation weiter vererbt, ohne die Korrekturen zu erfahren, die nötig wären, um realitätsadäquat zu agieren: „Viele Einwanderer [kommen] erstmal als Arbeiter, als Ungelernte oder Angelernte, und schaffen sich dann so ein bisschen hoch. Durch so kleinere Selbstständigkeit. Irgendwann kommt dann die Ausbildung dazu oder Qualifikationen und so weiter, und so weiter. Und was wir hier ganz oft erlebt haben, ist, dass eine junge Frau mit türkischer Abstammung einen schlechten Realschulabschluss hat und zu den Eltern geht und sagt: ‚Ich will Büro.' Und die Eltern sagen: ‚Juhu! Mein Kind hat - quasi - diesen Sprung geschafft! Raus aus der Fabrik, rein ins saubere Büro. Eine Angestellte.' Das heißt, sie sagen ‚Das ist ganz toll, liebe Tochter!', aber sie realisieren nicht, wie die Anforderungen sind und ahnen offensichtlich auch häufig nicht, dass eine Vier in Deutsch, nicht dazu führen kann, dass man ins Büro kommt." (I-06: 44

Angesichts solcher defizitärer Beschreibungen des Elternhauses verwundert es nicht, dass einige Interviewpartner hervorheben, dass die erfolgreiche Integration in den Ausbildungsmarkt mit einer Loslösung von den Eltern einhergehen müsse. Das folgende Zitat entwirft das befreiende Szenario eines Ausbruchs, der einigen Individuen trotz aller widrigen Umstände gelingt: „Ich bin immer wieder überrascht, wenn ich mal Individualbiografien anschaue von Einzelnen, wer es alles schafft und wer da rauskommt. Rauskommen in dem Sinne, dass ich mich aus dieser Umklammerung, diesem, wie soll man sagen, diesem Korsett,

Implementation der Integrations- und Berufsbildungspolitik ...

diesem Stigma oder was auch immer, lösen kann. Was da für tolle Biografien und Karrieren entstehen, ist faszinierend. Leute, die [sich] aus einer Sozialhilfebiografie der Familien befreien und ihren Lebensweg finden und sagen: ‚Okay, Arbeit gehört dazu. Ich kopple mich ganz bewusst aus. ‚" (I-25: 65)

5.5.4   Zwischenfazit

Wenn die Entscheidungsträger die Entwicklung auf dem Ausbildungsmarkt schildern, ist das vorherrschende Thema ihrer Beschreibung die rasante Geschwindigkeit, mit der sich wirtschaftliche Veränderungen vollziehen. Sie beschreiben eine zunehmende Ungleichzeitigkeit zwischen global voranschreitenden Entwicklungen, hinterherhinkenden lokalen Akteuren und einer abgeschlagenen Gruppe von niedrig qualifizierten Jugendlichen, der die Voraussetzung fehlt, mithalten zu können.

Resümierend kann man sagen, dass die Entscheidungsträger ihre eigene Handlungsmacht für diese Personengruppe relativ gering einschätzen. Sie scheinen sich im Großen und Ganzen damit abzufinden, dass ein gewisser Prozentsatz von Jugendlichen mit niedriger Qualifikation auf dem Ausbildungs- und Arbeitsmarkt keine Chance hat. Die Ursache sehen sie darin, dass im Elternhaus und in der Schule keine marktgerechte Sozialisation stattfindet, so dass die Ausgangslage vieler Jugendlicher mit Migrationshintergrund nahezu aussichtslos erscheint.

Es fällt auf, dass die Argumente, die in diesem Abschnitt untersucht wurden, um herauszufinden, wie die Entscheidungsträger die Problemlage einschätzen, durchgängig darauf abzielen, die Qualifikation der Jugendlichen zu kritisieren. Vor dem Hintergrund der Ergebnisse aus der quantitativen Analyse, die zeigen, dass der Migrationshintergrund auch bei gleicher schulischer Qualifikation einen Einfluss darauf hat, dass Jugendlichen der Eintritt in den Ausbildungsmarkt früher, später oder überhaupt nicht gelingt, scheint die Problemwahrnehmung der Entscheidungsträger an diesem Punkt relativ einseitig zu sein.

5.6   Implementation der Integrations- und Berufsbildungspolitik aus der Sicht von kommunalen Entscheidungsträgern und Praktikern

Die folgenden Ausführungen befassen sich mit der Ebene der Implementation von Programmen und Maßnahmen, die unter anderem darauf abzielen, Jugendliche mit Migrationshintergrund ausbildungsbezogen zu unterstützen. Bei der Betrachtung der Handlungsansätze soll neben der Ebene der Entscheidungsträger auch die der Praktiker berücksichtigt werden. Zwar liegt der Fokus dieser politikwissenschaftlich angelegten Arbeit auf der Seite der politisch Verantwortlichen, doch wäre es kurzsichtig, die Umsetzungsebene außer Acht zu lassen. Denn erst dort lassen sich Aspekte entdecken, die die konkreten Handlungsbedingungen und -strategien vor Ort betreffen, und hier findet der unmittelbare Kontakt mit den Jugendlichen und ihren Eltern sowie mit den Personalverantwortlichen und Ausbildern in den Betrieben statt. Wie die folgenden Analysen zeigen, ist die Sichtweise, die die Praktiker aus ihrer Position vor Ort und „am Mann" entwickeln, eine Perspektive, welche die Sicht der Entscheidungsträger zum Teil bestätigt, zum Teil ergänzt und zum Teil auch korrigiert. Der zentrale Unterschied ist in der Bewertung der Prioritäten zu sehen, die es auf der politischen Ebene ergänzend zur Vermittlung von Praktikumsangeboten zu setzen gilt. Während die Entscheidungsträger Controlling und Evaluation vorantreiben wollen, sehen sich die Praktiker mit einer Erosion etablierter Unterstützungsstrukturen und Wissensressourcen konfrontiert und plädieren dafür, zunächst deren Absicherung sicherzustellen.

Im Folgenden wird im ersten Teil analysiert, welche Handlungsstrategien die Entscheidungsträger verfolgen und wie sie damit aus ihrer Sicht der Verantwortung für niedrig qualifizierte Jugendliche (mit Migrationshintergrund) gerecht werden. Hierbei geht es primär um Maßnahmen mit einem hohen Anteil von Praktika, welche die Nähe zu Betrieb und Praxis herstellen sollen. Im zweiten Teil kommen Praktiker zu Wort, um aus der Umsetzungsperspektive weitere Analysen von Handlungsstrategien vorzunehmen und anschließend zur Frage im dritten Teil überzuleiten, welche Probleme aus Sicht der Entscheidungsträger und Praktiker künftig Priorität besitzen.

5.6.1 *Implementationsstrategien aus der Sicht der Entscheidungsträger*

5.6.1.1 Herstellen von Nähe zu Betrieb und Praxis

Was ist zu tun, um niedrig qualifizierten Jugendlichen (mit Migrationshintergrund) zu einer Ausbildung zu verhelfen? Auf diese Frage haben die interviewten Akteure eine bevorzugte Antwort: In Praktika können Jugendliche beweisen, dass sie was drauf haben. In Praktika erwerben sie explizit die Fertigkeiten, die auf dem Arbeitsmarkt gefragt sind. Und durch Praktika kommt es zu einem unmittelbaren Kontakt zwischen Ausbildungsbetrieben und Jugendlichen.

Eine Vertreterin der Kommunalverwaltung fasst diese positiven Effekte folgendermaßen zusammen: „Für viele Jugendliche mit Migrationshintergrund ist es ja eher hinderlich, wenn man eine Rekrutierungspolitik betreibt, die auf Schulnoten basiert, bei der man sich die Jugendlichen erst gar nicht anschaut. Da bieten Praktika einen sehr guten Einstieg, wenn nämlich die Schüler und Schülerinnen in der praktischen Arbeit beweisen können, dass sie sowohl an dem Thema Interesse haben, als auch die nötige Fingerfertigkeit besitzen, um in diesem Bereich zu arbeiten. Da überlegt sich ein Arbeitgeber dann eventuell, jemand zu nehmen, den er oder sie aufgrund der Schulnoten alleine nicht genommen hätte." (I-14: 41) Ähnlich argumentiert ein Kollege aus dem Jugendamt, der es als ein zentrales Aufgabengebiet der Schulsozialarbeit erachtet, mit Hilfe von Praktikumsmöglichkeiten den Übergang Schule-Beruf insbesondere für Jugendliche mit Migrationshintergrund abzusichern. (I-15: 26)

In Frankfurt a. M. wurden auf Initiative der IHK kontinuierliche Praxistage für Hauptschüler der Klassen sieben bis neun eingeführt, um ihnen Zugang zu unterschiedlichen Praxisfeldern zu bieten, in denen sie sich erproben können. Man erhofft sich dadurch nicht zuletzt positive Auswirkungen auf die Motivation, sich in den letzten Schuljahren die Qualifikationen anzueignen, die auf dem Ausbildungsmarkt als Mindestvoraussetzung gelten. Das Grundprinzip der kontinuierlichen Praxistage, welches von den einzelnen Schulen spezifisch ausgestaltet werden kann, funktioniert folgendermaßen: „Eine Hauptschule schickt ab Klasse 7 den Jugendlichen einen Tag in der Woche in einen Betrieb. Sechs Monate lang in denselben Betrieb, möglichst in der Nähe der Schule. Da lernt er, dass man pünktlich erscheint, dass man einigermaßen angezogen erscheint und dass man Kunden begrüßt. Und er lernt auch - und das ist eigentlich Motivation genug - dass es was nützt, lesen, schreiben und rechnen zu können, um es mal etwas drastisch zu formulieren. Nach sechs Monaten wechselt der junge Mensch den Betrieb und kommt in ein ganz anderes Arbeitsfeld. Wenn man das durchzieht bis zum Abschluss, war er in maximal 6 Berufsfeldern, ist recht motiviert und hat eventuell über diese Kontakte einen Ausbildungsplatz. Zumindest hat er viel Selbstbewusstsein, hat

Implementation der Integrations- und Berufsbildungspolitik ... 145

viel über seine Stärken gelernt und weiß auch, in welche Berufsfelder er eher gehen will und in welchen Berufsfeldern er sich nicht so wohl fühlt." (I-32: 37)

Die kontinuierlichen Praxistage sind für die Entscheidungsträger mit hohen Erwartungen verbunden, da Erfahrungen aus dem integrativen Bereich Anlass geben, mit einer hohen Übergangsquote zu rechnen. „Wir haben das Konzept ursprünglich mit einer Sprachheilschule entwickelt. Die Voraussetzungen dieser Schüler waren dort ja noch schlechter als bei ‚normalen' Hauptschülern, aber mit Hilfe dieses Modells konnte der Übergang in Ausbildung auf rund 60 Prozent gesteigert werden." (I-32: 37)

Ein noch zu lösendes Problem besteht darin, dass Schulen für die kontinuierlichen Praxistage organisatorische und personelle Unterstützung brauchen. Es muss jemanden geben, „der die Betriebe kontaktiert, der diese Praktika vorbereitet, begleitet, weil da gibt's ja dann auch sicherlich Auseinandersetzungen mit den Schülern." (I-32: 37) Um diese Unterstützung in angemessenem Umfang bieten zu können, erhofft sich eine Vertreterin der Wirtschaft Unterstützung vom Netzwerk „Jugend und Arbeit". Sie vermutet allerdings auch, dass es nicht einfach sein wird, den dazu nötigen Prioritätenwechsel zu präventiven Ansätzen zu vollziehen, weil in der Förderstruktur andere Schwerpunkte gesetzt werden: „Ich hoffe, dass man in der nächsten Sitzung des Netzwerks überlegt, wie man eigentlich das Geld, das in der Stadt vorhanden ist, auf die Zeit vor dem Schulabschluss legen kann. Das ist natürlich schwierig, weil diese ganzen Förderungen durch die Arbeitsagentur logischerweise erst dann einsetzen, wenn das Kind schon in den Brunnen gefallen ist. Da muss man mal sehen, ob man da nicht umdenkt." (I-32: 37)

Auch in München setzt man auf Praktika. Die vor fünf Jahren installierten Praxisklassen nehmen Jugendliche auf, die in der Regelschule keine Aussicht auf einen Hauptschulabschluss haben, weil sie „ein bis zwei Klassenwiederholungen hinter sich haben und deshalb in vielen Fällen die Schule auch gar nicht mehr besuchen. Das ist der harte Kern der Schulverweigerer." (I-23: 78)

Mit Hilfe der Praxisklassen, in denen die Schüler große Teile der Unterrichtszeit in der Praxis tätig sind – sei es in Betrieben, sei es in (Schul-)Werkstätten – will man speziell solche Jugendlichen ansprechen, die theoriemüde sind: „Die Praxisklassen greifen auf, dass manche Jugendliche mehr praktisch orientiert sind und im theoretischen Teil große Defizite haben. Für diese Zielgruppe ein sehr sinnvoller Ansatz, aber die praktische Arbeit zeigt auch, dass die Lehrer alleine überfordert sind, wenn sie keine Sozialpädagogen haben, die sie unterstützen." (I-31: 86) Aus diesem Grund hat die Kommune Gelder für die sozialpädagogische Unterstützung akquiriert.

Die Entscheidungsträger aus München und Frankfurt äußern sich sehr positiv zu ihren Praktikumskonzepten und sind stolz darauf, diese aus ihrer Sicht besonders schwierige Klientel soweit ausbildungsfähig zu machen, dass sie von Betrieben als Auszubildende akzeptiert werden: „Die Praxisklassen sind ein Erfolgsmodell in der Weise, dass über die Hälfte – in vielen Schulen sagen sie mir sogar: zwei Drittel – der Schüler einen Ausbildungsplatz kriegen. Das ist eine Quote, die liegt weit über der der Hauptschule. Und das, obwohl diese Jugendlichen keinen Hauptschulabschluss haben!" (I-23: 78) „Das ist etwas, was einen immer wieder ein bisschen froh macht, dass es uns auf diese Weise doch gelingt, in einem erheblichen Umfang Jugendliche in die Lage zu versetzen, den Anforderungen einer normalen Berufswelt zu genügen." (I-38:105)

Dass die Entscheidung, ob ein Programm positiv oder kritisch zu beurteilen ist, nicht immer leicht ist, zeigt die Diskussion, die in München anlässlich der Implementierung des Bundesprogramms EQJ geführt wurde. Das EQJ ist ein Sonderprogramm zur Einstiegsqualifizierung Jugendlicher (EQJ) und Teil des „Paktes für Ausbildung" von Bundesregierung und Wirtschaft. Damit sollen Jugendliche bis zum Alter von 25 Jahren, die nach den Nachvermittlungsaktionen ohne Ausbildungsplatz geblieben sind, eine Perspektive erhalten.

Dazu fördert die Bundesregierung ausbildungsvorbereitende Praktika mit einer Dauer von 6 bis 12 Monaten durch Zuschüsse. Eine Besonderheit besteht darin, dass der Betrieb dem Praktikanten am Schluss ein Zertifikat über die erworbenen Qualifikationen ausstellt, das von den Kammern anerkannt wird. Damit kann eine Verkürzung späterer Ausbildungszeiten durch Anrechnung des Praktikums um bis zu 6 Monate erfolgen.[30]

In München wurde heftig darüber debattiert, was von diesem Programm zu halten ist. „Die negative Kritik war - die zum Teil durchaus ihre Berechtigung hat - es wird dadurch künstlich die Ausbildungszeit verlängert. Der Staat subventioniert Ausbildung. Denn wenn ich das EQJ finanziere und jemand geht hinterher gleich ins zweite Ausbildungsjahr, dann ist im Grunde das erste Jahr über den Steuerzahler finanziert worden. So war die Befürchtung, dass die Betriebe dann weniger Lehrstellen anbieten und dafür mehr EQJ. Und das wäre genau das Gegenteil von dem, was man erreichen will." (I-28: 217)

„Es gab sehr, sehr viele Vorbehalte gegen dieses Programm… der Punkt, der viele anfangs mit großer Skepsis erfüllt hat, war, dass sie sagten: ‚Es ist ein Programm, da werden wieder vielfältige Mitnahme-Effekte realisiert und unterm Strich sind die Jugendlichen, um die es geht, die man in Ausbildung bringen möchte, diejenigen, die dann doch nicht in Ausbildung kommen.'" (I-31: 107)

Dagegen waren andere der Ansicht, das Attraktive an diesem Programm wäre das gegenseitige Kennenlernen von Betrieb und Jugendlichen, das unter normalen Marktbedingungen nicht stattfinden würde. Die beiden Seiten würden nicht zusammenkommen, und es gäbe keine Gelegenheit sich anzunähern (I-28: 225). „Die Befürworter haben anfangs gesagt: ‚Es ist doch viel besser, der Jugendliche kann in einem Betrieb sein, als dass er auf der Straße steht. Er kann Qualifikationen erlangen, die ihm auch helfen, wenn er sich bei einem anderen Betrieb bewirbt. Er kann sich noch mal klar werden, ob er im richtigen Beruf ist und im richtigen Betrieb.' Also dieses Negative und Positive ist immer so aufeinander geprallt." (I-28: 217)

Schließlich einigte man sich im Arbeitskreis „Jugend, Bildung, Beruf" darauf, das Programm zu implementieren und gleichzeitig genau zu beobachten, welche Auswirkungen es haben würde. Eine Vertreterin der Arbeitsverwaltung umschreibt das Ergebnis des Abstimmungsprozesses folgendermaßen: „Wir sind alle miteinander, die Kammern, das Referat für Arbeit und Wirtschaft, die Arbeitsverwaltung und das Schulreferat zu einer gemeinsamen Sprachregelung gekommen: wir sind jetzt wirklich überzeugt davon, dass die Vorteile bei EQJ überwiegen gegenüber den Nachteilen. Und dass es wirklich für viele junge Leute eine sehr gute Chance ist, sich in Ausbildung zu integrieren. Trotz aller Bedenken, die uns bekannt sind und die zum Teil auch berechtigt sind."(I-28: 221)

Ein Vertreter der Wirtschaft mahnt an, dass es darauf ankomme, das Programm richtig einzusetzen: „Ich würde sagen: Es ist ein Angebot, das für eine bestimmte Zielgruppe sehr, sehr sinnvoll ist. Eine gute Ergänzung der bisherigen Angebote. Man müsste jetzt schauen, dass man die richtigen Jugendlichen in die richtigen Maßnahmen bringt." (I-31: 111)

Angesichts der großen Skepsis, mit der die Implementierung des Programms anfangs behaftet war, fasste man den Beschluss, dass die Arbeitsagentur die Auswirkungen genau evaluieren sollte. Schließlich sollte vermieden werden, durch ein Bundesprogramm den lo-

---

30 http://www.ausbildernetz.de/c.php/ausbilderportal_V1/Situation_1/Wo_bekomme_ich_Unterstuetzung/EQJ. rsys (Zugriff am: 08.08.2008)

kalen Ausbildungsmarkt, der prinzipiell als gut funktionierend erachtet wird, zu stören. Doch das Ergebnis der Evaluation war allen anfänglichen Bedenken zum Trotz äußerst positiv: „Wir waren dann sehr gespannt, wie die Ergebnisse sind nach dem ersten Jahr. Und ich muss sagen: das Ergebnis war sehr positiv. Es wurden dann doch um die 70 Prozent der Jugendlichen in Ausbildung übernommen." (I-28: 217)

Besonders hervorzuheben ist nach Ansicht eines Interviewpartners, der in der Kommunalverwaltung für den Bereich Wirtschaft verantwortlich ist, dass es mittels des EQJ-Programmes gelungen ist, viele Betriebe für eine Ausbildung zu gewinnen, die zuvor nicht ausgebildet hatten. Damit ist quasi genau das Gegenteil der anfangs befürchteten Auswirkungen eingetreten: „Das prägnanteste und wichtigste Ergebnis lautet: Das Programm ist ein Türöffner. Über ein Viertel der EQJ-Betriebe sind bislang keine Ausbildungsbetriebe. Das heißt, es ist geglückt, diese Population an Betrieben zu aktivieren für die Ausbildung von Jugendlichen. Zudem ist die Mehrheit der Jugendlichen, die in EQJ gekommen sind, sog. Altbewerber, d.h. es sind Jugendliche, die sich schwer getan haben einen Ausbildungsplatz zu finden. Das heißt EQJ ist auch diesbezüglich ein Türöffner gewesen." (I-31: 107)

Aus den bislang angeführten Äußerungen der Entscheidungsträger darüber, welche Implementationen sie für besonders wichtig erachten, wird deutlich, dass es ihnen in erster Linie darum geht, die Jugendlichen für die Betriebe fit zu machen, sie den Betrieben zuzuführen und sie letztlich den Betrieben „schmackhaft" zu machen, um diesen die Entscheidung zu erleichtern. Ein weiteres Beispiel dafür ist der besondere Aufgabenschwerpunkt, den ein Vertreter der Handelskammer für seine Tätigkeit reklamiert: das sog. Matching.

Der Begriff des Matching beinhaltet in diesem Arbeitsbereich eine Aufbereitung von biografischen Informationen über einen Jugendlichen entlang betrieblicher Entscheidungskriterien. Der Betrieb erhält dadurch ein wesentlich genaueres Bild von einem Bewerber als er es durch Zeugnisse bekommen könnte. Das erlaubt ihm eine realistische Einschätzung der Kompetenzen. Ein Interviewter äußert hierzu: „Also dieses Matching-Problem ist das entscheidende. Das macht den Hauptschülern vor allem dann Probleme, wenn der Markt enger wird. Klar, wenn der Betrieb nur die Zeugnisse sieht, orientiert er sich daran und sagt sich, ,Wenn ich einen guten Hauptschüler habe und daneben einen guten Realschüler, warum soll ich mich dann nicht für den Realschüler entscheiden?'" (I-25: 37)

In dieser Situation Entscheidungshilfen zu bieten, ist aus Sicht dieses Gesprächspartners gleichsam die Königsdisziplin aller unterstützenden Angebote: „Das Wichtigste für mich ist die beiden Gruppen zusammen zu bringen, wobei sich dieses - neudeutsch ausgedrückt - ,Matching' für Schulabgänger und Betrieb am besten bewährt hat. Das ist ein allumfassendes Instrument, allerdings auch das am schwersten zu verwirklichende. Aber ich habe auch dafür die verschiedensten Möglichkeiten." (I-25: 65)

Er verweist hierbei vor allem auf eine EU-Initiative. Das dazu in München implementierte Projekt verfolgt das Ziel, dass Schulabgänger einen sog. ,Profilpass' oder ,Qualipass' erhalten, welcher auf einem Prozess der Selbstreflexion basiert und wiedergibt, wo die individuellen Kompetenzen und Interessen eines Jugendlichen liegen. „Der Qualipass enthält nicht nur numerische Aufzählungen dessen, was ein Jugendlicher erreicht hat, sondern erst einmal geht es darum, sich selbst zu beleuchten und dadurch herauszufinden: ,Welche Qualifikationen habe ich denn?' (...) Also da kann ich dann auch viel mehr rausholen und dann habe ich ein zusätzliches Instrument. Damit kann ich bei vielen die Chancen verbessern." (I-25: 65)

Analog zu Praktika wird der Profilpass als ein wichtiges Kommunikations- bzw. Informationsinstrument erachtet, das den Betrieben die Entscheidung erleichtert, sich auch auf niedrig qualifizierte Jugendliche einzulassen. Transparenz über „verborgene" Fähigkeiten, die in Zeugnissen nicht in Erscheinung treten, und die Auflistung „neuer" Fähigkeiten, die im Rahmen von Praktika erworben wurden, sollen die Position dieser Zielgruppe auf dem Markt verbessern.

5.6.1.2   Neue Konkurrenz? Anwerbung von Auszubildenden nach München

Ein Beispiel, das die Machtkonstellation auf dem Ausbildungsmarkt besonders anschaulich verdeutlicht, ist die Diskussion bzw. das Nicht-In-Frage-Stellen der Anwerbung von Auszubildenden aus den Neuen Bundesländern oder aus strukturschwachen Regionen Bayerns. Im Untersuchungszeitraum wurden jährlich etwa genauso viele Jugendliche über die Arbeitsverwaltung auf den Münchner Ausbildungsmarkt vermittelt, wie Münchner Jugendliche ohne Ausbildungsplatz blieben. Diese Situation war allen Entscheidungsträgern bestens bekannt, aber die Bewertung fiel je nach Zuständigkeitsbereich unterschiedlich aus. Interessant war dabei, dass auch bei denjenigen, die diese Situation zumindest in Teilen kritisch beurteilten, die Einschätzung vorherrschte, man müsse das akzeptieren und es ergebe keinen Sinn, darüber zu debattieren.

Ein im Arbeitskreis „Jugend, Bildung, Beruf" aktiver Wissenschaftler, der darauf angesprochen wird, ob die einreisenden Jugendlichen eine Konkurrenz für niedrig qualifizierte Münchner Jugendliche (mit Migrationshintergrund) darstellen, bestätigt diese Annahme: „Also zunächst einmal handelt es sich ja überwiegend um deutsche Jugendliche. Vor allem wenn sie aus den neuen Bundesländern kommen, denn da sind ja kaum Migranten. Dann sind es in jedem Fall Jugendliche, die einen Schulabschluss haben. Und da in den neuen Bundesländern die Quote der Abgänger mit Mittlerer Reife weit über dem westdeutschen Niveau liegt, kommen relativ viele Abgänger mit Mittlerer Reife. Und damit ist natürlich die Konkurrenzsituation für die ‚schwachen Eingeborenen' hier gegeben. Das ist eine schwierige Kiste. Und vor allen Dingen, wenn die Jugendlichen aus den neuen Bundesländern kommen, sind sie auch eher bescheiden. Die machen also auch in der Systemgastronomie eine Ausbildung. Und reisen dafür von Leipzig nach München." (I-23: 102)

Im Arbeitskreis wird diese Konkurrenzsituation jedoch nicht weiter thematisiert: „Diese Diskussion ist nie geführt worden. Ich habe zwar oft darauf hingewiesen, aber natürlich auch nie mit der Intention, beide Gruppen von Jugendlichen gegeneinander auszuspielen und sie zu Konkurrenten zu erklären, sondern nur mit der Intention ‚Wir müssen mehr für die Münchner tun'." (I-23: 106) Er begründet diese Zurückhaltung damit, dass letztlich die Ausbildungsbetriebe darüber entscheiden, ob sie „Ausbildungsmigranten" brauchen. „Wir haben eben auch Betriebe und ganze Branchen, die ansonsten fast nicht mehr ausbilden könnten. Bäcker, Maler und Lackierer haben große Schwierigkeiten. Die sagen, sie kriegen hier keine geeigneten Bewerber mehr. Das ist die Aussage halt; das kann man nicht ändern." (I-23: 33)

Ein Vertreter der Kommunalverwaltung ist sich – ähnlich wie der eben zitierte Wissenschaftler – klar darüber, dass die Neuzuwanderung zu einer schlechteren Marktposition niedrig qualifizierter Jugendlicher in München führt. Er belegt diese These mit dem Hinweis auf die angespannte Marktsituation zu Beginn der 1990er Jahre, als die Münchner Handwerksbetriebe händeringend nach Auszubildenden suchte: „Damals hingen überall Plakate von den Handwerkskammern, die Ausbildungsplätze anpriesen. Das war auch die Zeit, als die Ausbildungsvergütung auf einmal hoch gegangen ist, weil sie Leute haben wollten. Und da waren natürlich auch die Hauptschuljugendlichen deutlich interessanter als heute. Selbst die mit schlechten Abschlüssen sind umworben worden." (I-26: 68). Er fügt hinzu, dass damals auch das Jugendamt von Arbeitgeberseite „umworben" wurde, ganz anders als heute: „Die Kammern waren stark an einer Zusammenarbeit interessiert, damit die Jugendhilfe die Jugendlichen sozusagen ‚präpariert', damit sie in den Ausbildungsbetrieb integriert werden können. Das ist jetzt deutlich weniger der Fall, denn es gibt keinen Betrieb, der wirklich ernsthaft Schwierigkeiten hat, Jugendliche zu finden. Also die kommen einfach. Die werden vom Osten rübergekarrt, und fertig." (I-26: 68)

Aus Sicht der Arbeitsverwaltung trifft diese Einschätzung nicht wirklich zu: „Das ist zwar einerseits richtig, aber ich würde sie trotzdem nicht als Konkurrenten bezeichnen. Wir haben in München so ein reichhaltiges Ausbildungsangebot, dass wir auf diese auswärtigen Jugendlichen zum Teil angewiesen sind. Ich glaube, es würden viele Stellen überhaupt nicht besetzt, wenn wir nicht die Verstärkung durch unsere auswärtigen Jugendlichen hätten. Und die verdrängen nicht unbedingt unsere schwachen Jugendlichen, weil unsere schwachen Jugendlichen haben halt oft einfach nicht die Chance. Wenn es sich zum Beispiel um einen Hauptschüler handelt und der Betrieb unbedingt mittlere Reife will, dann kriegt er die Stelle sowieso nicht. Der sächsische Jugendliche mit Mittlerer Reife ist dann keine Konkurrenz für den Hauptschüler, der diese Stelle sowieso nicht gekriegt hätte." (I-28: 229)

In der weiteren Argumentation wird allerdings deutlich, dass es in der Anfangszeit der Anwerbung von externen Jugendlichen wohl auch aus ihrer Sicht eine Konkurrenzsituation gab. Sie ist allerdings der Meinung, dass sich das mittlerweile verändert hat: „Wir sind zum Teil sehr froh über diese auswärtigen Jugendlichen, die haben uns am Anfang auch sehr geholfen, die sog. unbeliebten Berufe zu besetzen. Die ganzen Ausbildungsstellen zum Lebensmittelfachverkäufer waren ja am Anfang ganz stark von diesen Jugendlichen besetzt. Damals haben sich die auswärtigen Jugendlichen - das war so eine Strömung - mehr auf diese Berufe gestürzt und da hätte es wirklich passieren können, dass sie da auch noch unsere Hauptschüler rausgedrängt hätten. Mittlerweile wissen die Auswärtigen sehr wohl unser gesamtes Ausbildungsangebot zu nutzen. Also wir haben auswärtige Jugendliche, die lernen hier Fachinformatiker oder Versicherungskaufmann, verdrängen aber dadurch nicht unsere schwachen Bewerber, weil die hätten ja ohnehin keine Chance, so eine Stelle zu bekommen." (I-28: 229)

Wie dieser Schilderung zu entnehmen ist, leisten die „auswärtigen Jugendlichen" einen positiven Beitrag dazu, der Gefahr vorzubeugen, dass die Entwicklung der lokalen Ökonomie abgebremst wird, weil nicht genügend Bewerber zur Verfügung stehen.

Diese Auffassung wird offensichtlich von den übrigen Entscheidungsträgern im Arbeitskreis „Jugend, Bildung, Beruf" geteilt. Es gibt nicht nur keine Diskussion darüber, ob die Anwerbung auswärtiger Jugendlicher eine Konkurrenz für die ansässigen Jugendlichen darstellt, sondern man ist ganz im Gegenteil darum bemüht, die soziale Integration der auswärtigen Jugendlichen zu unterstützen. Hintergrund ist die Befürchtung, dass ohne diese Unterstützung die Zahl der Ausbildungsabbrüche hoch sein könnte, was wiederum den Betrieben Probleme bereiten würde, wie ein Vertreter der Arbeitgeberseite anmerkt. Er beruft sich dabei auf eine Studie, die zur Untersuchung der Situation der auswärtigen Jugendlichen in Auftrag gegeben worden war, um deren Abbruchquote zu verringern: „In dieser Untersuchung hat man herausgefunden, dass es Jugendliche gibt, die sind sehr schnell integriert und andere nicht. Letztere sind aus unserer Sicht natürlich dump costs [sic!] im wirtschaftlichen Sinn, die eigentlich nicht geplant waren. Die Unternehmen holen sich einen Jugendlichen her. Und wenn der sich dann nicht wohl fühlt oder sich nicht heimisch fühlen kann, dann bricht er ab. Dabei ist dieser Heimweheffekt in München natürlich – anders als irgendwo im tiefsten Voralpenland – nicht dadurch bedingt, dass es hier keine Angebote gibt. Ganz im Gegenteil! München bietet fast zu viel und das ist für die Jugendlichen völlig unübersichtlich. Die haben es schwer, sich zurechtzufinden." (I-25: 25)

Um die Jugendlichen bei ihrer Integration in das Münchner Umfeld zu unterstützen, wurden zwei Projekte entwickelt, auf die die Entscheidungsträger hinweisen. Da sind zum einen das Jugendfreizeitangebot „Neu in München" und zum anderen das Angebot preiswerter Unterkünfte, mit dem die „Agentur Wohnwerk" beauftragt ist. Beide Angebote sind beim Referat Wirtschaft und Arbeit der Stadt München angesiedelt, welches es auch in Bezug auf diese „neuen Jugendlichen" als seine Aufgabe erachtet, sich „um das Funktionieren des Übergangs vom schulischen Bereich in die Ausbildung und von der Ausbildung in die berufliche Tätigkeit zu kümmern. Im Sinne der Verbesserung der Infrastruktur." (I-29: 45)

Beide Angebote sollen einander ergänzen: „Das Wohnwerk hat zur Aufgabe, dass die Jugendlichen, die zur Ausbildung nach München kommen, auf dem Münchner Wohnungsmarkt eine bezahlbare Wohnung finden und damit auch eine Integrationsperspektive erhalten, was wiederum eine gute Voraussetzung dafür ist, dass sie ihre Ausbildung erfolgreich abschließen. (...) Gleichzeitig kommt so eine Art sozialpädagogische Betreuung dazu, um diesen Integrationsprozess auch mit zu unterstützen. Da gibt es dann die Agentur ‚Neu in München', die eben genau für diese Jugendlichen Freizeitangebote organisiert und ihnen hilft, hier Fuß zu fassen." (I-29: 49)

Beide Projekte werden von verschiedenen Interviewpartnern äußerst positiv beurteilt, wie beispielhaft folgende Schilderung verdeutlicht: „Das Projekt ‚Neu in München' arbeitet sehr innovativ und vielfältig. Sie machen zum Beispiel eine Stadtteil-Rallye mit Jugendlichen, die neu in München sind. Sie zeigen ihnen, wo die relevanten Anlaufstellen sind und nehmen ihnen damit auch die Schwellenangst. Ein sehr schönes Projekt! Ich kenne sonst in Deutschland kein Projekt, das inhaltlich ähnlich arbeitet." (I-31: 50)

5.6.1.3 Die Verantwortung und Gestaltungsmacht der Kommune

Angesichts der Tatsache, dass sowohl im Frankfurter Netzwerk „Jugend und Arbeit" als auch im Münchner Arbeitskreis „Jugend, Bildung Beruf" viele Vertreter der Kommunalverwaltung aktiv sind, drängt sich die Frage auf, ob denn nicht die Kommune sich stärker als Ausbildungsbetrieb für niedrig qualifizierte Jugendliche mit Migrationshintergrund engagieren könnte. Dagegen spricht jedoch aus Sicht der befragten Verantwortlichen für Integrationspolitik das „Prinzip der Bestenauswahl":

> „Die Grundaussage ist natürlich die, dass jeder Jugendliche als Auszubildender willkommen ist, egal was für eine Nationalität er hat. Die Stadt hat vor zwei Jahren auch sehr intensiv um Auszubildende geworben. Im Zentrum der damaligen Plakataktion stand eine junge Frau asiatischen Ursprungs. Die Stadt möchte dezidiert Jugendliche mit Migrationshintergrund anwerben. Das ist die Aussage: ‚Ja, wir möchten.' Dem steht aber das Prinzip der Bestenauswahl entgegen, wobei ‚die Besten' sich auf Schulnoten bezieht. Vor allem müssen es gute Noten in Deutsch und Mathematik sein. Und das schließt einfach eine große Anzahl von Jugendlichen mit Migrationshintergrund aus." (I-14: 81)

Ein Kollege aus dem integrationspolitischen Bereich in Frankfurt bestätigt diese Situation und fügt noch einige weitere Argumente hinzu, um zu begründen, warum die Kommune nur bedingt dazu geeignet ist, die Schieflage im Bereich der beruflichen Bildung auszugleichen: „Wir haben da einen Konflikt zwischen zwei Problemen. Das eine Problem ist die Minderheitenförderung und das andere Problem ist die zwingende gesetzliche Vorschrift der Bestenaus-

Implementation der Integrations- und Berufsbildungspolitik ... 151

wahl. Mit der Möglichkeit, dass abgelehnte Bewerber Konkurrentenklagen erheben können. Das Bestenprinzip hat ja sachlich auch was für sich, man will ja auch die ordentlichen Leute haben. Daneben gibt es aber auch noch einen ganz anderen Aspekt: eine Hemmschwelle bei Jugendlichen aus bestimmten orientalischen Ländern, sich in den Dienst des Staates zu begeben. Also der Staat wird skeptisch gesehen. Deshalb hat zum Beispiel die Berliner Polizei Schwierigkeiten, türkische Polizeibeamte bei Konflikten nach Kreuzberg zu schicken. Weil die Türken, die dort randalieren, den als Verräter betrachten. Die reagieren besser auf einen deutschen Polizisten. Also das ist eine ganz merkwürdige Entwicklung. Jedenfalls: in den Dienst der öffentlichen Verwaltung zu treten, ist bei diesen Bevölkerungsgruppen bisweilen ein schwieriger Vorgang." (I-17: 70)

Eine Kommunalvertreterin aus dem Bereich Wirtschaft und Arbeit begreift die Kommune im berufsbildenden Bereich als einen Akteur, von dem eine visionäre Ausstrahlung ausgehen kann. Sie betont die gesellschaftliche Verantwortung: „Es geht immer auch um soziale Kohäsion, dass man nicht eine große Gruppe von Personen zunehmend ausschließt." Und stellt darauf aufbauend die Frage: „Was machen wir mit den Leuten, die intellektuell, kognitiv und vielleicht auch noch von ihren sozialen Standards oder Attitüden her noch nicht so weit sind? Wie gehen wir damit um?" Ihres Erachtens geht es „um den Aspekt der Exklusion und Inklusion." (I-29: 132-140)

Sie plädiert dafür, Jugendliche dort abzuholen, wo man sie wirklich erreicht. Beispielhaft nennt sie das Projekt „Tech-Lab": „Das hat sehr viel mit Musik und mit Kultur zu tun, genau mit dieser Art von Lebenskultur der Jugendlichen." Um solche Projekte im musischkünstlerischen Bereich zu realisieren, die insbesondere in der Zielgruppe der niedrig qualifizierten Jugendlichen gut ankommen, bedarf es allerdings eines weit größeren Aufwandes: „Ich merke, bei solchen Projekten ist es manchmal sehr schwierig, die Finanzierung zusammenzubringen. Da brauchen Sie viel mehr Überzeugungsarbeit als wenn Sie einfach ein ganz klassisches Projekt installieren wie etwa so und so viele Stunden Nachhilfe oder ähnliches. Fragt sich nur, was dann hinterher dabei rauskommt." (I-29: 132-140)

Trotz des erhöhten Aufwandes bei der Finanzierung ist die Kommune ihres Erachtens weit stärker als andere Akteure dafür prädestiniert, solche an der jugendlichen Lebenswelt orientierten Projekte voranzutreiben. Zum einen sind die Vorgaben „nicht so eng gesetzt wie bei den gängigen Arbeitsmarktinstrumenten" und zum anderen ist „unsere Zuständigkeit umfassender als die der anderen. Dort gibt es Grenzen, die man mit den jeweiligen Instrumenten dann oft nicht überschreitet. Und da wünschte ich mir dann von Seiten der Kommune, dass wir die Möglichkeit haben, Projekte zu machen, die vielleicht eine Vision in die Zukunft geben. Also nicht immer solche, wo sie noch mal eine Maler-Werkstatt machen oder so was in der Art, so langweilig, so klassisch!"

Dieses Plädoyer für Projekte, die an der Lebenswelt der Jugendlichen andocken, ist auf Seiten der Entscheidungsträger als Ausnahmeerscheinung zu werten. Auf Seiten der Praktiker jedoch ist die Lebensweltorientierung nahezu durchgängig vorzufinden, wenn sie über erfolgreiche Handlungsstrategien und über die zur Verfügung stehenden Ressourcen sprechen.

5.6.2 *Implementationsstrategien aus der Sicht der Praktiker*

Die Strategien der Praktiker, niedrig qualifizierte Jugendliche mit Migrationshintergrund beim Übergang Schule-Ausbildung zu unterstützen, setzen an den Ansatzpunkten Schule, Freizeit, Elternarbeit, Stellenakquise und Betriebspraktika an. Ein früher Ansatzpunkt ist die Kooperation mit Hauptschulen, um die Jugendlichen frühzeitig bei ihrer beruflichen Orientierung zu unterstützen. Des Weiteren werden Freizeitprojekte angeboten, die entweder bereits während der schulischen Ausbildung oder im Anschluss daran durchgeführt werden, um den Jugendlichen Gelegenheit zu bieten, sich in außerschulischen, praktischen Aufgabenfeldern zu betätigen. Ein weiterer Ansatzpunkt ist die Elternarbeit. Sie wird vorwiegend in Kooperation mit Schulen oder Migrantenorganisationen durchgeführt, um Eltern mit Migrationshintergrund über Ausbildungsfragen zu informieren. Darüber hinaus werden ergänzend zur sonstigen Stellenakquise gezielt Migrantenunternehmen angesprochen, um sie als Ausbildungsbetriebe zu gewinnen. Daneben geht es um die Vermittlung von diversen Praktikamöglichkeiten in Betrieben, die es niedrig qualifizierten Jugendlichen ermöglichen, sich in der Arbeitswelt zu beweisen und eine persönliche Beziehung zu Arbeitgebern herzustellen.

5.6.2.1 Kooperation mit Schulen

Wie die Kooperation zwischen Jugendhilfe und Schule idealerweise gestaltet werden kann, um den Übergang Schule-Beruf für niedrig qualifizierte Jugendliche zu flankieren, lässt sich beispielhaft an einem Projekt darstellen, das von einem Münchner Träger realisiert wird, der sich durch stadtteilbezogene, interkulturelle Arbeitsansätze profiliert. Dieses Beispiel verweist auch auf einige weitere der oben genannten Ansatzpunkte und liefert damit einen plastischen Eindruck, wie verschiedene Unterstützungsangebote ineinander greifen können.

Beispiel: Kooperation Jugendhilfe- Schule

Das Konzept eines Münchner Trägers der Jugendhilfe sieht für den Bereich der Übergangsförderung die Kooperation mit den Hauptschulen in der Nähe vor, in denen von der siebten bis zur neunten Klasse Seminare zur Berufsorientierung und Bewerbungstrainings angeboten werden. Die Jugendlichen werden dabei an weitere Angebote des Trägers herangeführt: neben erlebnis- und freizeitpädagogischen Angeboten, wo Teamarbeit, Konfliktbewältigung, Kommunikationsfähigkeit und andere soziale Kompetenzen weiterentwickelt werden, wird auch viel Projektarbeit betrieben. Auf der Basis von Projekten, wie z. B. der Gestaltung und Herausgabe einer Zeitung oder der Führung eines Cafés, haben die Jugendlichen die Möglichkeit, sich in verschiedenen Tätigkeitsfeldern speziellere Kenntnisse anzueignen. Eine Besonderheit besteht darin, dass dieser Einsatz detailliert zertifiziert wird und den Jugendlichen bei der Bewerbung um Lehrstellen zugutekommt. Daneben werden Eltern gezielt angesprochen und in den Prozess der Berufsorientierung und -findung eingebunden.

Der Träger unterhält des Weiteren intensive Kontakte zu örtlichen Betrieben, an die er Auszubildende und Praktikanten vermittelt. Wenn die Jugendlichen eine Lehrstelle bekommen haben, werden diese bei Bedarf durch sog. ausbildungsbegleitende Hilfen in der Bewältigung des Berufsschulunterrichts etc. unterstützt.

Wie eine Mitarbeiterin erläutert, war es alles andere als einfach, eine Kooperation mit der Schule aufzubauen: „Es hat eine Zeit gedauert, einen Weg in die Schule zu finden. Die Lehrer und Rektoren haben natürlich erst mal Angst, dass man ihnen die Kompetenz abspricht." (I-02: 36)

Ähnlich wie die Entscheidungsträger machen auch die Praktiker zunächst die Erfahrung, dass „Schule ein geschlossenes System" ist. Allerdings berichten die Praktiker auch von zahlreichen Erfolgserlebnissen auf diesem Gebiet, so dass sie letztlich eine Trendwende konstatieren: „In jüngster Zeit hat sich das wesentlich verbessert. Die Schulen haben sich geöffnet und heute sind sie froh über die Kooperation mit der Jugendhilfe. Das ist eine ganz wesentliche Veränderung, die sehr positiv zu bewerten ist." (I-04: 37)

Eine Mitarbeiterin, die an den eingangs geschilderten Kooperationsprojekten beteiligt ist, konstatiert eine „Riesennachfrage": „Inzwischen sind die meisten Schulen total interessiert. Sie stehen aber mittlerweile vor dem Problem, dass sie keinen Träger finden, weil die finanziellen Mittel für neue Kooperationen fehlen. Nur Träger, die bereits eng mit einer Schule zusammenarbeiten, haben jetzt noch das Glück, dass sie weiterfinanziert werden, wenngleich jeweils nur für ein bis zwei Jahre. Und auch das nur, weil die Schulen den Bedarf immer wieder einfordern." (I-02: 68)

Doch nicht nur die Schulen sind stark an der Kooperation interessiert, auch die Jugendhilfe profitiert von dieser Zusammenarbeit, da sie über die Schulen leicht an Jugendliche herantreten kann. Das gibt ihr zum einen die Möglichkeit, im Rahmen des schulischen Unterrichts zentrale Informationen über den Bereich Ausbildung und Beruf zu vermitteln. „Wir beginnen in der achten Klasse damit, dass wir regelmäßig mit den Schülern ihren Berufseinstieg reflektieren. Das beginnt damit, dass wir generell über das Schul- und Berufsbildungssystem informieren. (...) Zudem werden die Kinder regelmäßig damit konfrontiert, dass sie ihren Berufswunsch reflektieren, Lehrstellen suchen und Bewerbungen schreiben." (I-04: 17)

Zum anderen können die Praktiker in der Schule eine Beziehung zu den Jugendlichen aufbauen und sie für außerschulische Angebote gewinnen, auf die weiter unten näher eingegangen wird. Ein dritter Faktor, der Schulen zu einem besonders interessanten Kooperationspartner für die Jugendhilfe macht, ist die Möglichkeit der Elternarbeit.

5.6.2.2 Elternarbeit in Kooperation mit Schulen und Migrantenorganisationen

Schulen sind ein idealer Ausgangspunkt für Elternarbeit, wobei die Zugangsbarrieren zum System Schule für viele Eltern mit Migrationshintergrund hoch sind. Die Praktiker investieren daher viel Energie, um die Zugangsschwellen möglichst niedrig zu gestalten. „Wir haben bei Elternabenden immer einen großen Dolmetscherstamm dabei, um wirklich in alle Sprachen, die es an der Schule gibt, übersetzen zu können. Damit nicht immer die Sprachbarriere der Grund dafür ist, dass die Eltern nicht kommen. Wir haben die Veranstaltungen außerdem in die Abendstunden gelegt, damit das nicht in die Arbeitszeit fällt. Denn das ist vor allem bei Migranten oft ein Problem." (I-02: 96)

Ein Teil der Projektmitarbeiter hat selbst einen Migrationshintergrund, was die Ansprache deutlich erleichtert. „Für das Projekt Elternarbeit haben wir eine türkische Mitarbeiterin, die an den Schulen sehr präsent ist. Sie arbeitet mit den Lehrern und geht auf die Eltern zu, macht ganz viele Elterngespräche." (I-02: 100)

Ein wichtiger Punkt in solchen Elterngesprächen ist die Konfrontation der Eltern damit, welche Zukunftsoptionen ihren Kindern realistischer Weise zur Verfügung stehen. „Da muss man den Eltern wirklich ganz sensibel erst mal klar machen, was ihr Kind überhaupt für Möglichkeiten hat. Denn meistens reden die Kinder in ihrer Familie sehr wenig über Ausbildungsfragen. Viele haben das Problem, dass die Eltern so hohe Ansprüche haben, dass die Kinder wissen, das können wir überhaupt nicht erfüllen. Die Kinder selbst sind da viel realistischer! Aber sie finden oft keinen Weg, das ihren Eltern beizubringen." (I-02: 96)

Neben der Schule nutzen Praktiker auch andere Orte, um Elternarbeit in Sachen Ausbildung zu betreiben. Bei Jugendlichen mit Migrationshintergrund ist die Kooperation mit Migrantenorganisationen eine gute Handlungsstrategie. Ein Projekt in Frankfurt verschafft sich über Schlüsselpersonen aus den Migrantencommunities Zugang zu den Eltern. (I-05: 17)

Beispiel: AOE - Ausbildungsorientierte Elternarbeit

Das Projekt "AOE - Ausbildungsorientierte Elternarbeit" hat die Schaffung eines Multiplikatorennetzwerks zum Ziel, um Eltern von Migrantenjugendlichen über das Schul- und Ausbildungswesen zu informieren und sie stärker in den Prozess der Berufsorientierung und Ausbildungsplatzsuche einzubeziehen.

Den Kern des Projektansatzes bildet die Schulung von mehrsprachigen Multiplikatoren, meist Mitgliedern von Migrantenvereinen bzw. Lehrkräften in den jeweiligen Herkunftssprachen. Das Amt für multikulturelle Angelegenheiten organisiert eine mehrteilige Fortbildung, in der nicht nur Themen aus der Schul- und Berufsbildung vertieft werden, sondern auch erwachsenenpädagogische Fragen erörtert werden. Die Schulung befasst sich zudem mit allgemeinen Erziehungsfragen, mit rechtlichen Aspekten der Bildung und mit pädagogischen Unterstützungsleistungen, auf die Eltern bei Bedarf zurückgreifen können.

Das AOE-Projekt begann 1997 mit zwei Migrantenvereinen als Kooperationspartnern. Mittlerweile umfasst das Netzwerk nahezu 60 Personen aus zahlreichen Vereinen und Gruppen. Die Multiplikatoren bieten im Namen der Stadt Informationsabende in 17 Herkunftssprachen an und werden für ihre Tätigkeit entlohnt. Der Kontakt über die Migrantenvereine erleichtert nicht nur den Zugang zu den Familien, sondern führt in vielen Fällen auch zu intensiveren Beziehungen zwischen Eltern und Schule.

Die Erfahrungen in diesem Projekt zeigen, dass den Eltern in vielen Fällen elementare Kenntnisse über das Schul- und Ausbildungssystem vermittelt werden müssen. Es geht z. B. darum, ihnen die Bedeutung von Schulabschlüssen für die weitere Erwerbs- und Bildungsbiografie der Jugendlichen zu erläutern oder sie über die Bandbreite möglicher Ausbildungsberufe aufzuklären. Das Projekt zeigt, dass es dabei in erster Linie auf eine adäquate Herangehensweise ankommt.

Eine Mitarbeiterin gibt ein Beispiel für den lebensweltbezogenen Arbeitsansatz in diesem Projekt: „Da wird dann beispielsweise den Eltern, deren Sohn zu wenig Zeit für seine Ausbildung hat, weil er nebenbei arbeiten muss, folgende Rechnung präsentiert: ‚Ihr Sohn verdient jetzt so und so viel durch Putzen. Jetzt stellen Sie sich mal vor, wenn er wegen dieser Putzarbeit seine Ausbildung nicht besteht. Was würde er dadurch an Geld verlieren?' Dann sage ich, ‚Die Entscheidung liegt bei Ihnen.' Ich sage nicht, ‚Das ist schlecht und das ist gut.', sondern: ‚Die Rechnung liegt auf der Hand.'" (I-05: 17)

Ein besonderes Erfolgsgeheimnis des AOE-Projektes ist in dem peer-Konzept begründet, welches dem Multiplikatoren-Ansatz zugrunde liegt. „Der Clou ist ja, dass da nicht Fachleute in die Vereine gehen, sondern dass man einzelnen Vereinsmitgliedern, die Laien sind, Fachwissen vermittelt. Wissen über das Bildungs- und Ausbildungssystem, typische Schwierigkeiten, kompensatorische Maßnahmen, ausbildungsbegleitende Hilfen oder über Elternrechte an der Schule, das ist zum Beispiel auch wichtig (...) und dass diese weitergebildeten Laien dann ihren Leuten im Verein ständig als Informanten zur Verfügung stehen, und nicht nur an einem Abend, wenn man mit Fachleuten eine Vortragsveranstaltung macht. So kommen die Eltern und sagen: ‚Du weißt doch Bescheid, sag mal, wie ist das genau?' Da können die dann ehrenamtlich beraten auf dem Gebiet. Und im Zweifelsfall holen sie eben auch mal die Fachleute in den Verein, die sie während der Fortbildung kennen gelernt haben." (I-21: 45)

Die Multiplikatoren sind Teil der Lebenswelt der Eltern. Damit sind sie für die Eltern niedrigschwellig erreichbar und können wiederum ihrerseits ohne großen Aufwand auf Eltern zugehen und als Peers „auf Augenhöhe" mit ihnen kommunizieren. Auf diese Weise stellt sich dann auch heraus, dass – anders als von den Entscheidungsträgern vermutet – viele Migranteneltern durchaus an den Möglichkeiten interessiert sind, die das hiesige Ausbildungssystem ihren Kindern bieten kann. Durch eine lebensweltnahe und milieuadäquate Herangehensweise, die unmittelbar in den Migrantencommunities ansetzt, können kulturelle und sprachliche Barrieren überwunden werden und Informationen auf eine Art und Weise übermittelt werden, die Migranteneltern in die Lage versetzt, die berufliche Entwicklung ihrer Kinder aktiv zu unterstützen.

Die folgende Handlungsstrategie ist ebenfalls darauf ausgerichtet, die besonderen Potenziale von Migrantencommunities zu nutzen, um niedrig qualifizierten Jugendlichen zu einer Ausbildung zu verhelfen.

5.6.2.3 Mobilisierung von Unternehmern mit Migrationshintergrund – eine besondere Form der Lehrstellenakquise

Die Mobilisierung von Unternehmern mit Migrationshintergrund dient dazu, den Pool der Ausbildungsstellen dadurch zu erweitern, dass man Potenziale zu erschließt, die bislang brach liegen, weil das duale System in Deutschland so stark reglementiert ist. Es setzt anspruchsvolle Regeln fest, damit ein Betrieb als Ausbildungsbetrieb anerkannt wird. Er muss z.B. geprüfte Ausbilder haben oder eine Bandbreite an Aktivitäten im Zusammenhang mit dem Ausbildungsberuf anbieten können, die es Auszubildenden ermöglichen, sich alle relevanten Fähigkeiten anzueignen. Diese Voraussetzungen stellen für viele kleine und mittelständische Betriebe ernstzunehmende Hürden dar, so dass sie sich scheuen, auszubilden. Nachdem man erkannt hatte, dass insbesondere Unternehmer mit Migrationshintergrund unterdurchschnittlich ausbilden, wurden in mehreren deutschen Kommunen Projekte entwickelt, um dieses ungenutzte Ausbildungspotenzial zu erschließen.

Beispiel: Mobilisierung von Unternehmern mit Migrationshintergrund

Anfang der 1990er Jahre hatte das Amt für Multikulturelle Angelegenheiten in Frankfurt a. M. die Idee, Unternehmer mit Migrationshintergrund anzusprechen, um sie für das Thema "Berufsbildung" zu sensibilisieren, ihre Ausbildungsbereitschaft zu erhöhen und ihnen Unterstützung anzubieten, wenn sie sich zu Ausbildungsverbünden zusammenschließen wollten. Der Vorteil solcher Verbünde liegt darin, dass die Leistungen im Rahmen der jeweiligen Ausbildungsgänge nicht allein durch eine einzige Firma erbracht werden müssen, sondern jedes Mitglied des Verbundes bestimmte Teile abdecken kann. So kann es beispielsweise in einem Verbund von vier Betrieben ausreichend sein, dass nur einer einen anerkannten Ausbilder beschäftigt oder dass die Betriebe praktische Tätigkeiten jeweils in einem Teilbereich der Berufsausbildung anbieten.

Vor Beginn des Projektes führte das AmkA eine kleine Marktstudie durch, um auszuloten, welcher Wirtschaftszweig sich am besten eignen würde. Man erkannte, dass der Großmarkt für Gemüse- und Früchtehandel eine gute Adresse ist. Das Projekt nahm seinen Anfang erst einmal dort. Relativ bald wurde die Industrie- und Handelskammer darauf aufmerksam und beteiligte sich daran. Nach einigen erfolgreichen Jahren der Mobilisierung von "ausländischen Unternehmern" und der Schaffung von zusätzlichen Ausbildungsplätzen übernahm die IHK das Projekt schließlich vollständig und beschäftigte zeitweise zwei Mitarbeiter für die Fortentwicklung und Koordination (I-22: 122).

Der Erfolg dieses Projekts, in dem in einem Zeitraum von drei Jahren 600 zusätzliche Ausbildungsplätze akquiriert wurden (I-32: 111), beruht auf einem individuellen Beratungsangebot: „Das System der dualen Ausbildung ist natürlich in den Herkunftsländern der Unternehmer nicht bekannt. Ist ja auch eine deutsche Spezialität. Deshalb haben die Unternehmer viele Unsicherheiten und Fragen. In diesem Projekt bekommen sie eine individuell zugespitzte Beratung, in der ihnen erst mal die allgemeinen Grundlagen erläutert werden. Anschließend geht man dann auf ihre spezifischen Möglichkeiten ein: Welches Potenzial haben sie in ihrem eigenen Betrieb? Wie kommen sie am einfachsten dazu, ein Ausbildungsbetrieb zu werden? Wenn man ihnen das fachlich fundiert erläutert, lassen sich viele überzeugen und fangen an auszubilden." (I-22: 130)

Das Frankfurter Projekt hat so viel Glaubwürdigkeit und Ansehen genossen, dass in vielen deutschen Großstädten mit eine größeren Einwandererbevölkerung ähnliche Ansätze verfolgt wurden. In Hessen war das Wirtschaftsministerium von diesem Ansatz derart überzeugt, dass es finanzielle Unterstützung angeboten hat.

In München wurde MOVA ins Leben gerufen, ein Projekt zur Mobilisierung von Ausbildungsplätzen bei Arbeitgebern mit Migrationshintergrund. „MOVA ist ein kontinuierliches, persönliches Beratungsangebot für diese Zielgruppe, weil viele der Unternehmen erstens gar nicht wissen, dass sie ausbilden können, zweitens nicht wissen, wie das geht, und die anstehenden Behördengänge scheuen. Darüber hinaus haben sie viertens vielleicht auch noch andere Probleme oder Befindlichkeiten." (I-31: 78)

Eine Evaluation von MOVA bestätigt die damit verbundenen Hoffnungen, das Projekt würde vor allem Hauptschülern und Jugendlichen mit Migrationshintergrund zu einem Ausbildungsplatz verhelfen: „Ein sehr hoher Anteil der Ausbildungsplätze ist mit ausländischen Jugendlichen besetzt worden. Als nachgefragt wurde, warum das so ist, stellte sich heraus, dass das nicht etwa mit Diskriminierung von deutschen oder mit Bevorzugung von ausländischen Jugendlichen zu tun hat. Die Betriebe haben in den meisten Fällen gesagt: ‚Die Nationalität ist uns völlig egal. Wir stellen nicht griechische Jugendliche ein, weil wir nur griechische wollen und keine deutschen oder türkischen.' Nein, das sind oftmals Betriebe, bei denen Zweisprachigkeit sehr wichtig ist. Zum Beispiel ein griechisches Reisebüro, das sehr viele der hier lebenden Griechen bedient, die ja oft nur unzureichend Deutsch können und deshalb in dieses griechische Reisebüro gehen. Das Personal muss dann natürlich fließend Griechisch sprechen! Oder nehmen wir einen Finanzdienstleister mit dem Spezialgebiet Naher Osten. Der sagt, sie hatten mal einen deutschen Azubi, aber das hat nicht funktioniert, weil der diesen kulturellen Hintergrund nicht abdecken konnte. Der Unternehmer sagt: ‚Da muss man einfach die Gepflogenheiten und Umgangsformen drauf haben, die dieses spezielle Publikum verlangt.' Also es ist keine Diskriminierung der deutschen Jugendlichen, sondern eine Frage spezieller Kompetenzen. Und das läuft dann darauf hinaus, dass die ausländischen Jugendlichen bevorzugt zum Zug kommen. Und wenn man sich dann auch noch das Bildungsniveau anguckt, sind da sehr, sehr viele Hauptschulabsolventen dabei." (I-31: 78)

Der Erfolg dieser spezifischen Form der Lehrstellenakquise ist eng damit verbunden, dass gerade die lebensweltbezogenen Kenntnisse und Kompetenzen, über die viele Jugendliche mit Migrationshintergrund verfügen, bei den neu erschlossenen Ausbildungsplätzen gefragt sind. Dadurch können die individuellen Ressourcen der Migrantenjugendlichen zum Tragen kommen, und ihre Defizite verlieren in Relation dazu an Bedeutung.

Die nächste Handlungsstrategie zielt ebenfalls darauf ab, Ressourcen sichtbar zu machen und dadurch von der Fokussierung auf Defizite wegzukommen.

5.6.2.4 Außerschulische Bildungs- und Projektarbeit sowie Zertifizierung

In Kooperation mit Schulen durchgeführte außerschulische Bildungs- und Projektarbeit hat sich aus Sicht der Praktiker als eine ideale Methode bewährt, um Jugendliche anzusprechen und ihr Vertrauen zu gewinnen. Dieser Beziehungsaufbau kann als Fundament gezielter Angebote zur beruflichen Orientierung und Bildung genutzt werden. „Unser Träger hat den Riesenvorteil, dass wir ein eigenes Haus haben und in der Jugendbildung tätig sind, wo wir ganz viel Energie in erlebnispädagogische Freizeitangebote investieren, so dass die Jugendlichen uns zuerst einmal über andere Bereiche kennenlernen können. Außerdem können wir in Erfahrung bringen, wie es ihnen privat geht, wie ihre sozialen Netzwerke aussehen und was sie noch vorhaben in ihrem Leben. Vor allem wenn man mit ihnen ins Schullandheim fährt und eine Woche mit ihnen zusammen ist, kann man hinterher ganz große Erfolge verzeichnen. Dann kommen die Jugendlichen plötzlich auf einen zu und fragen: ‚Können wir zusammen eine Bewerbung schreiben?' oder ‚Ich brauche da Unterstützung dich kenn ich doch schon vom Floßbau oder aus dem Zeitungsprojekt.' Solche Erfahrungen zeigen, dass Beziehungsarbeit das Wichtigste für diese Zielgruppe ist. Beziehungsarbeit und ein breites Feld von Angeboten, damit man was zu bieten hat, was die Jugendlichen ohnehin gern machen." (I-02: 128)

Die außerschulischen Freizeitangebote liefern darüber hinaus die Gelegenheit, etwas über die individuellen Ressourcen der Jugendlichen zu erfahren. Dabei geht es zunächst einmal darum herauszufinden, welche Zukunftswünsche die Jugendlichen haben und inwiefern sie bereit sind, sich anzustrengen, um ihr Ziel zu erreichen: wo liegt im individuellen Fall die Ressource „Willenskraft"? Daneben richtet sich das Augenmerk der Praktiker, die über niedrigschwellige Angebote den Kontakt zu Jugendlichen aufnehmen, auf deren konkrete praktische Fertigkeiten. Dahinter steht der Gedanke, diese Talente zu dokumentieren, so dass die Jugendlichen bei der Bewerbung um einen Ausbildungsplatz mehr vorweisen können als Schulnoten:

> „Wir haben mittlerweile angefangen, den Jugendlichen, die bei uns in irgendeinem Projekt mitwirken, ihre Aktivitäten zu zertifizieren. Also wenn wir in der Zeitungsredaktion mit Jugendlichen arbeiten oder ein Radioprojekt durchführen, dann erstellen wir für die Jugendlichen ein Zertifikat: Worum ging es in dem Projekt, wie viele Stunden waren sie dabei, welche Inhalte haben sie gelernt, welche sozialen Kompetenzen haben sie gezeigt … Wenn die Jugendlichen solche Zertifizierungen von offizieller Seite ihren Bewerbungen beilegen und wenn sie dann auch noch im Vorstellungsgespräch alles genau erklären und sich gut darstellen können mit ihren ganzen Kompetenzen und Vorteilen, dann ist das ein recht wirksames Doppelpaket." (I-02: 80)

Dem Nachweis außerschulischer Kompetenzen schreiben die Praktiker vor allem deshalb eine hohe Überzeugungskraft zu, weil sie immer wieder die Erfahrung machen, dass manche Jugendliche richtiggehend aufblühen, wenn sie außerhalb der Schule sind bzw. wenn sie die Schule verlassen. „Deshalb ist es wichtig die Arbeitgeber, die ja ansonsten nur das Schulzeugnis mit den schlechten Noten und Bemerkungen sehen, darüber zu informieren, dass ein Jugendlicher sich außerhalb der Schule sehr aktiv zeigt und in den Projekten, die er bei uns mitgemacht hat, tolle Leistung gebracht hat." (I-02: 80)

Solche Zertifizierungen von außerschulischen Leistungen sind aus Sicht der Praktiker eine gute Möglichkeit, um Hauptschüler auf dem Ausbildungsmarkt gegenüber Realschülern wettbewerbsfähig zu machen: "Wenn dann unsere Jugendlichen mit ihren praktischen Kompetenzen ankommen und sie nachweisen können, dann sind sie durchaus vergleichbar mit jemandem von der Realschule. Das klappt besonders gut bei Firmen hier im Stadtteil, die uns kennen. Wenn wir denen sagen, dass ein Jugendlicher in unserem Projekt gute Arbeit geleistet hat, und dass wir überzeugt sind, dass er die Ausbildung schaffen kann, und wenn es darüber hinaus bei uns auch noch während der Ausbildung Unterstützungsmöglichkeiten gibt, dann kam es schon öfter vor, dass so ein Jugendlicher jemandem mit mittlerem Schulabschluss vorgezogen worden ist." (I-13: 110)

Eine weitere Möglichkeit, die Wettbewerbsfähigkeit der niedrig qualifizierten Jugendlichen zu verbessern, besteht in speziellen Trainings, die darauf abzielen, betriebsrelevante Kenntnisse zu erwerben. „Wir achten darauf, dass unsere Jugendlichen, gerade wenn es um den kaufmännischen Bereich geht, hier schon in der Vorbereitung auf ein Praktikum bestimmte Trainings erhalten. Dann können sie da ganz anders reingehen." (I-13: 110)

5.6.2.5 Betriebspraktika als zentrale Form der Unterstützung

Genau wie die Entscheidungsträger bewerten auch die Praktiker das Schaffen von Gelegenheiten, bei denen sich die Jugendlichen in der betrieblichen Praxis bewähren, als die wichtigste Strategie, um den Jugendlichen zu einem Ausbildungsplatz zu verhelfen: „Ein Praktikum ist ein Türöffner, um rein zu kommen, weil bei unseren Jugendlichen ist einfach das Problem, sie haben wenig, mit dem sie sich bewerben können und womit sie sich positiv darstellen können. Bei den meisten ist die Schulkarriere negativ verlaufen. Deshalb haben sie kein vernünftiges Abschlusszeugnis." (I-03: 86)

Die folgenden Analysen konzentrieren sich auf zwei Praktikumsprojekte, die von den Akteuren in München und Frankfurt als besonders gewinnbringend bewertet werden. Das Projekt „Job-Club" in Frankfurt a. M. zielt in erster Linie darauf, Jugendliche in individuell ausgewählte Praktika zu vermitteln und dabei im Vorfeld die Interessen der Jugendlichen und die Interessen der Betriebe zu eruieren und jeweils zueinander passende Interessenlagen zusammenzuführen. Bei Jugendlichen geht es zunächst darum, herauszufinden, „was hat er in dieser Hinsicht schon unternommen? Welche Berufswünsche liegen vor? Und wieweit kann dieses Feld auch schon mal streuen? Ist das jemand, der persönlich bei den Betrieben vorbeigehen kann oder jemand, der sich das noch nicht traut? Ich muss sehen, ob wir uns dazwischen schalten. Auf jeden Fall ist die Entscheidung, ob ich beim Praktikumsbetrieb anrufe und für den jungen Mann oder die junge Frau Werbung mache, jeweils individuell zu treffen." (I-06: 39)

Bei den Betrieben ist es ebenso wichtig, deren Interessen in Erfahrung zu bringen und sie ernst zu nehmen. Auch wenn sich diese Interessen nicht unbedingt mit den eigenen Wertvorstellungen in Einklang bringen lassen. Denn Ausgangspunkt erfolgreicher Vermittlungstätigkeit ist die Wertschätzung der betrieblichen Interessen. „Einmal im Jahr veranstalten wir eine Last-Minute-Ausbildungsplatz-Börse. Vorher rufen wir ganze Listen von Betrieben an und erfragen ganz genau, wen sie haben wollen. Und wenn eine Firma keinen Türken haben will, dann kriegt sie auch keinen Türken vorgestellt. Da diskutiere [ich] auch nicht lange rum, warum denn nicht, sondern da springe ich über meinen eigenen Schatten und schaue, dass ich für diesen Betrieb einen anderen Jugendlichen finde." (I-06: 139)

In München werden sog. Quali-Lehrgänge durchgeführt, ein Angebot, das schulischen Unterricht mit fortwährenden Praktika kombiniert, um einerseits einen Schulabschluss zu erreichen und um andererseits einen Ausbildungsplatz zu finden. „Diese Lehrgänge haben immer zwei Ziele, das eine ist selbstverständlich der Schulabschluss, aber gleichbedeutend daneben ist es die Vermittlung in Ausbildung oder in Arbeit. Aber lieber in Ausbildung. Also es ist ein ganz, ganz wichtiger Bestandteil, dass die Jugendlichen am Ende ein Zeugnis in der Hand haben, aber auch einen Lehrvertrag." (I-01: 9)

Der Quali-Lehrgang beginnt im September mit einem zweiwöchigen Blockpraktikum gefolgt von mehreren Monaten schulischem Unterricht, welcher allerdings einmal pro Woche einen Praxistag vorsieht, der in dem Betrieb absolviert werden soll, in dem das erste Blockpraktikum stattfand. Im Februar gibt es ein zweites Blockpraktikum in einem anderen Betrieb und anschließend wieder schulischen Unterricht mit wöchentlichem Praxistag. Die Berufsorientierung der Jugendlichen wird durch Sozialpädagogen unterstützt, zu deren Aufgaben es auch gehört, den Kontakt zu den Praktikumsbetrieben zu pflegen.

Interessant ist die Entstehungsgeschichte dieses Angebotes, das der Weiterbildungsträger äußerst positiv bewertet. Das Projekt, das mittlerweile in ganz Bayern als Modellprojekt gilt, wurde „eigentlich aus der Not geboren", weil die Förderung der Vorläufermaßnahme durch den Europäischen Sozialfonds kurzfristig geändert wurde und mit dem gleichen Budget nun Vollzeit- statt Teilzeitmaßnahmen durchgeführt werden sollten. „Da habe ich gedacht, wir probieren es wie in Hamburg mit einem Wochentagspraktikum. Wir haben das dann auch von vornherein zu den Aufnahmekriterien dazugefügt. Die Jugendlichen sollten gleich eine Bewerbungsmappe mitbringen. Das heißt, sie müssen sich vorher schon bemüht haben, eine Praktikumsstelle zu finden." (I-01: 39) Der Projektmitarbeiter, mit dem das Interview durchgeführt wurde, war sich relativ sicher, dass das keine unüberwindbare Hürde darstellen wurde, denn „irgendwo eine Bewerbungsmappe haben die immer schon mal. Das haben alle Jugendlichen auf die Reihe gekriegt." (I-01: 39) Zweifel hatte er dagegen, ob es gelingen würde, genügend Betriebe zu finden, die sich auf diese neue Praktikumsform einlassen. „Normales Blockpraktikum, okay. Das machen wir seit 1000 Jahren. Aber finden wir Blockpraktikumsstellen, die einverstanden sind, dass die Jugendlichen dann noch monatelang jeden Mittwoch dort hingehen? Da habe ich wirklich gezittert, weil ich es einfach nicht einschätzen konnte." (I-01: 39) Im Interview war ihm immer noch die Erleichterung darüber anzumerken, dass das Projekt Erfolg hatte. Diese Erleichterung war gepaart mit dem Stolz auf die Jugendlichen „denn die meisten Stellen haben sie selbst gefunden!"(I-01: 41) Die übrigen Praktikumsplätze wurden von den Mitarbeitern akquiriert, die dazu die Betriebe anriefen, die bislang schon ‚normale' Blockpraktikanten akzeptiert hatten (I-03: 54).

Dass das Projekt so erfolgreich war, führt der Praktiker auf die enge Verzahnung von Theorie und Praxis zurück. So kommt es zu Synergieeffekten zwischen Schule und Praktikum, weil die Jugendlichen, die dem normalen Schulbetrieb früher nichts abgewinnen konnten und daher ohne Abschluss blieben, nun eine andere Motivation entwickeln: „Wir profitieren von dieser Ernsthaftigkeit der Arbeitswelt für unseren Unterricht. Schule ist ja für die Jugendlichen das, was sie immer als negativ erlebt haben. Also das haben sie abgehakt. Das finden sie immer bescheuert. Aber diese Kombination, dass sie gleichzeitig - und zwar nicht nur so auf ein Blockpraktikum reduziert, sondern jeden Mittwoch – die Arbeitswelt kennen lernen und neue Erfahrungen bekommen – also davon profitieren wir definitiv für unseren Unterricht." (I-01: 43)

Die Jugendlichen selbst sind so mit wesentlich mehr Engagement bei der Sache, aber auch die schulischen Betreuer können neue Einblicke erhalten. Denn der enge Kontakt mit der betrieblichen Wirklichkeit bringt bisweilen neue Seiten der Jugendlichen zum Vorschein und Fähigkeiten, die in der Schule bislang noch nicht zu Tage getreten waren.

Das Beispiel einer angehenden Rechtsanwaltsgehilfin kann das besonders eindringlich veranschaulichen: „Eine kleine Episode noch nebenbei: über eine Jugendliche, die ich jetzt im Praktikum besucht habe, in der Rechtsanwaltskanzlei. Wie gesagt, eine Qualischülerin in der Anwaltskanzlei! Eigentlich ist die Latte viel zu hoch. Das geht eigentlich gar nicht. Aber gut, wir haben es akzeptiert, dass sie das will, und sie hat sich die Praktikumsstelle selber gesucht. Ich habe sie dann auch gefragt: ‚Wie haben Sie die Stelle überhaupt gefunden?' Sagt sie: ‚Ach, das ist auf meinem Heimweg von der Schule. Ich habe gesehen, da steht Rechtsanwalt und dann habe ich einfach geläutet.' Dann ist die in den dritten Stock hoch, hat den Rechtsanwalt gefragt, und der war bass erstaunt. Er hat ja schon eine Auszubildende in seinem Sekretariat, aber die hat Abitur und er hatte sich vor Jahren mal geschworen: nein, Hauptschüler nimmt er nicht mehr. Aber sie hat ja nur nach einem Praktikum gefragt und dann hatte sie so ein freundliches Auftreten. (...) Übrigens viel freundlicher als bei mir in der Klasse. Ich habe sie in der Praktikumsstelle ganz anders kennengelernt: eine ganz, ganz höfliche junge Frau, die mittlerweile sogar Telefondienst machen darf und so. Nachdem mein Besuch dort zu Ende war, hat sie mich dann höflich zur Tür begleitet. Und ich habe nur gedacht:

,Alle Achtung, so war sie in der Schule nie!' Also das ist auch eine von den Jugendlichen, die sich in der Praktikumsstelle definitiv anders verhalten als hier in der Schule." (I-01: 43)

Diese Episode hat eine nicht zu unterschätzende Aussagekraft, wenn man bedenkt, dass die zuvor zitierten Entscheidungsträger allgemein der Ansicht sind, es gebe eben einen gewissen Prozentsatz von Jugendlichen, die auf dem gehobenen Ausbildungsmarkt keine Chance hätten. Wie das Beispiel dieser angehenden Rechtsanwaltsgehilfin zeigt, kann der feste Wille, etwas Bestimmtes zu erreichen, bisweilen mit Erfolg gekrönt sein. Dadurch dass die Sozialpädagogen diesen Willen ernst genommen und nicht etwa versucht haben, ihr Expertenwissen zu Geltung zu bringen, dass der mittlerweile relativ angespannte Ausbildungsmarkt keinen Raum für solche Überraschungen biete, konnte die hohe Eigenmotivation der Lehrgangsteilnehmerin ihre Kraft entfalten. In dieser Konstellation, in dem der individuelle Wille der Jugendlichen zum Ausgangspunkt der unterstützenden Tätigkeit gemacht wird, und in dem ihnen auch zugetraut wird, ihr Ziel zu erreichen, können Ressourcen zum Vorschein kommen, die im Schulalltag verborgen geblieben sind.

5.6.3 Künftige (zusätzliche) Handlungsprioritäten aus Sicht der Entscheidungsträger und aus Sicht der Praktiker

Nach dieser Schilderung der Implementationsstrategien, die aus Sicht der Praktiker und der Entscheidungsträger bislang als mehr oder weniger erfolgreich betrachtet werden, soll der Blick nun stärker auf offene Fragen bzw. sich abzeichnende Probleme gelenkt werden. Bei der Analyse der Interviews mit diesen Akteuren fiel auf, dass beide Gruppen jeweils unterschiedliche kritische Punkte beschreiben, die aus ihrer Sicht neben den bisherigen Strategien zusätzlich prioritär angegangen werden sollten. Die Entscheidungsträger äußern implizit und explizit immer wieder das Bedürfnis nach mehr Transparenz, Controlling und Evaluation, während die Praktiker in erster Linie kritisieren, dass ihre etablierten Handlungsstrukturen zerstört werden und damit ein wesentliches Kapital verloren geht, das sich als „lokales Wissen" bezeichnen lässt.

5.6.3.1 Das Bedürfnis der Entscheidungsträger nach Transparenz, Controlling und Evaluation

Die Berichte über die Handlungsansätze, die auf der Ebene der Entscheidungsträger verfolgt werden, sind durchzogen mit einer Klage über die Intransparenz der Nachfrage- und Angebotsseite sowie über die fehlenden Möglichkeiten der Wirksamkeitsüberprüfung. Immer wieder hört man den Wunsch nach Fakten.

Dies betrifft zum einen die Bemühungen, einen besseren Überblick über die Vielzahl an Maßnahmen bei unterschiedlichen Trägern zu erhalten, deren Arbeit nicht durchgängig miteinander abgestimmt und vernetzt ist. Die Komplexität und Unübersichtlichkeit der Angebots- und Trägerlandschaft führt dazu, dass es mehrere Interviewpartner bereits als ein Ziel an sich erachten, für mehr Transparenz zu sorgen. Erst auf dieser Basis können die vorhandenen Angebote optimal genutzt und aufeinander abgestimmt werden. In Frankfurt a. M. begründete die Intransparenz, einer Interviewpartnerin aus der Arbeitsverwaltung zufolge, die Notwendigkeit, das Netzwerk „Jugend und Arbeit" zu gründen. (I-36: 86)

„Übersichtliche Strukturen zu schaffen" bezeichnet ein Mitglied des Netzwerkes als „ersten Schritt" auf einem „langen Weg", auf dem man hoffe „in ein paar Jahren zu etwas übersichtlicheren Strukturen und vor allem zu leistungsfähigeren Strukturen zu kommen." (I-37: 21)

Als erster Output dieses Arbeitsschrittes wurde in Frankfurt ein Instrument wieder belebt, dessen Name bezeichnend für die intransparente Angebotssituation ist: das „Dschungelbuch": „Bis 2002 gab es ein sog. Dschungelbuch. Das war ein ‚kleines' Büchlein, 5 cm dick, und da waren alle Maßnahmen drin, egal wer sie angeboten hat. Man hat sich jetzt darauf geeinigt - weil die Maßnahmen ja im Verlauf des Jahres immer verändert, korrigiert werden und so weiter - es nicht mehr in Printform anzubieten. Mittlerweile ist es im Internet, für jeden zugänglich über das Netzwerk ‚Jugend und Arbeit'." (I-36: 34) Ähnlich ging man in München vor, wo eine gemeinsam verwaltete und aktualisierte Datenbank über die vorhandenen Angebote informiert (I-26: 80).

Weit schwieriger als die Sammlung und Aufbereitung von Informationen über bestehende Angebote ist die Überprüfung ihrer Wirksamkeit. Hierzu fehlen nach Angabe der Interviewpartner meist die entscheidenden Daten für ein Controlling. Das Netzwerk „Jugend und Arbeit" in Frankfurt a. M. hat deshalb eine Unterarbeitsgruppe gebildet, „um für den Bereich Übergang Schule-Beruf so eine Art Auswertung zu erstellen. Da gibt es eine Unterarbeitsgruppe, die damit beschäftigt ist, Kriterien zu erarbeiten, damit wir in dem Bereich zu soliden Daten kommen." (I-34: 84)

Zum Teil werden Daten über den Erfolg von Maßnahmen von den Trägern offenbar wie ein Betriebsgeheimnis gehütet, in das man Fremden keinen Einblick gewährt: „Also im Moment haben wir hier noch einen ziemlich diffusen Datenfluss. Sagen wir einmal - zum Teil gehen die Daten überhaupt nicht von einer Organisation zur anderen. Die informieren sich nicht gegenseitig. Die reden zum Teil nicht mal miteinander." (I-38b: 50) Bemerkenswerterweise scheint das auch von der Bundesagentur für Arbeit so praktiziert zu werden: „Da gibt es ja durchaus auch so einen Futterneid. Also bis dahin, dass die Bundesagentur sagt: ‚Ja, gut, mit den ARGEn arbeiten wir noch zusammen. Das ist ja eine Geschichte, bei der sind wir noch beteiligt.' Aber die Optionskommunen waren ja bewusst gewählt worden, um Benchmarking zu betreiben, also ein Konkurrenzgeschäft zur Bundesagentur zu sein. Und da verweigert sich dann auch die Bundesagentur bezüglich der Zusammenarbeit wie Datenaustausch et cetera. Das ist zwar ein Stück weit verständlich, aber nicht funktional zielführend." (I-38a: 52)

Die innerhalb der Arbeitsagentur erhobenen Daten werden nach Nürnberg weitergeleitet, um damit den lokalen Bedarf für diverse Maßnahmen zu begründen. Am Beispiel der Arbeitsagentur München schildert dies die Vertreterin der Arbeitsverwaltung wie folgt: „Die Maßnahmen, die wir hier vor Ort benötigen, müssen wir bei unserer Zentrale bestellen. Nürnberg entscheidet zwar, aber wir melden den Bedarf an. München überlegt: Was haben wir an Jugendlichen? Was müssen wir denen bieten? Was schätzen wir, wie viele Jugendliche werden unversorgt sein und benötigen besondere Hilfe von uns? Wir müssen Hochrechnungen machen. Wir müssen die Lehrgänge mit Inhalt füllen. Wir müssen überlegen, welche Berufsfelder wir brauchen. Welche Module müssen die Träger vorhalten? Diese Leistungsbeschreibung wird hier vor Ort gemacht und dann geht die Bestellung ab und Nürnberg macht dann das ganze Ausschreibungsverfahren." (I-28: 54)

Die in dieser Auflistung von Arbeitsschritten benannten Datenkategorien und Einschätzungen beziehen sich ausschließlich auf eine Bedarfsbestimmung und nicht auf ein Controlling von Maßnahmen. Wenn man sich die Gesamtheit der Interviews mit Entscheidungsträgern vor Augen hält, dürfte sich dies generell auf das Handeln in diesem Bereich übertragen lassen. Denn bislang scheinen viele Implementationen, mit denen der Übergang Schule-Ausbildung optimiert werden soll, weit stärker auf erfahrungsgesättigten Annahmen zu basieren als auf empirischen Daten, die umfassend die Wirksamkeit verschiedener Maßnahmen evaluieren.

Auch in München, wo die erste Sitzung des Jahres, zu der sich der Arbeitskreis „Jugend, Bildung, Beruf" trifft, immer der Analyse des Status Quo gewidmet ist, lässt sich nicht wirklich von einer datenbasierten Handlungsstrategie sprechen. Die Kammern stellen zwar umfangreiche Daten zur betrieblichen Situation vor, können aber keine Aussagen zu positiven oder negativen Auswirkungen unterschiedlicher Handlungsansätze treffen. (I-26: 104)

Dennoch kommt den Kammern, die für den Arbeitskreis „Jugend, Bildung, Beruf" die wichtigsten Datenlieferanten sind, bei der Implementation von Maßnahmen eine bedeutsame Position zu. Denn ihre Daten haben eine beruhigende (wenn nicht sogar sedierende) Wirkung. Sie bestätigen den Entscheidungsträgern, dass sie auf dem richtigen Weg sind bzw. dass der Handlungsbedarf in Bezug auf niedrig qualifizierte Jugendliche nicht übermäßig groß ist. Zu dieser Einschätzung kommt jedenfalls ein Mitglied des Arbeitskreises: „Es gab noch kein großes Jammern und Wehklagen über die Situation in München, weil die Kammern immer mit ihren Daten kommen konnten und sagen: ‚Wir haben das alles im Griff. Es gibt nur noch periphere Probleme, bestimmte Zielgruppen, bestimmte Maßnahmen, die wir am Rande nochmals zusätzlich zur Kenntnis nehmen müssen.'" (I-27: 200) Der bestehende Handlungsbedarf wird dieser Einschätzung nach aufgrund des Datenmonopols, das die Arbeitgeberseite besitzt, eher verschleiert als analysiert.

Fehlende Wirksamkeitsanalysen machen es insbesondere für die Jugendhilfe schwierig, bestimmte Maßnahmen einzufordern. Denn während sich nur schwer nachweisen lässt, welche Erfolge eine Maßnahme hat und wie sich diese in empirische Daten fassen lassen, ist immer völlig klar, was eine Maßnahme kostet. Aber wie soll man die Kosten mit dem Nutzen in Relation setzen, wenn die Daten dazu fehlen? Dieses Dilemma beschreibt ein Vertreter des Referates für Wirtschaft und Arbeit in München, der erwähnt, dass es nicht ausreicht, nur quantitativ fassbare Erfolge – wie etwa die Integration in den ersten Arbeitsmarkt - ins Kalkül zu ziehen: „Also ich kenne ja die ganzen Einrichtungen und weiß, wie wahnsinnig teuer die sind. Vor allem an der Wirkung gerechnet, doch da streitet man sich sehr schnell mit allen Verantwortlichen im Bereich Jugend: Was bedeutet die quantitative Abfrage von Erfolgen, was bedeutet die qualitative? Und da sind wir in der ganzen Evaluationsforschung noch ein ganz schönes Stück zurück. Denn ich kann Ihnen nur betriebswirtschaftliche Daten nennen. Ich weiß genau, was kostet ein Maßnahmeplatz und ich sehe auch von den Abgängen, von dem Integrationserfolg in den ersten Arbeitsmarkt, dass das also nun bei weitem nicht in Relation zu den Erwartungen steht, die man eigentlich an so eine Maßnahme knüpft." (I-29: 63)

Um aussagekräftige Daten über bestimmte Maßnahmen oder Problemsituationen zu erhalten, wurden in beiden Städten gesonderte Studien in Auftrag gegeben, um den Entscheidungsträgern belastbare Fakten zu liefern, auf der ihre Arbeit aufbauen kann. So hatte in Frankfurt a. M. eine Studie über den Verbleib der Schulabgänger dazu geführt, dass das Netzwerk „Jugend und Arbeit" gegründet wurde (I-32: 33). In München hatte die Evaluation des Sonderprogramms zur Einstiegsqualifizierung Jugendlicher (EQJ) dazu geführt, dass sich die Entscheidungsträger, die diese Maßnahme zunächst in Frage gestellt hatten, in ihrer Entscheidung bestätigt sahen, das Programm zu implementieren (I-28: 217).

Neben der Beauftragung von gesonderten Erhebungen und Auswertungen sind die Entscheidungsträger in beiden Städten darum bemüht, die allgemeine Datenbasis zu verbessern.

Implementation der Integrations- und Berufsbildungspolitik ...

In München ist beispielsweise die Stelle für interkulturelle Arbeit damit befasst, stadtweit für eine statistische Berücksichtigung des Migrationshintergrundes zu sorgen, anstatt nur die Staatsangehörigkeit zu erfassen, die angesichts steigender Einbürgerungen wenig Aussagekraft besitzt (I-14: 73-77).

Aus Frankfurt berichten Vertreter der Wirtschaft, dass sie an einem Projekt des hessischen Wirtschaftsministeriums beteiligt sind, das darauf abzielt, „die Berufsbildungsstatistik neu [zu] ordnen ... Aber da sind so ungefähr 10 bis 20 Akteure zu erfassen. Und das ist ein Programm, das man nicht von heute auf morgen auflegt." (I-38b: 62) Besonders stark ist das Interesse an personenbezogenen Verlaufsdaten: „Zwar gibt es keinen Jugendlichen, der nicht irgendwo erfasst ist oder für den es keine passende Maßnahme gibt. Nur was wann passiert und wem angeboten wird, das ist im Moment noch ein bisschen konfus, um es ganz vorsichtig auszudrücken. (...) Wir wissen nicht, wie die einzelnen Biografien verlaufen. Wir können zwar sagen, wie viele Maßnahmen durchgeführt werden. Und wir können aus deren Anzahl herauslesen, dass wohl sehr viele Jugendliche über mehrere Maßnahmen laufen. Aber wir können nicht sagen, wie denn die Einzelwege verlaufen (...) Da gibt es im Moment das Ziel, da auch mit Ident-Nummern zu arbeiten." (I-38b: 54-62)

5.6.3.2 Die Forderung der Praktiker nach Erhalt und Pflege des lokalen Wissens

Während die Entscheidungsträger starkes Interesse an besseren Informations- und Entscheidungsgrundlagen haben und sich in ihren zentralen Gremien für eine Verbesserung der Transparenz und für fortlaufendes Controlling und regelmäßige Evaluation engagieren, setzen die Praktiker andere Prioritäten. Sie drängen auf den Erhalt und die Pflege des „lokalen Wissens".

Was darunter zu verstehen ist, lässt sich besonders an den Projekten Job-Club in Frankfurt und Quali-Lehrgang in München verdeutlichen, die oben geschildert wurden. Beide zielen darauf ab, Jugendlichen über ein Betriebspraktikum zu einem Ausbildungsplatz zu verhelfen. Die Praktiker profitieren dabei jeweils von einem wichtigen Kapital, das sich als „lokales Wissen" bezeichnen lässt. Sie verfügen über persönliche Kontakte vor Ort und sie können auf einen umfangreichen Fundus gezielt zusammen gestellter Daten zurückgreifen. Vor diesem Hintergrund können sie relativ gut einschätzen, was funktioniert und was nicht.

Die Kontakte zu Betrieben, die für Praktika oder Ausbildungen in Frage kommen, werden in Datenbanken festgehalten. Dabei geht es keineswegs nur um die Kontaktdaten im engeren Sinn, sondern viel stärker noch um Informationen, die spezielle Eigenheiten, Bedürfnis- und Interessenlagen der Betriebe betreffen. Diese Informationen sind ein wichtiges Betriebskapital. Sie werden in einer Art und Weise dokumentiert, die allen Mitarbeitern den Zugriff erlaubt.

Die Sammlung der Informationen geschieht bei Telefonaktionen, wie sie etwa im Zuge der Last-Minute-Ausbildungsplatz-Börse durchgeführt werden: „Da nehmen wir alle Informationen in die Datenbank auf und erstellen für jeden Betrieb ein Grundprofil." (I-06: 139). Aber auch dann, wenn Praktikanten in ihren Betrieben besucht werden, wie dies in den Münchener Quali-Lehrgängen der Fall ist, spielt dieses Wissen eine Rolle: „Wir sind immer sehr dahinter her, dass wir einen guten Kontakt zu den Firmen haben. Einerseits um die Betreuung des Jugendlichen sicherzustellen, andererseits aber auch, um für uns Kontakte knüpfen zu können, so dass man letztlich ein gewisses Repertoire an Firmen hat, wo man weiß, da können wir jemanden unterbringen. Und dazu besuchen wir die Firmen, sprechen mit den Ausbildern, versuchen bei jeder Firma ein paar Wochen später noch ein zweites Mal vorbeizuschauen und halten ansonsten telefonisch Kontakt." (I-03: 58)

Ergebnis dieser Akquise und Beziehungspflege ist „ein Fundus, der sich immer weiter ausdehnt, weil wir das seit etlichen Jahren machen"(I-01: 39) und eine gehörige Portion Erfahrung: „Die Auswahl, welcher Betrieb zu welchem Jugendlichen passt, beruht auf unserem Erfahrungswissen. Und darauf, dass wir möglichst viel detaillierte Informationen über die Ansprechpartner aufheben. Letztendlich entscheide ich ja individuell, wen ich da nehme und sage: ‚Der Betrieb passt zu Dir.' Das basiert alles auf Vorerfahrungen, die wir gesammelt haben." (I-06: 147)

Ein wesentlicher Aspekt dieser erfolgreichen Handlungsstrategie ist die lokale Verankerung. Dies gilt in mehrfacher Hinsicht: zum einen lässt sich der Kontakt zu Betrieben vor Ort weit besser pflegen als zu weit entfernten Betrieben. Lokal fokussiertes Wissen kann deshalb leichter akkumuliert werden. Zum anderen ist die lokale Verankerung einer Institution – möglichst gepaart mit personeller Kontinuität der Praktiker – ein nicht zu unterschätzender Faktor. Denn lokales Wissen wird nicht nur betriebsintern produziert, sondern auch durch kollegialen Austausch in lokalen Netzwerken hervorgebracht. Die interviewten Praktiker betonen jeweils die hohe Bedeutung, die sie den regelmäßigen Treffen mit anderen Akteuren im Sozialraum beimessen: „Also Netzwerkarbeit findet vor allem hier im Stadtteil statt. In unserem Stadtteil ist schon vor zehn Jahren eine Koordinierung von allen sozialen Einrichtungen erfolgt. Und da gibt es auch einen Arbeitskreis, der sich alle vier Wochen trifft, in dem sind alle sozialen Einrichtungen, das hiesige Jobcenter, die Schulsozialarbeit et cetera vertreten. Alle sind vernetzt und arbeiten zusammen. (...) Dadurch steht man mit vielen in Kontakt. Und wenn man beispielsweise eine Ausbildungsprojektbörse machen will, kann man bei jemandem anrufen, der das schon mal durchgeführt hat, und sich Informationen holen. Oder man kann in diesen Arbeitskreisen Projekte starten, für die man Unterstützung braucht. Projekte, die man gar nicht alleine machen könnte." (I-02: 116-118)

Jugendliche profitieren in mehrfacher Hinsicht vom Lokalen Wissen und der sozialräumlichen Verankerung der Praktiker. Sie erhalten nicht nur Hinweise auf mögliche Ausbildungsbetriebe und können passgenau vermittelt werden, was die Erfolgswahrscheinlichkeit deutlich steigert. Darüber hinaus aber stehen ihnen vor Ort kontinuierliche Ansprechpartner zur Verfügung: „Wenn wir uns die Biografien ansehen, zeigt sich, dass Jugendliche zum Teil langfristige Begleitungen brauchen. Wichtig sind kontinuierliche Personen, um diese ganzen Brüche, die in der Biografie schon aufgetreten sind, zu bearbeiten, und um auch die Rückschläge, die immer wieder kommen, auszuhalten. Deshalb haben wir eine Kooperation mit einem Jugendbüro im Stadtteil, das sehr, sehr langfristig mit den Bewohnern arbeitet. Die betreuen zum Teil die Kinder der früheren Klienten jetzt auch wieder. Und zwar mit dem Personal, das schon seit Jahrzehnten in dem Stadtteil ist. Das ist sehr positiv zu bewerten. Die sind kontinuierlich ansprechbar und die Jugendlichen wissen, sie können dort immer wieder hin." (I-09: 101)

Die Praktiker weisen darauf hin, dass es ihnen aufgrund der lokalen Verankerung gelingt, an die sozialräumliche Verantwortung der Betriebe vor Ort zu appellieren und dadurch Ausbildungsmöglichkeiten zu akquirieren: „Aufgrund dieser Ausbildungsmarktbörse bin ich auch mit den großen Betrieben in Kontakt getreten, die hier vor Ort ansässig sind, und habe versucht, sie einzubinden und dafür zu sensibilisieren, dass sie doch einen Jugendlichen aus dem Stadtteil nehmen. Einige Betriebe waren sehr offen und sehr interessiert. Vor allem weil wir angeboten haben, dass wir die Jugendlichen dann auch während der Ausbildung begleiten." (I-02: 108)

Aus Sicht der Praktiker gäbe es noch wesentlich mehr Ausbildungspotenzial, das allerdings nur durch kleinteilige Arbeit vor Ort erschlossen werden kann: „Das ist wirklich ein Aufgabengebiet, für das wir noch eine weitere Stelle bräuchten. Ausschließlich für Arbeitgeber-Akquise. Denn das muss noch viel intensiver betrieben werden." (I-02: 108)

Doch anstelle einer personellen Erweiterung, die die Erschließung der lokalen Ausbildungsressourcen vorantreiben könnte, sehen sich die Praktiker mit einer politischen Entwicklung konfrontiert, die dem Lokalen keine Bedeutung zumisst, sondern im Zuge der Neuen Steuerung einzig und allein an Kostenfaktoren interessiert ist. Überregionale Ausschreibungen gehen mit einer Entwertung des Lokalen Wissens einher und resultieren in einer Zerschlagung lokaler Netzwerke und Kooperationen: „Als das Programm ausgelaufen ist, gab es bundesweit eine Ausschreibung mit dem Ergebnis, dass in Frankfurt kein einziger der angestammten Träger zum Zuge kam. Kein einziger. Niemand, der in diesen alten Netzwerken gearbeitet hat, der die Strukturen vor Ort kennt, den Arbeitsmarkt vor Ort kennt, der die Jugendlichen vor Ort kennt, der Kontakte hat. Niemand." (I-06: 191)

Ähnlich negative Auswirkungen hatte aus Sicht der Praktiker die Art und Weise, wie die Arbeitsverwaltung neu strukturiert wurde: „Das mit den ARGEn ist sehr schwierig. Bei ihrer Umsetzung wurden viele alte Netzwerke aufgebrochen. Frühere Wege, auf denen man etwas erreichen konnte, gab es plötzlich nicht mehr. Und die Mitarbeiter in den Job-Centern kannten die freien Träger nicht." (I-06: 193)

Dieser Entwertung lokalen Wissens versuchen die freien Träger der Jugendhilfe zu begegnen, indem sie sich zusammenschließen: „Wir achten immer darauf, wie kann man sich mit anderen Trägern zusammentun. Wie kann man ein gemeinsames Angebot machen, damit die Strukturen erhalten bleiben. Damit wir als Professionelle, die die entsprechenden Strukturen gut kennen, auch mal gemeinsam politisch reagieren können. Wir haben beispielsweise eine Verlautbarung der hiesigen Fachkräfte formuliert und an die entsprechenden Stellen gerichtet, dass für die Jugendlichen niedrigschwellige Einrichtungen erhalten bleiben müssen." (I-06: 201)

Ferner achten die Praktiker darauf, in den zentralen Entscheidungsgremien vertreten zu sein, um eine Lobbyfunktion ausüben zu können: „Als Einrichtung, die Frankfurt weit arbeitet, versuchen wir immer, dass wir in diesen Gremien drin bleiben und auch mitsprechen. Damit man eben gemeinsam, im Sinne der jungen Leute agieren kann." (I-06: 193)

Die von den Praktikern beobachtete sukzessive Entwertung des lokalen Wissens im Zuge von Maßnahmen, die der Logik des neuen Steuerungsmodells folgen, und das parallel zu beobachtende hohe Interesse der Entscheidungsträger an Monitoring und Controlling, welches ebenfalls gut zur Logik der neuen Steuerung passt, führt zu der Überlegung, im Schlussteil dieses Kapitels das Thema „neue Steuerung" aufzugreifen und die Berufsbildungspolitik für Jugendliche mit Migrationshintergrund vor diesem Hintergrund zu diskutieren.

5.7 Kommunalpolitik vor dem Hintergrund des neuen Steuerungsmodells[31]

Diese Schlussbetrachtung befasst sich mit der Frage, welche Möglichkeiten und Fallstricke eine am neuen Steuerungsmodell (NSM) orientierte Ausbildungsförderung für Jugendliche mit Migrationshintergrund möglicherweise mit sich bringt.

---

31 Die Ausführungen in diesem Abschnitt sind teilweise im folgenden Sammelbandbeitrag diskutiert und abgedruckt: Aybek, Can (2009): München: Integrationspolitik nach dem Neuen Steuerungsmodell. In: Gesemann, Frank und Roland Roth (Hrsg.): Lokale Integrationspolitik in der Einwanderungsgesellschaft: Migration und Integration als Herausforderung von Kommunen. Wiesbaden, VS Verlag für Sozialwissenschaften.

Zur besseren Klärung des Diskussionsgegenstands erscheint es hilfreich, kurz auf die Einführung des NSM allgemein einzugehen: Das NSM wurde in den frühen 1990ern in die Debatte über Verwaltungsmodernisierung eingebracht, als viele Kommunen in Deutschland in einer Haushaltskrise steckten. Einige von ihnen hatten sich bereits so hoch verschuldet, dass sie keine volle Autonomie über ihre ursprünglich lokal geregelten Ausgaben mehr hatten und unter die Aufsicht der Finanzbehörden des jeweiligen Landes gestellt worden waren (vgl. Holtkamp 2000). Unter diesen Umständen wurde – initiiert von der Kommunalen Gemeinschaftsstelle für Verwaltungsmanagement (KGSt) – Anfang der 1990er Jahre das Neue Steuerungsmodell als Ansatz zur Reformierung der lokalen Verwaltung vorgestellt (KGSt 1992, 1993). Obwohl der Ansatz ursprünglich aus liberal-ökonomischen Ländern wie den USA oder Großbritannien stammt, wurde als Modell für die deutschen Kommunen auf den als fortschrittlich angesehenen Ansatz der niederländischen Stadt Tilburg zurückgegriffen (KGSt 1992).

Die Vorstellung, die kommunalen Ausgaben mit Hilfe einer effizienter organisierten öffentlichen Verwaltung in den Griff zu bekommen, sorgte in kürzester Zeit für eine breite Zustimmung – auch in finanziell besser gestellten Kommunen wie München (vgl. Jungfer 2005). Viele Gemeinden reformierten ihre Dienstleistungen, indem sie gestützt auf das NSM Konzepte entwickelten, die stark an privatwirtschaftliche Herangehensweisen angelehnt waren. Begriffe wie Produktbeschreibung, Zielvereinbarung, Qualitätsmanagement, Output-Steuerung etc. sind kennzeichnend für das NSM.

Bogumil und Holtkamp weisen darauf hin, dass die Einführung des NSM parallel zu einer Ökonomisierung der Kommunalverwaltung erfolgt ist und sich „… in deren Folge (…) in der Verwaltung stärker autonome leistungsorientierte Bereiche herausgebildet haben" (2004: 149). Die verschiedenen Verwaltungseinheiten verkehren miteinander so, als ob tatsächlich eine Art Markt da wäre, und stellen sich die Dienste, die sie erbringen, gegenseitig in Rechnung.

Im Bereich der Integrationspolitik wurde oben bereits hinsichtlich der Stadt München dargestellt, wie sich die Ausrichtung dieses Politikfeldes am neuen Steuerungsmodell in der Praxis gestaltet. Es wurde ein Integrationskonzept entwickelt, das eine outputorientierte, faktengestützte Politikgestaltung vorsieht: ausgehend von einer Zukunftsvision werden Ziele festgesetzt und Programme und Instrumente benannt, mit denen diese Ziele erreicht werden sollen. Dafür müssen Indikatoren entwickelt werden, anhand derer sich messen lässt, ob bestimmte Handlungsstrategien erfolgreich sind. Um Fortschritte erkennen zu können, muss zunächst der Status quo ante analysiert werden, danach müssen fortlaufend Informationen gesammelt und ausgewertet werden. Wie das Münchner Beispiel zeigt, kann die als Ausgangspunkt erforderliche Diskussion über die angestrebten Ziele und die diese Ziele beschreibenden Indikatoren lange Zeit in Anspruch nehmen.

Mittlerweile baut man offensichtlich auch in Frankfurt a.M. die Integrationspolitik nach den Kriterien des neuen Steuerungsmodells um. In diese Richtung weist jedenfalls der Beschluss der Stadtverordnetenversammlung, ein „Integrationsmonitoring" einzuführen (SVV Frankfurt/Main 2007). Ein solches „Monitoring" unterstellt, dass es Indikatoren gibt, anhand derer man die Integrationsentwicklungen in der Stadt „messen" kann.[32] Weiterhin wurde beschlossen, dass das AmkA in regelmäßigen Abständen einen Integrationsbericht vorlegen soll.

---

32 Als erster Schritt in diese Richtung kann auch die Studie „Evaluation von Integrationsprozessen" (Straßburger 2001) gewertet werden, die das AmkA in Auftrag gab.

Dass in vielen deutschen Städten Programme und Maßnahmen gegenüber Zugewanderten und Minderheiten nach der allgemeinen Logik des NSM konzeptualisiert, gesteuert und evaluiert werden sollen, ist ein neuerer Trend. Die Gründe, warum dieser Ansatz immer mehr Beachtung findet, können unter unterschiedlichen Blickwinkeln diskutiert werden. Es wäre naheliegend zu behaupten, dass es sich dabei um einen Spillover-Effekt handelt. Genauso gut kann allerdings auch die Behauptung aufgestellt werden, dass das NSM dadurch besondere Attraktivität gewinnt, dass es einen geeigneten Rahmen für die Verankerung der interkulturellen Öffnung als Querschnittsstrategie zu bieten scheint.

Die These, dass es sich hier um einen Spillover-Effekt handelt, ist relativ simpel und besagt, dass sich die Gestaltung des Teilpolitikfeldes „Integrationspolitik" dem allgemeingültigen Paradigma der Verwaltung, ihr Vorgehen nach den Prinzipien des NSM auszurichten, nicht entziehen kann und deshalb nach dessen Kriterien gestaltet wird.

Die zweite Perspektive bezieht sich darauf, dass der NSM-Ansatz verschiedene Elemente enthält, die eine Verankerung der interkulturellen Orientierung und Öffnung der Verwaltung als Querschnittspolitik unterstützen. Wie bereits erwähnt, kommt aufgrund der outputorientierten Politikgestaltung im Rahmen des NSM Evaluationsprozessen ein hoher Stellenwert zu. Auch die im Neuen Steuerungsmodell favorisierten Prozesse des Qualitätsmanagements verfolgen im Prinzip das Ziel, über existierende Handlungsroutinen zu reflektieren und diese gegebenenfalls zu verändern. Die wichtige Rolle dieser Konzepte bzw. Instrumente im NSM bietet den integrationspolitisch engagierten Akteuren auf lokaler Ebene die Gelegenheit, ihre Anliegen nicht mehr aus einer Nischenposition heraus zu formulieren, sondern sie in der weiteren Struktur der Verwaltung als Querschnittspolitik zu verankern. Hier kann also eine gewisse Kompatibilität zwischen der interkulturellen Orientierung als Handlungsstrategie und dem NSM festgestellt werden.

Man kann daher auch umgekehrt die Frage stellen, warum eigentlich die Entwicklung eines integrationspolitischen Leitbildes so lange Zeit auf sich warten ließ. Dies hängt damit zusammen, dass die Politik Deutschland bis in die späten 1990er nicht als Einwanderungsland sah. Angesichts dieser politischen Großwetterlage bestand aus Sicht der kommunalpolitischen Akteure vieler Städte kein Anlass, ein integrationspolitisches Programm zu entwerfen. Die Formulierung von Leitbildern bzw. Gesamtkonzepten wurde für relativ neue Politikfelder – wie etwa den Bereich der Integration – lange Zeit nicht in Erwägung gezogen. Gesamtstädtische Leitbilder wurden auf kommunaler Ebene zumeist von den Planungs- und Stadtentwicklungsdezernaten entworfen und hatten die räumlich-wirtschaftliche Entwicklung der Kommune im Fokus.

Durch die Formulierung von Integrationskonzepten können Kommunen auf Kritik reagieren, der sie über lange Zeit hin ausgesetzt gewesen waren. Der Hauptkritikpunkt richtete sich dabei darauf, dass die Auswahl für bestimmte Ansätze auf lokaler Ebene relativ willkürlich getroffen wurde. Auch in den untersuchten Kommunen wurde das Fehlen einer gesamtstädtischen Integrationspolitik von den lokalen Akteuren öfters kritisiert und über Vorschläge, die unterbreitet wurden, heftig debattiert (Bertelsmann Stiftung und Bundesministerium des Innern 2005a: 4). Intransparenz und Wechselhaftigkeit sind verständlicherweise auch für viele Organisationen, die sich in der integrationspolitischen Praxis einsetzen, Merkmale, die nachteilig wirken, da dadurch Planungsunsicherheiten entstehen und Weiterentwicklungen behindert werden. Ein übergeordnetes Ziel von Integrationskonzepten ist es deshalb, eine stärkere Kohärenz und Kontinuität im Politikfeld herzustellen. Dies wiederum steht ganz in Einklang mit der Forderung des Neuen Steuerungsmodells nach strategischer Planung.

Abschließend soll die Frage erörtert werden, ob eine Sammlung von Fakten unbedingt eine effizientere Politik nach sich ziehen muss. Aus den Ausführungen oben wird deutlich, dass es sich bei der indikatorengestützten Herangehensweise um eine Logik handelt, die in hohem Maße einer instrumentellen Rationalität unterliegt. Bei dieser Art der Rationalität wird davon ausgegangen, dass die Probleme, mit denen man konfrontiert ist, gut umrissen und klar sind. Dieser Annahme kann aber auch entgegengesetzt werden, dass in der 'realen' Welt die Probleme bei weitem nicht klar umrissen werden können: Kausalitäten sind komplex und schwer zu fassen.

Bei der Beschreibung von Problemzuständen geht es darum, eine Situation begrifflich zu erfassen, also eine Sichtweise zu konstruieren. Die damit einhergehende Entwicklung von Lösungsansätzen erfordert die Festsetzung einer Rangordnung der zu bearbeitenden Angelegenheiten und die Entscheidung für einen bestimmten Lösungsweg (Stone 2002). Also geht es bei der Diskussion um relevante Fakten nicht nur um die Frage, welche Fakten herangezogen werden, sondern auch darum, wessen Fakten Gültigkeit besitzen sollen. Parsons (2004: 50) betont in diesem Zusammenhang: "More evidence or data may help our feelings of insecurity and uncertainty, and give us a sense of stability and control, but closing the information gap will do little of itself to enable us to learn, adapt and innovate in a world in flux".

In Bezug auf das NSM ist zu bemerken, dass dieses tendenziell zu einer Präferenz von einer von oben gesteuerten Politikgestaltung führen kann, weil es auf einer instrumentellen Rationalität beruht. Damit kann ein entscheidender Vorteil verloren gehen, den die lokale Ebene bietet: die Nähe zur konkreten Lebenswelt von Menschen und die Möglichkeit zum Experimentieren. Welche Verluste mit der generellen Orientierung des politischen Handelns am neuen Steuerungsmodell einhergehen können, haben die Ausführungen zu den berufsbildungspolitischen Implementationsstrategien aus Sicht der Praktiker verdeutlicht. Die dort geschilderten Best-Practice-Ansätze verdeutlichen, dass der Erfolg der Handlungsansätze im Allgemeinen eng mit der Nähe zur Lebenswelt und dem Lokalen Wissen verbunden ist (vgl. auch Fischer 2000).

Die lokale Verankerung kann ein wesentlicher Erfolgsfaktor sein. Sie erleichtert die Kontaktaufnahme und den Beziehungsaufbau mit den Jugendlichen und den Betrieben, aber auch den kollegialen Austausch und die Vernetzung vor Ort. Dadurch lässt sich in Erfahrung bringen, welche Interessen und Bedürfnisse bei den unterschiedlichen Akteuren, wie z. B. den Jugendlichen, Eltern, Betrieben, Schulen, sozialen Institutionen oder Migrantenorganisationen vorhanden sind und wo man ansetzen kann, um Jugendliche mit Migrationshintergrund beim Übergang Schule-Ausbildung zu unterstützen, um ihre Eltern mit den nötigen Informationen zu versorgen, den Pool an Ausbildungsbetrieben zu erweitern, den Ausbildungsprozess zu flankieren u.v.m. Das Besondere dabei ist, dass das lokale Wissen, auf dem der Erfolg vieler Handlungsstrategien anscheinend beruht, mit jedem Kontakt und jeder Aktion wächst. Kontinuität und lang andauernde lokale Verankerung sind wesentliche Voraussetzungen, um lokales Wissen zu akkumulieren.

Wenn nun im Zuge der neuen Steuerung der Kostenfaktor weit stärker gewichtet wird als Faktoren wie „lang andauernde Präsenz vor Ort", „Kenntnis der Lebenswelten und der sozioökonomischen Situation vor Ort", „Verankerung in lokalen Netzwerken" u.ä. dann werden lokale Handlungsstrukturen zerstört und das bislang akkumulierte lokale Wissen verliert schlagartig an Wert. Damit kann sich ein Ansatz, der darauf abzielt, eine stärkere Kohärenz und Effizienz des politischen Handelns zu erreichen, durchaus nachteilig auswirken.

Diese resümierenden Gedanken sind wissentlich etwas überspitzt formuliert, um die Konturen eines Bildes, das viele Grauschattierungen enthält, besser herauszuarbeiten. Die dargestellten Konzepte und Handlungsstrategien in München und Frankfurt enthalten viele Elemente, die über ein instrumentelles Politikverständnis hinausgehen und sogar dessen Gegenteil verfolgen. So wird etwa durch die Betonung der interkulturellen Orientierung und Öffnung explizit auf die Rolle von Lern- und Reflexionsprozessen in allen Politikbereichen hingewiesen. Weitere Beispiele ließen sich aufzählen, aber nicht von der Hand zu weisen ist, dass in beiden Kommunen die meisten Entscheidungsträger im integrations- und berufsbildungspolitischen Bereich den Maximen des neuen Steuerungsmodells folgen und ihre Handlungsstrategien deshalb den potenziellen Fallstricken ausgesetzt sind, die damit einhergehen.

6 Zusammenfassung der zentralen Ergebnisse und Ausblick

Die vorliegende Arbeit hat das Thema der ethnischen Ungleichheit im Zugang zur beruflichen Bildung aus einer hauptsächlich lebenslaufsoziologischen Perspektive untersucht. Der Fokus wurde auf den Übergang Schule-Ausbildung gelegt und damit auf die Frage, ob und gegebenenfalls warum sich der nachschulische Werdegang bei Migrantenjugendlichen anders gestaltet als bei einheimischen Jugendlichen. Die Untersuchung befasst sich speziell mit Jugendlichen, die einen niedrigen Schulabschluss, maximal einen Hauptschulabschluss vorweisen. Da bekannt ist, dass diese Jugendlichen nach der Schule immer seltener direkt in die Berufsausbildung, und immer häufiger in das sog. Übergangssystem mit seinen diversen Programmen und Maßnahmen einmünden, wurde darüber hinaus untersucht, wie die kommunalen Ansätze aussehen, die die Rahmenbedingungen dieses Übergangssystems bestimmen.

Das Forschungsdesign der Studie wurde von einem zuvor entwickelten Erklärungsmodell abgeleitet. Dieses geht davon aus, dass das auf der Makroebene angesiedelte Phänomen der Benachteiligung von Migrantenjugendlichen am besten durch eine Untersuchung der Prozesse zu erklären ist, die auf der Mikro- und Mesoebene angesiedelt sind. Deshalb wurden auf der Mikroebene individuelle Verlaufsprozesse im Übergang Schule-Ausbildung untersucht und auf der Mesoebene die institutionellen Gegebenheiten analysiert, die auf kommunaler Ebene die Einmündung in eine berufliche Ausbildung beeinflussen. Die Ergebnisse dieser Analysen verdeutlichen, dass auf beiden Ebenen Prozesse zu beobachten sind, durch die ein besseres Verständnis des untersuchten Makrophänomens hergestellt werden kann.

Bei der Untersuchung der individuellen Verlaufsprozesse mittels Statusverteilungen, Kaplan-Meier-Schätzungen und periodenspezifischen Ratenregressionsmodellen konnte zunächst die Beobachtung bestätigt werden, dass die Einmündung in eine Ausbildung bei Jugendlichen mit Migrationshintergrund deutlich länger dauert als bei einheimischen Jugendlichen. Zudem fällt bei den Migrantenjugendlichen der Anteil derjenigen, die bis Ende des Beobachtungszeitraums – also innerhalb von fünf Jahren nach Beginn der Ausbildungssuche – überhaupt eine Ausbildung begonnen haben, deutlich niedriger aus. Auf der Ebene der aggregierten Verläufe ist zu beobachten, dass ihr Weg nach der Schule zudem wesentlich häufiger in das Übergangssystem führt. Das steht in Widerspruch zu den Bildungsaspirationen der Migrantenjugendlichen, die stärker als Einheimische an einer beruflichen Qualifikation interessiert sind. Allerdings sind sie, wenn sie die Schule verlassen, im Durchschnitt auch älter als die deutschen Jugendlichen und gehen zudem häufiger ohne Abschluss von der Schule ab.

Ein Vergleich der Statusverteilungen von Jugendlichen mit und ohne Migrationshintergrund ab Beginn ihres 15. Lebensjahrs über fünf Jahre hinweg zeigt, dass die Übergänge der einheimischen Jugendlichen viel stärker den institutionell vorgesehenen, altersnormierten Pfaden folgen als die der Migrantenjugendlichen. Bei den Einheimischen lassen sich relativ klare Zäsuren identifizieren, die bei den Migranten kaum zu erkennen sind. So beenden etwa mit Beginn des 17. Lebensjahrs nach und nach immer mehr einheimische Jugendliche ihre Ausbildung, während die Zahl der jungen Migranten, die sich in Ausbildung befinden, über alle beobachteten Altersperioden hinweg relativ hoch bleibt. Deutlich wird zudem, dass die Teilnahme an Maßnahmen des Übergangssystems bei Jugendlichen mit Migrationshintergrund viel länger anhält als bei Jugendlichen ohne Migrationshintergrund. Die markantesten Unterschiede sind zwischen jungen Männern mit und ohne Migrationshintergrund zu verzeichnen. Während einheimische Männer nach etwas über einem Jahr bereits zur Hälfte in eine Ausbildung eingemündet sind, benötigen männliche Migranten mit etwa zweieinhalb Jahren mehr als doppelt so lange, bis 50 Prozent von ihnen eine Ausbildung begonnen haben.

Vor dem Hintergrund, dass die Übergangsprobleme von Migrantenjugendlichen bislang in erster Linie mit individuellen Voraussetzungen wie etwa schlechteren Abschlusszeugnissen oder der Bildungsferne ihrer Elternhäuser erklärt werden, bestand ein Ziel der Analysen darin herauszufinden, ob das Merkmal Migrationshintergrund einen von anderen Faktoren unabhängigen Einfluss auf die Aufnahme einer Ausbildung ausübt oder nicht. Ein solcher Zusammenhang konnte anhand des PCE-Modells eindeutig bestätigt werden. Die Überprüfung unterschiedlicher individueller Merkmale, von denen angenommen werden kann, dass sie den Übergang in die Ausbildung beeinflussen, wie z.B. Geschlecht, Alter, Schulabgangsnote und Bildungsniveau des Elternhauses, hat verdeutlicht, dass das Merkmal Migrationshintergrund einen unabhängigen und signifikant negativen – also verzögernden – Effekt auf den Übergang in die berufliche Erstausbildung hat.

Ein sehr interessanter Befund bezieht sich auf die Zeitstruktur der Übergangsprozesse: Es gibt offensichtlich relativ kurze Zeiträume, in denen viele Jugendliche eine Ausbildung beginnen und jeweils lange Perioden danach bzw. davor, in denen sich wenig tut und kaum Übergänge zu verzeichnen sind. Anhand der periodenspezifischen Schätzung der Übergangsraten konnte gezeigt werden, dass die Migrantenjugendlichen gerade in den Zeiten besonders stark hinter die einheimischen Jugendlichen zurückfallen, in denen insgesamt gesehen die meisten Übergänge stattfinden.

Es ist anzunehmen, dass die Zeitstruktur der Übergangsprozesse stark durch die Programme und Maßnahmen beeinflusst wird, die das Übergangssystem für die Jugendlichen bereithält. Denn die kurzen Perioden, in denen sich viele Übergänge feststellen lassen, beginnen direkt im Anschluss an die Schule bzw. ein oder zwei Jahre nach dem Verlassen der Schule und damit genau zu den Zeiten, zu denen üblicherweise unterstützende Maßnahmen enden. Diese Beobachtung auf der Mikroebene verweist auf die Mesoebene, denn es stellt sich die Frage, wie die Entscheidungsträger, die auf kommunaler Ebene die Rahmenbedingungen des Übergangssystems gestalten, mit ihrem Handeln die Übergangsprozesse beeinflussen.

In dieser Studie wurde daher im Rahmen von Fallstudien zu Frankfurt a.M. und München untersucht, wie auf kommunaler Ebene Ausbildungsförderung betrieben wird und welche Rolle dabei die Integration von Migrantenjugendlichen in das berufliche Bildungssystem spielt. Hierzu wurden die zentralen berufsbildungspolitischen Gremien in den untersuchten Kommunen hinsichtlich ihrer Gründungsgeschichte und Mitgliederstruktur analysiert. Zudem wurden die Kooperationsbeziehungen und die Aufgaben- und Rollenverteilungen aus der Sicht der verschiedenen Interviewpartner beschrieben. Dabei fiel auf, dass nur in München integrationspolitische Akteure in diesem Gremium vertreten sind, während in Frankfurt die integrationspolitischen Akteuren außen vor gehalten werden. Das wirft die Frage auf, ob dies durch den unterschiedlichen integrationspolitischen Ansatz bedingt sein könnte, der

Zusammenfassung der zentralen Ergebnisse und Ausblick

sich in München durch eine Querschnittsorientierung („Mainstreaming") auszeichnet, was eine stärkere Berücksichtigung migrationsbedingter Aspekte in anderen Politikfeldern zur Folge haben sollte. Dieser Frage konnte im Rahmen dieser Arbeit allerdings nicht weiter nachgegangen werden, da u.a. die Umsetzung dieses Mainstreaming-Ansatzes noch relativ am Anfang steht.

Ein weiterer Teil der Fallstudien widmete sich der Situationswahrnehmung der Entscheidungsträger. Es wurde untersucht, wie sie verschiedene Aspekte bewerten, die die Chancen, einen Ausbildungsplatz zu finden, beeinflussen. Das vorherrschende Thema ihrer Schilderungen ist die rasante Geschwindigkeit, mit der sich wirtschaftliche Veränderungen vollziehen. Die Entscheidungsträger zeichnen das Bild einer zunehmenden Ungleichzeitigkeit zwischen global voranschreitenden Entwicklungen, hinterherhinkenden lokalen Akteuren und einer abgeschlagenen Gruppe niedrig qualifizierter Jugendlicher, die nicht mithalten können.

Auffällig ist, dass die Entscheidungsträger ihre eigene Handlungsmacht und damit auch ihre politische Verantwortung als relativ gering einschätzen. Im Großen und Ganzen scheinen sie sich damit abgefunden zu haben, dass ein gewisser Prozentsatz von Jugendlichen auf dem Ausbildungs- und Arbeitsmarkt keine Chance hat. Die Ursache dafür suchen sie in den Sozialisationsinstanzen Elternhaus und Schule, wo es ihres Erachtens an adäquater Vorbereitung für den Arbeits- und Ausbildungsmarkt mangelt. In ihren Argumenten weisen sie durchgängig darauf hin, dass die fehlende Qualifikation der Jugendlichen der Grund für deren Scheitern ist.

Resümierend lässt sich für die Analyse der kommunalen Ausbildungsförderung festhalten, dass die Politikfelder Integrationspolitik und Berufsbildungspolitik personell und inhaltlich kaum miteinander verzahnt sind. Sie zeichnen sich zudem durch unterschiedliche Handlungslogiken aus. Insgesamt scheint die Kategorie „Migrationshintergrund" im Rahmen der Ausbildungsförderung eher nachrangig behandelt zu werden. Migrantenjugendliche werden vorwiegend unter der Gruppe der sog. „benachteiligten Jugendlichen" subsumiert. Innerhalb dieser Zielgruppe schätzen Entscheidungsträger die Migrantenjugendlichen als besonders defizitär ein.

Die Gestaltung der Programme zur Ausbildungsförderung vor Ort richtet sich nicht primär nach den Problemlagen und Bedürfnissen der Jugendlichen, sondern berücksichtigt daneben eine Reihe anderer Interessen. So scheint die Bevorzugung oder Vernachlässigung bestimmter Ansätze in der Ausbildungsförderung nicht zuletzt durch die institutionellen Eigeninteressen der beteiligten Akteure bedingt, allem voran durch die Bedürfnisse der lokalen Wirtschaft.

Alles in allem scheinen die Chancen, aus dem System der kommunalen Ausbildungsförderung heraus einen starken Einfluss auf die Integration der hier untersuchten Gruppe der Migrantenjugendlichen in das Ausbildungssystem zu erreichen, relativ gering zu sein. Die direkten Einflussmöglichkeiten von öffentlicher Seite sind begrenzt und die Beziehungen zwischen den etablierten Akteuren weisen starke Interdependenzen auf, die eine gewisse Unbeweglichkeit der „Akteurkonstellationen" (Schimank 2002: 173ff.) mit sich bringen. Das Konsensprinzip, das die Arbeitsweise der untersuchten Gremien kennzeichnet, dürfte dazu führen, dass Ansätze, die der etablierten Handlungslogik widersprechen, geringe Aussicht haben, akzeptiert zu werden. Ein Ansatz, der die Situation verbessern könnte, läuft vielleicht über die Betonung des Lokalen in der Ausbildungsförderung, also über die Stärkung der Netzwerke zwischen Schulen, Betrieben und den Jugendlichen bzw. ihren Eltern. Ein anderer Weg besteht darin, eine indikatorengestützte Steuerung und Koordinierung von örtlichen Maßnahmen zu realisieren. Die hier dargestellten empirischen Ergebnisse deuten allerdings darauf hin, dass es vielversprechend wäre, Faktenwissen immer auch mit Kenntnissen über die lokalen Verhältnisse zu kombinieren.

Die hier durchgeführten Analysen haben nicht nur aufschlussreiche Ergebnisse über Übergangsprozesse von Jugendlichen mit niedrigen Schulabschlüssen geliefert und ein facettenreiches Bild der Organisation von Ausbildungsförderung auf kommunaler Ebene gezeichnet. Darüber hinaus haben sie gezeigt, dass klare Differenzen zwischen Jugendlichen mit und ohne Migrationshintergrund bestehen. Für zukünftige Forschungsvorhaben lässt sich deshalb der Schluss ziehen, dass es lohnenswert wäre, die Auswirkungen des Merkmals Migrationshintergrund weiter zu untersuchen. Ein Aspekt wäre die Untersuchung von individuellen Sequenzen des Übergangs von der Schule in die Ausbildung und der Vergleich von Migranten und einheimischen Jugendlichen innerhalb verschiedener Schulabsolventengruppen. Allgemein lassen sich in diesem Zusammenhang unterschiedliche Ansätze aus der empirischen Lebenslaufforschung nutzen. Beispielsweise könnten Merkmale von Verlaufssequenzen anhand von Optimal-Matching-Verfahren gruppenspezifisch untersucht werden. Ein weiterer Ansatz könnte darin bestehen, über Mehrebenenanalysen den Effekt von zeitveränderlichen Kontextbedingungen, z. B. der regionalen wirtschaftlichen Situation, in die Analyse mit einzubeziehen, denn nach wie vor ist die Frage nicht eindeutig beantwortet, in welchem Ausmaß Jugendliche mit Migrationshintergrund auf einem angespannten Ausbildungsmarkt mit stärkeren Konsequenzen zu rechnen haben.

Außerdem erscheint es lohnenswert, international vergleichende Forschungsperspektiven einzunehmen. Die oben skizzierten theoretischen Ansätze deuten darauf hin, dass die unterschiedlichen institutionellen Rahmenbedingungen in den jeweiligen Nationalstaaten einen Einfluss auf die Integration von Migrantenjugendlichen der zweiten und dritten Generation in den Ausbildungs- und Arbeitsmarkt haben. Wie genau die Mechanismen funktionieren, die zu den Unterschieden zwischen Einheimischen und Migranten in den jeweiligen Ländern führen, sind weiter unklar. Angesichts der gesellschaftspolitischen Relevanz, die das Thema der Integration von Jugendlichen mit Migrationshintergrund besitzt, werden weitere empirische und theoretisch-konzeptionelle Arbeiten zu leisten sein.

Literaturverzeichnis

Alba, Richard D., Johann Handl und Walter Müller (1994): Ethnische Ungleichheit im deutschen Bildungssystem. *Kölner Zeitschrift für Soziologie und Sozialpsychologie.* 46 (2), 209-237.

Allmendinger, Jutta (1989): Educational Systems and Labour Market Outcomes. *European Sociological Review.* 5 (3), 231-250.

Asche, Matthias (2007): Hugenotten in Europa seit dem 16. Jahrhundert. In: Bade, Klaus J., Pieter C. Emmer, Leo Lucassen und Jochen Oltmer (Hrsg.): *Enzyklopädie Migration in Europa: vom 17. Jahrhundert bis zur Gegenwart.* München, Fink, 635-643.

Auernheimer, Georg (1989): Kulturelle Identität - Ein gegenaufklärerischer Mythos? *Das Argument* (3), 381-394.

Autorengruppe Bildungsberichterstattung (Hrsg.) (2008): *Bildung in Deutschland: ein indikatorengestützter Bericht mit einer Analyse zu Übergängen im Anschluss an den Sekundarbereich I.* Bielefeld, Bertelsmann.

Aybek, Can M. (2008): Jugendliche aus Zuwandererfamilien im Übergang von der Schule in den Beruf – Perspektiven der Lebenslauf- und Integrationsforschung. In: Hunger, Uwe, Can M. Aybek, Andreas Ette und Ines Michalowski (Hrsg.): *Migrations- und Integrationsprozesse in Europa: Vergemeinschaftung oder nationalstaatliche Lösungswege?* Wiesbaden, VS Verlag für Sozialwissenschaften, 167-189.

Aybek, Can (2009): München: Integrationspolitik nach dem Neuen Steuerungsmodell. In: Gesemann, Frank und Roland Roth (Hrsg.): *Lokale Integrationspolitik in der Einwanderungsgesellschaft: Migration und Integration als Herausforderung von Kommunen.* Wiesbaden, VS - Verlag für Sozialwissenschaften.

Aybek, Can (2011): Varying Hurdles for Low-Skilled Youth on the Way to the Labour Market in Germany. In: Wingens, Matthias; Michael Windzio; Helga de Valk und Can Aybek (Hrsg.): *Migration in a Life-Course Perspective. Acculturation, Social Integration, Structural Integration.* Dordrecht: Springer, S. 55-74.

Aybek, Can und Gaby Straßburger (2009): „Politik des friedlichen Zusammenlebens" - ein Integrationsansatz mit Modellcharakter in Frankfurt/Main. In: Gesemann, Frank und Roland Roth (Hrsg.): *Lokale Integrationspolitik in der Einwanderungsgesellschaft: Migration und Integration als Herausforderung von Kommunen.* Wiesbaden, VS - Verlag für Sozialwissenschaften.

Baethge, Martin, Heike Solga und Markus Wieck (2007): *Berufsbildung im Umbruch: Signale eines überfälligen Aufbruchs.* Berlin, Friedrich-Ebert-Stiftung.

Bauböck, Rainer, Eva Ersbøll, Kees Groenendijk und Harald Waldrauch (Hrsg.) (2006): *Acquisition and Loss of Nationality: Policies and Trends in 15 European Countries (2 Vol.).* Amsterdam, Amsterdam University Press.

Beauftragte für Ausländerfragen (2002): *Bericht der Beauftragten der Bundesregierung für Ausländerfragen über die Lage der Ausländer in der Bundesrepublik Deutschland.* Berlin.

Beck, Ulrich (1986): *Risikogesellschaft : auf dem Weg in eine andere Moderne.* Frankfurt/M., Suhrkamp.

Behrens, Maria (2003): Quantitative und qualitative Methoden in der Politikfeldanalyse. In: Schubert, Klaus und Nils C. Bandelow (Hrsg.): *Lehrbuch der Politikfeldanalyse.* München, Oldenbourg, 203–235.

Beicht, Ursula, Michael Friedrich und Joachim Gerd Ulrich (2007): Deutlich längere Dauer bis zum Ausbildungseinstieg. Bonn, BIBB.

Bertelsmann Stiftung und Bundesministerium des Innern (2005a): *Erfolgreiche Integration ist kein Zufall. Strategien kommunaler Integrationspolitik. Ausschreibung Teil II – Fragebogen. Antworten der Landeshauptstadt München.* Gütersloh, Bertelsmann Stiftung. URL: http://www.muenchen.de/cms/prod2/mde/_de/rubriken/Rathaus/85_soz/04_ wohnenmigration/31_interkulti/downloads/bertelsmann1.pdf, [Zugriff am: 02.02.2008].

Bertelsmann Stiftung und Bundesministerium des Innern (2005b): *Erfolgreiche Integration ist kein Zufall. Strategien kommunaler Integrationspolitik. Checkliste für die zweite Wettbewerbsrunde. Angaben der Landeshauptstadt München (Uschi Sorg/Margret Spohn).* Gütersloh, Bertelsmann Stiftung. URL: http://www.muenchen.de/ cms/prod1/mde/_de/rubriken/Rathaus/85_soz/04_wohnenmigration/31_interkulti/downloads/bertelsmann2.pdf, [Zugriff am: 02.02.2008].

Billari, Francesco C., Dimiter Philipov und Pau Baizán (2001): Leaving Home in Europe: The Experience of Cohorts Born Around 1960. *International Journal of Population Geography.* 7 (5), 339-356.

Blossfeld, Hans-Peter (1989): *Kohortendifferenzierung und Karriereprozess: eine Längsschnittstudie über die Veränderung der Bildungs- und Berufschancen im Lebenslauf.* Frankfurt/Main u.a., Campus-Verl.

Blossfeld, Hans-Peter, Katrin Golsch und Götz Rohwer (2007): *Event History Analysis with Stata.* Mahwah, New Jersey, Lawrence Erlbaum Associates.

Blossfeld, Hans-Peter und Johannes Huinink (1991): Human Capital Investments or Norms of Role Transition? How Women's Schooling and Career Affect the Process of Family Formation. *American Journal of Sociology.* 97 (1), 143-168.

BMBF (2008): *Berufsbildungsbericht 2008 (Vorversion).* Berlin, Bundesministerium für Bildung und Forschung (BMBF). URL: http://www.bmbf.de/pot/download.php/M%3A7912+Berufsbildungsbericht+2008/~/pub/ bbb_08.pdf, [Zugriff am: 12.05.2008].

BMBF, Bundesministerium für Bildung und Forschung (Hrsg.) (2004): *Expertisen zu den konzeptionellen Grundlagen für einen Nationalen Bildungsbericht - Berufliche Bildung und Weiterbildung/Lebenslanges Lernen.* (Bildungsreform Band 8). Berlin, BMBF.

Bogumil, Jörg und Lars Holtkamp (2004): Local Governance und gesellschaftliche Integration. In: Lange, Stefan und Uwe Schimank (Hrsg.): *Governance und gesellschaftliche Integration.* Wiesbaden, VS - Verlag für Sozialwissenschaften, 147-166.

Bommes, Michael (1999): *Migration und nationaler Wohlfahrtsstaat: Ein differenzierungstheoretischer Entwurf.* Opladen, Westdt. Verl.

Bommes, Michael (2006): Migration and Migration Research in Germany. In: Vasta, Ellie und Vasoodeven Vaddamalay (Hrsg.): *International Migration and The Social Sciences: Confronting National Experiences in Australia, France and Germany.* Basingstoke, Palgrave Macmillan, 143-221.

Bosswick, Wolfgang und Gisela Will (2002): *Integrationsangebote in ausgewählten hessischen Kommunen und ihre institutionelle Umsetzung: Studie zur institutionellen Umsetzung von Integrationsangeboten mit Migranten auf der kommunalen Ebene am Beispiel von elf ausgewählten Kommunen.* Bamberg, efms.

Boudon, Raymond (1974): *Education, Opportunity, and Social Inequality: Changing Prospects in Western Society.* New York, Wiley & Sons.

Bourhis, Richard Y., Lena Celine Moise, Stephane Perreault und Sacha Senecal (1997): Towards an Interactive Acculturation Model: A Social Psychological Approach. *International Journal of Psychology.* 32 (6), 369-387.

Brüderl, Josef und Stefani Scherer (2006): Methoden zur Analyse von Sequenzdaten. In: Diekmann, Andreas (Hrsg.): *Methoden der Sozialforschung.* Wiesbaden, VS Verlag, 330-347.

Brzinsky-Fay, Christian (2007): Lost in Transition? Labour Market Entry Sequences of School Leavers in Europe. *European Sociological Review.* 23 (4), 409-422.

Burkert, Carola und Holger Seibert (2007): Labour Market Outcomes after Vocational Training in Germany: Equal Oportunities for Mgrants and Natives? (IAB Discussion Paper 31/2007). Nürnberg, Institut für Arbeitsmarkt und Berufsforschung (IAB). URL: http://doku.iab.de/discussionpapers/2007/dp3107.pdf, [Zugriff am: 12.05.2008].

Cohn-Bendit, Daniel (1989): Ein multikulturelles Frankfurt in einem »Europa der Städte«. Passagen aus der Antrittsrede als Dezernent für Multikulturelle Angelegenheiten. *Pflasterstrand: Stadtzeitung für Frankfurt.* 323/324 (6), 6, 150.

Cohn-Bendit, Daniel und Thomas Schmid (1992): *Heimat Babylon: Das Wagnis der multikulturellen Demokratie.* Hamburg, Hoffmann & Campe.

Coleman, James S. (1990): *Foundations of Social Theory.* Cambridge (US) / London, The Belknap Press of Harvard University Press.

Creswell, John W., L. Plano Clark Vicki und Amanda L. Garrett (2008): Methodological Issues in Conducting Mixed Methods Research Designs. In: Bergman, Manfred Max (Hrsg.): *Advances in Mixed Methods Research: Theories and Applications.* London, SAGE, 66-83.

Crouch, Colin, David Finegold und Mari Sako (2001): *Are Skills the Answer? The Political Economy of Skill Creation in Advanced Industrial Countries,* Oxford University Press.

Cuconato, Morena, Gabriele Lenzi, Corina Laasch und Andreas Walther (2004): Case Study Report on Participation and Non-formal Education in the Support for Young People in the Transition to Work in Italy. Report for the YOYO-project. URL: http://www.iris-egris.de/yoyo/pdf/yoyojointrep3.pdf, [Zugriff am: 14.07.2008].

Deutsches Jugendinstitut (2007): *Leitfaden lokales Übergangsmanagement: Von der Problemdiagnose zur praktischen Umsetzung.* Gütersloh, Verl. Bertelsmann Stiftung.

Dietrich, Marius (2002): *Zuwanderung und kommunale Integrationspolitik.* Diplomarbeit im Fach Sozialwissenschaften, Institut für Sozialwissenschaften, Humboldt-Universität. Berlin.

Dogan, Mattei (2002): Strategies in Comparative Sociology. *Comparative Sociology.* 1 (1), 63-92.

Literaturverzeichnis

177

Dreßler, Ulrich und Ulrike Adrian (Hrsg.) (2000): *Hessische Kommunalverfassung: Gemeindeordnung, Landkreisordnung und Kommunalwahlgesetz mit Anmerkungen und Hinweisen sowie einer erläuternden Einführung.* Wiesbaden, Hessische Landeszentrale für politische Bildung.

Dunkel, Franziska und Gabriella Stramaglia-Faggion (2000): *Zur Geschichte der Gastarbeiter in München: „für 50 Mark einen Italiener".* München, Buchendorfer Verl.

Eberhard, Verena, Andreas Krewerth und Joachim Gerd Ulrich (Hrsg.) (2006): *Mangelware Lehrstelle: Zur aktuellen Lage der Ausbildungsplatzbewerber in Deutschland.* (Berichte zur beruflichen Bildung 279). Bonn, Bundesinstitut für berufliche Bildung.

Elder, Glen H. Jr. (1994): Time, Human Agency, and Social Change: Perspectives on the Life Course. *Social Psychology Quarterly.* 57 (1), 4-15.

Esping-Andersen, Gøsta (1990): *The Three Worlds of Welfare Capitalism.* Princeton, NJ, Princeton Univ. Press.

Esping-Andersen, Gøsta (1999): *Social Foundations of Postindustrial Economies.* Oxford, Oxford University Press.

Esser, Hartmut (1999): *Soziologie: Allgemeine Grundlagen.* Frankfurt/Main, Campus Verlag.

Esser, Hartmut (2001a): Integration und ethnische Schichtung. *Mannheimer Zentrum für Europäische Sozialforschung, Arbeitspapiere 40.*

Esser, Hartmut (2001b): *Soziologie. Spezielle Grundlagen 6 - Sinn und Kultur.* Frankfurt/New York, Campus.

Esser, Hartmut (2002): *Soziologie: Spezielle Grundlagen 1 - Situationslogik und Handeln.* Frankfurt/New York, Campus.

Evans, Karen und Walter R. Heinz (Hrsg.) (1994): *Becoming Adults in England and Germany.* London, Anglo-German Foundation for the Study of Industrial Society.

Ferrera, Maurizio (1996): The Southern Model of Welfare in Social Europe. *Journal of European Social Policy.* 1996 (1), 17-37.

Ferrera, Maurizio und M. Rhodes (2000): *Recasting European Welfare States.* Ilford, Cass.

Filsinger, Dieter (1998): *Kommunale Gesamtkonzepte zur Integration ausländischer Kinder und Jugendlicher. Expertise im Rahmen des Aktionsprogrammes „Integration junger Ausländerinnen und Ausländer" des Bundesministeriums für Familie, Senioren, Frauen und Jugend.* München, Deutsches Jugendinstitut.

Filsinger, Dieter (2002): Interkulturelle Öffnung sozialer Dienste. Saarbrücken & Berlin, E & C.

Finegold, David und David Soskice (1988): The Failure of Training in Britain: Analysis and Prescription. *Oxford Review of Economic Policy.* 4 (3), 21-53.

Fischer, Frank (2000): *Citizens, Experts and the Environment: The Politics of Local Knowledge,* Duke University Press.

Freist, Dagmar (2007): Südniederländische calvinistische Flüchtlinge in Europa seit der Frühen Neuzeit. In: Bade, Klaus J., Pieter C. Emmer, Leo Lucassen und Jochen Oltmer (Hrsg.): *Enzyklopädie Migration in Europa: vom 17. Jahrhundert bis zur Gegenwart.* München, Fink, 1019-1029.

Furlong, Andy und Wallace McNeish (Hrsg.) (2001): *Integration through Training? Comparing the Effectiveness of Strategies to Promote the Integration of Unemployed Young People in the Aftermath of the 1997 Luxembourg Summit on Employment. Final Report to the European Commission.* Glasgow, University of Glasgow.

Gallie, D. und S. Paugam (Hrsg.) (2000): *Welfare Regimes and the Experience of Unemployment in Europe.* Oxford, Oxford Univ. Press.

Gattinger, Karl (2001): Italienische Ziegelarbeiter in Bayern. Das Phänomen der Wanderarbeit und seine Auswirkungen auf das Herkunftsland am Beispiel der Region Friaul. In: Schreiber, Waltraud (Hrsg.): *Kontakte - Konflikte - Kooperationen. Der Umgang mit Fremden in der Geschichte.* (Schriftenreihe Eichstätter Kontaktstudium zum Geschichtsunterricht 2). Neuried, Ars Una, 241-270.

Gecas, Viktor (2003): Self-Agency and the Life Course. In: Mortimer, Jeylan T. und Michael J. Shanahan (Hrsg.): *Handbook of the Life Course.* New York, Kluwer Academic/Plenum, 369-388.

Gerring, John (2004): What Is a Case Study and What Is It Good for? *American Political Science Review.* 98 (2), 341-354.

Glaser, Barney Galland und Anselm L. Strauss (1971): *Status Passage: A Formal Theory.* London, Routledge & Kegan Paul.

Gordon, Milton M. (1968): Assimilation in America: Theory and Reality. In: Winter, Jerry Alan, Jerome Rabow, Mark Chesler und Marvin Bressler (Hrsg.): *Vital Problems for American Society: Meanings and Means.* New York, Random, 39-60.

Granato, Mona (2000): Junge Frauen beim Übergang zwischen Schule und Ausbildung. In: Bundesinstitut für Berufsbildung (Hrsg.): *Jugendliche in Ausbildung und Beruf: Ergebnisse, Veröffentlichungen und Materialien aus dem BIBB.* Bonn, Bundesinstitut für Berufsbildung, 91-104.

Granato, Mona und Karin Schittenhelm (2003): Wege in eine berufliche Ausbildung: Berufsorientierung, Strategien und Chancen junger Frauen an der ersten Schwelle. *Vermittlungsdienste der Bundesanstalt für Arbeit (ibv)*. Nr. 8 (16.04.2003), 1049-1070. URL: http://doku.iab.de/ibv/2003/ibv0803_1049.pdf, [Zugriff am: 15.06.2006].

Granato, Nadia und Frank Kalter (2001): Die Persistenz ethnischer Ungleichheit auf dem deutschen Arbeitsmarkt. *Kölner Zeitschrift für Soziologie und Sozialpsychologie*. 53 (3), 497-520.

Handschuck, Sabine (2004): Interkulturelle Orientierung als Qualitätsstandard sozialer Arbeit. In: Köck, Christoph, Alois Moosmüller und Klaus Roth (Hrsg.): *Zuwanderung und Integration: Kulturwissenschaftliche Zugänge und soziale Praxis*. Münster / New York / München / Berlin, Waxmann, 265-276.

Handschuck, Sabine und Hubertus Schröer (1997): Interkulturelle Kompetenz und Jugendhilfe. Erfahrungen und Beispiele aus München. *IZA - Zeitschrift für Migration und Soziale Arbeit*. 1997 (3-4), 77-86.

Handschuck, Sabine und Hubertus Schröer (2000): Interkulturelle Öffnung sozialer Dienste: ein Strategievorschlag. *IZA - Zeitschrift für Migration und Soziale Arbeit*. 2000 (3-4), 86-95.

Handschuck, Sabine und Hubertus Schröer (2003): Interkulturell orientierte Stadtpolitik - die Bedeutung der Verwaltung für die Integration von Immigranten. *IZA - Zeitschrift für Migration und Soziale Arbeit*. 2003 (2), 50-53.

Hannan, Damian F., David Raffe und Emer Smyth (1997): Cross-National Research on School to Work Transitions: An Analytical Framework. In: OECD (Hrsg.): *Youth Transitions in Europe: Theory and Evidence*. Paris, 409-442.

Heath, Anthony F. und Sin Yi Cheung (2007): The Comparative Study of Ethnic Minority Disadvantage. In: Heath, Anthony F. und Sin Yi Cheung (Hrsg.): *Unequal Chances: Ethnic Minorities in Western Labour Markets*. (Proceedings of the British Academy). Oxford (UK), Oxford University Press, 1-44.

Heath, Anthony F., Cathrine Rothon und Elina Kilpi (2008): The Second Generation in Western Europe: Education, Unemployment and Occupational Attainment (final draft). *Annual Review of Sociology*. 34 (1).

Heckmann, Friedrich (2003): From Ethnic Nation to Universalistic Immigrant Integration. In: Heckmann, Friedrich und Dominique Schnapper (Hrsg.): *The Integration of Immigrants in European Societies. National Differences and Trends of Convergence*. Stuttgart, Lucius & Lucius, 45-78.

Heinz, Walter R. (1996): Status Passages as Micro-Macro Linkages in Life Course Research. In: Heinz, Walter R., Ansgar Weymann und Peter Alheit (Hrsg.): *Society and Biography: Interrelationships between Social Structure, Institutions, and the Life Course*. Weinheim, Deutscher Studien Verlag, 51-65.

Heinz, Walter R. (1998): Job-Entry Patterns in a Life-Course Perspective. In: Heinz, Walter R. (Hrsg.): *From Education to Work: Cross-National Perspectives*. New York, Cambridge University Press, 214-231.

Heinz, Walter R. (2001): Work and the Life Course: A Cosmopolitan-Local Perspective. In: Marshall, Victor W., Walter R. Heinz, Helga Krüger und Anil Verma (Hrsg.): *Restructuring Work and the Life Course*. Toronto - Buffalo - London, University of Toronto Press, 3-22.

Heinz, Walter R. und Helga Krüger (2001): Life Course: Innovations and Challenges for Social Research. *Current Sociology*. 49 (2), 29-45.

Heinz, Walter R., Ansgar Weymann und Peter Alheit (Hrsg.) (1996): *Society and Biography: Interrelationships between Social Structure, Institutions, and the Life Course*. Weinheim, Deutscher Studien Verlag.

Herterich, Frank (1988): Symbole als Mittel der Politik. *Pflasterstrand: Stadtzeitung für Frankfurt*. 288, 40-44.

Hillmert, Steffen und Marita Jacob (2004): Social Inequality in Education: In Search of a Life-Course Perspective. Vortag gehalten auf der Konferenz *" ISA Research Committee 28 on Social Stratification and Mobility (RC-28) Summer Meeting"* in Rio de Janeiro / August 2004.

Holtkamp, Lars (2000): *Kommunale Haushaltspolitik in NRW - Haushaltslage - Konsolidierungspotentiale - Sparstrategien*. Opladen, Leske + Budrich.

Huinink, Johannes (1989): *Mehrebenensystem-Modelle in den Sozialwissenschaften*. Wiesbaden, Dt. Univ.-Verl.

Huinink, Johannes (2000): Bildung und Familienentwicklung im Lebensverlauf. *Zeitschrift für Erziehungswissenschaft*. 3 (2), 209-227.

Huinink, Johannes (2002): Soziologische Ansätze zur Bevölkerungsentwicklung. In: Mueller, U., B. Nauck und A. Diekmann (Hrsg.): *Handbuch der Demographie 1 : Modelle und Methoden*. Berlin, Springer, 339-386.

IARD (2001): *Study on the State of Young People and Youth Policy in Europe*. Milano, Instituto di Ricerca S.c.r.l.

Jasso, Guillermina (2003): Migration, Human Development and the Life Course. In: Mortimer, Jeylan T. und Michael J. Shanahan (Hrsg.): *Handbook of the Life Course*. New York, Kluwer Academic/Plenum, 331-364.

Jersch-Wenzel, Stefi (2007): Aschkenasische Juden in Europa seit der Frühen Neuzeit. In: Bade, Klaus J., Pieter C. Emmer, Leo Lucassen und Jochen Oltmer (Hrsg.): *Enzyklopädie Migration in Europa: vom 17. Jahrhundert bis zur Gegenwart*. München, Fink, 385-394.

Literaturverzeichnis

179

Jungfer, Klaus (2005): *Die Stadt in der Krise: ein Manifest für starke Kommunen.* Bonn, Bundeszentrale für politische Bildung.

Karpf, Ernst (1993): *„ Und mache es denen hiernächst Ankommenden nicht so schwer ... ": Kleine Geschichte der Zuwanderung nach Frankfurt am Main.* Frankfurt/Main, Campus.

Kelle, Udo (2008): *Die Integration qualitativer und quantitativer Methoden in der empirischen Sozialforschung: theoretische Grundlagen und methodologische Konzepte.* Wiesbaden, VS Verlag für Sozialwissenschaften. (Seitenzahlen entsprechen dem druckfertigen Manuskript).

KGSt (1992): Wege zum Dienstleistungsunternehmen Kommunalverwaltung: Fallstudie Tilburg (KGSt-Bericht Nr. 19/1992). Köln (Marienburg), Kommunale Gemeinschaftsstelle für Verwaltungsmanagement (KGSt).

KGSt (1993): Das Neue Steuerungsmodell (KGSt-Bericht Nr. 5/1993). Köln (Marienburg), Kommunale Gemeinschaftsstelle für Verwaltungsmanagement (KGSt).

KGSt (2006): Integrationsmonitoring (KGSt-Bericht Nr. 2/2006). Köln (Marienburg), Kommunale Gemeinschaftsstelle für Verwaltungsmanagement (KGSt).

Koch, Angela (Hrsg.) (2005): *Xenopolis: Von der Faszination und Ausgrenzung des Fremden in München (Begleitband zur Ausstellung „Xenopolis. Von der Faszination und Ausgrenzung des Fremden. Künstlerische Beiträge und Historische Perspektiven" in der Rathausgalerie München vom 27. April bis 12. Juni 2005).* Berlin, Metropol.

Kogan, Irena (2007): *Working through Barriers: Host Country Institutions and Immigrant Labour Market Performance in Europe.* Dordrecht, Springer.

Kohli, Martin (1985): Die Institutionalisierung des Lebenslaufs - Historische Befunde und theoretische Argumente. *Kölner Zeitschrift für Soziologie und Sozialpsychologie.* 37, 1 - 29.

Kohlrausch, Bettina (2007): *A Ticket to Work? Labour Markets and Life Courses:Policies for the Young Unemployed in Britain and Germany.* (Unveröffentlichte Dissertation), GSSS, Universität Bremen. Bremen.

Konietzka, Dirk und Johannes Huinink (2003): Die De-Standardisierung einer Statuspassage? Zum Wandel des Auszugs aus dem Elternhaus und des Übergangs in das Erwachsenenalter in Westdeutschland. *Soziale Welt.* 54 (3), 285-311.

Konsortium Bildungsberichterstattung (Hrsg.) (2006): *Bildung in Deutschland: ein indikatorengestützter Bericht mit einer Analyse zu Bildung und Migration.* Bielefeld, Bertelsmann.

Krewerth, Andreas (2007): Trendwende auf dem Ausbildungsstellenmarkt? Aktuelle und langfristige Entwicklungen im Spiegel der Statistik. Vortag gehalten auf der Konferenz *„ IG BCE-Jugendforum "* in Kagel-Möllenhorst am 25.08.2007. URL: http://www.bibb.de/dokumente/pdf/a21_wirueberuns_vortraege2007_krewerth_kagel_ig_ bce-jugendforum20070825.pdf, [Zugriff am: 02.08.2008].

Krewerth, Andreas, Verena Eberhard und Joachim Gerd Ulrich (2006): Die Entwicklung auf dem Ausbildungsmarkt von 1992 bis 2005: offene Fragen und Hintergründe der Untersuchung. In: Eberhard, Verena, Andreas Krewerth und Joachim Gerd Ulrich (Hrsg.): *Mangelware Lehrstelle: Zur aktuellen Lage der Ausbildungsplatzbewerber in Deutschland.* (Berichte zur beruflichen Bildung 279). Bonn, Bundesinstitut für berufliche Bildung, 29-34.

Krewerth, Andreas und Joachim Gerd Ulrich (2006): Wege und Schleifen zwischen dem Verlassen der Schule und dem Eintritt in die Berufsausbildung. In: Eberhard, Verena, Andreas Krewerth und Joachim Gerd Ulrich (Hrsg.): *Mangelware Lehrstelle: Zur aktuellen Lage der Ausbildungsplatzbewerber in Deutschland.* (Berichte zur beruflichen Bildung 279). Bonn, Bundesinstitut für berufliche Bildung, 69-82.

Kristen, Cornelia und Nadia Granato (2007): The Educational Attainment of the Second Generation in Germany: Social origins and ethnic inequality. *Ethnicities.* 7 (3), 343-366.

Lee, Elisa T. und John Wenyu Wang (2003): *Statistical Methods for Survival Data Analysis.* Hoboken, NJ, Wiley-Interscience.

Leggewie, Claus (1990): *Multi Kulti: Spielregeln für die Vielvölkerrepublik.* Berlin, Rotbuch-Verlag.

Lehmbruch, Gerhard (1996): Der Beitrag der Korporatismusforschung zur Entwicklung der Steuerungstheorie. *Politische Vierteljahresschrift.* 37 (4), 735-751.

Leisering, Lutz (2003): Goverment and the Life Course. In: Mortimer, Jeylan T. und Michael J. Shanahan (Hrsg.): *Handbook of the Life Course.* New York, Kluwer Academic/Plenum, 205-225.

Leisering, Lutz und Stephan Leibfried (1999): *Time and Poverty in Western Welfare States: United Germany in Perspective.* Cambridge (UK), Cambridge Univ. Press.

Lemberg, Eugen (Hrsg.) (1959): *Die Vertriebenen in Westdeutschland: Ihre Eingliederung und ihr Einfluss auf Gesellschaft, Politik und Geistesleben (3 Bd.).* Kiel, Hirt.

Levy, René (1991): Status Passages as Critical Life-Course Transitions. A Theoretical Sketch. In: Heinz, Walter R. (Hrsg.): *Theoretical Advances in Life Course Research.* Weinheim, Beltz Deutscher Studienverlag, 74-96.

Lex, Tilly, Nora Gaupp, Birgit Reißig und Hardy Adamczyk (2006): Übergangsmanagement: Jugendliche von der Schule ins Arbeitsleben lotsen. Ein Handbuch aus dem Modellprogramm «Kompetenzagenturen». München, Deutsches Jugendinstitut.

LH München - Planungsreferat (Hrsg.) (1997a): *Lebenssituation der ausländischen Bürgerinnen und Bürger in München.* (Schriften zur Stadtentwicklung B8). München, Selbstverlag.

LH München - Planungsreferat (Hrsg.) (1997b): *Leitlinienbeschluß zur Perspektive München. Vorlage zum Ausschuß für Stadtplanung und Bauordnung.* München, Selbstverlag.

LH München - Sozialreferat / Stadtjugendamt (Hrsg.) (2000): *Kommunale Kinder- und Jugendplanung der Landeshauptstadt München: Leitlinien für eine interkulturell orientierte Kinder- und Jugendhilfe (auf Grundlage des § 9 Abs. 1 und 2 KJHG).* München, Selbstverlag.

LH München - Sozialreferat / Stadtjugendamt (Hrsg.) (2003): *Offen für Qualität: interkulturell orientiertes Qualitätsmanagement in Einrichtungen der Migrationssozialarbeit.* München, Selbstverlag.

LH München - Sozialreferat / Stelle für interkulturelle Zusammenarbeit (Hrsg.) (2008a): *Grundsätze und Strukturen der Integrationspolitik der Landeshauptstadt München (Interkulturelles Integrationskonzept) (Stand: 22.01.2008).* München, Selbstverlag. URL: http://www.muenchen.de/cms/prod2/mde/_de/rubriken/ Rathaus/85_soz/ 04_wohnenmigration/ 31_interkulti/ down loads/beschlussentwurf_anl1.pdf, [Zugriff am: 01.03.2008].

LH München - Sozialreferat / Stelle für interkulturelle Zusammenarbeit (Hrsg.) (2008b): *Interkulturelles Integrationskonzept - Statistiken.* München, Selbstverlag. URL: http://www.muenchen.de/ cms/prod1/mde/_de/rubri ken/Rathaus/85_soz/04_wohnenmigration/31_interkulti/downloads/int_konzept_statistik.pdf, [Zugriff am: 16.07.2008].

LH München (2000): *Interkulturelle Öffnung der Regeldienste. Beschluss des Kinder- und Jugendhilfeausschusses vom 28. 11. 2000.* München.

LH München/Sozialreferat (2007): *Interkulturelle Qualitätsentwicklungen in Münchner Sozialregionen - wie und wo ab 2008? Beschluss des Sozialausschusses vom 11. 10. 2007.* München.

Lieser, Peter und Roger Keil (1988): Frankfurt - Weltstadt? *Pflasterstrand: Stadtzeitung für Frankfurt.* 288, 24-31.

Lindo, Flip (1999): Immigrant Networks, Group-Specific Behaviour and School Attainment of Migrant Youth in the Netherlands. In: Crul, Maurice, Flip Lindo und Ching Lin Pang (Hrsg.): *Culture, Structure and Beyond: Changing Identities and Social Positions of Immigrants and their Children.* Amsterdam, Het Spinhuis, 75-90.

López Blasco, Andreu, Wallace McNeish und Andreas Walther (Hrsg.) (2003): *Young People and Contradictions of Inclusion: towards Integrated Transition Policies in Europe.* Bristol, Policy Press.

Magistrat Frankfurt/Main (2006): *Statistisches Jahrbuch.* Frankfurt/Main, Magistrat der Stadt Frankfurt am Main.

Magistrat Frankfurt/Main (2007a): Bericht (B 143) des Magistrats an die Stadtverordnetenversammlung vom 09.03.2007. URL: http://www.stvv.frankfurt.de/download/B_143_2007.pdf, [Zugriff am: 21.12.2007].

Magistrat Frankfurt/Main (2007b): *Statistisches Jahrbuch.* Frankfurt/Main, Magistrat der Stadt Frankfurt am Main.

Marshall, Victor W. und Margaret M. Mueller (2003): Theoretical Roots of the Life-Course Perspective. In: Heinz, Walter R. und Victor W. Marshall (Hrsg.): *Social Dynamics of the Life Course: Transitions, Institutions, and Interrelations.* New York, Aldine de Gruyter, 3-32.

Müller, Andrea G. und Petra Stanat (2006): Schulischer Erfolg von Schülerinnen und Schülern mit Migrationshintergrund: Analysen zur Situation von Zuwanderern aus der ehemaligen Sowjetunion und aus der Türkei. In: Baumert, Jürgen, Petra Stanat und Rainer Watermann (Hrsg.): *Herkunftsbedingte Disparitäten im Bildungswesen: Differenzielle Bildungsprozesse und Probleme der Verteilungsgerechtigkeit - Vertiefende Analysen im Rahmen von PISA 2000.* Wiesbaden, VS Verlag für Sozialwissenschaften, 221-256.

Nagel, Helga (2007): Stadt – Stadträumliche Integrationspolitik. Vortag gehalten auf der Konferenz „ Migration – Integration: Perspektiven für eine Europäische Migrationspolitik" in St. Virgil, Salzburg am 14. – 15. Mai 2007.

Neugarten, Bernice L., Joan W. Moore und John C. Lowe (1965): Age Norms, Age Constraints, and Adult Socialization. *American Journal of Sociology.* 70 (6), 710-717.

Noormann, Jörg (1994): Städtische Minderheitenpolitik in Frankfurt a.M.: Lösungsansatz für institutionelle bedingte Kooperations- und Leistungsdefizite. In: Jansen, Mechthild M. und Sigrid Baringhorst (Hrsg.): *Politik der Multikultur: Vergleichende Perspektiven zu Einwanderung und Integration.* Baden-Baden, Nomos, 75-85.

Özakın, Sedef (2006): Begrüßung. In: LH München - Sozialreferat / Stelle für interkulturelle Arbeit (Hrsg.): *Fachtagung Kommunale Integrationspolitik 2005.* München, Selbstverlag, 5-9.

Parsons, Wayne (2004): Not Just Steering but Weaving: Relevant Knowledge and the Craft of Building Policy Capacity and Coherence. *Australian Journal of Public Administration.* 63, 43-57.

Prigge, Walter (1988): Mythos Metropole. *Pflasterstrand: Stadtzeitung für Frankfurt.* 288, 32-38.

Literaturverzeichnis

Pröhl, Marga (Hrsg.) (1998): *Multikulturelle Gesellschaft - Integration in der Kommune: Internationale Recherchen und Fallbeispiele*. Gütersloh, Verl. Bertelsmann Stiftung.

Radtke, Frank-Olaf (2003): Multiculturalism in Germany: Local Management of Immigrants' Social Inclusion. *International Journal on Multicultural Societies (IJMS)*. 5 (1), 55-76.

Reiß-Schmidt, Stephan und Josef Tress (2000): München - Stadtentwicklung mit Ausländern in einer prosperierenden Stadt. In: Schmals, Klaus M. (Hrsg.): *Migration und Stadt: Entwicklungen, Defizite, Potentiale*. Opladen, Leske + Budrich, 203-213.

Reitz, Jeffrey G. (2002): Host Societies and the Reception of Immigrants: Research Themes, Emerging Theories and Methodological Issues. *International Migration Review*. 36 (4), 1005-1019.

Rohwer, Götz und Heike Trappe (1997): Describing Life Course. An Illustration Based on NLSY Data. Vortag gehalten auf der Konferenz *„POLIS Project Conference at the European University Institute"* in Florence am 28.02. - 01.03.

Sackmann, Reinhold und Matthias Wingens (2001): Theoretische Konzepte des Lebenslaufs: Übergang, Sequenz und Verlauf. In: Sackmann, Reinhold und Matthias Wingens (Hrsg.): *Strukturen des Lebenslaufs: Übergang - Sequenz - Verlauf*. Weinheim, Juventa, 17-48.

Schader-Stiftung, Deutscher Städtetag, GdW Bundesverband deutscher Wohnungs- und Immobilienunternehmen, Deutsches Institut für Urbanistik und Institut für Wohnungswesen an der Ruhr-Universität Bochum (Hrsg.) (2007): *Handlungsfeld: Stadträumliche Integrationspolitik. Ergebnisse des Projekts „Zuwanderer in der Stadt"*. Darmstadt, Schader-Stiftung.

Schiel, Stefan, Reiner Gilberg, Folkert Aust und Helmut Schröder (2006): Bildungswege und Berufsbiographie von Jugendlichen und jungen Erwachsenen im Anschluss an allgemein bildende Schulen: Methodenbericht. Bonn, infas Institut für angewandte Sozialwissenschaft GmbH.

Schimank, Uwe (2002): *Handeln und Strukturen: Einführung in die akteurtheoretische Soziologie*. Weinheim, Juventa.

Schmid, Thomas (1988): Frankfurt, ein Bollwerk der Vormoderne. *Pflasterstrand: Stadtzeitung für Frankfurt*. 288, 22-23.

Schmid, Thomas (1991): Die multikulturelle Gesellschaft ist kein Rosengarten: Linke Illusionen über das Eigene und das Fremde. *Werkstattblätter*. 1991 (1a), 22-26.

Schönwälder, Karen und Janina Söhn (2007): Siedlungsstrukturen von Migrantengruppen in Deutschland: Schwerpunkte der Ansiedlung und innerstädtische Konzentrationen. Berlin, Wissenschaftszentrum Berlin für Sozialforschung. URL: http://www.wz-berlin.de/zkd/aki/files/aki_siedlungsstrukturen_migrantengruppen_deutschland.pdf, [Zugriff am: 20.05.2007].

Schütz, Alfred (1972): *Studien zur soziologischen Theorie*. Den Haag, Nijhoff.

Seibert, Holger und Heike Solga (2005): Gleiche Chancen dank einer abgeschlossenen Ausbildung? Zum Signalwert von Ausbildungsabschlüssen bei ausländischen und deutschen jungen Erwachsenen. *Zeitschrift für Soziologie*. 34 (5), 364-382.

Settersten, Richard A. (Jr.) und Karl Ulrich Mayer (1997): The Measurement of Age, Age Structuring, and the Life Course. *Annual Reviews in Sociology*. 23 (1), 233-261.

Shavit, Yossi and Blossfeld, Hans-Peter (1993): *Persistent Inequality: Changing Educational Attainment in Thirteen Countries*. Boulder, Westview.

Simmel, Georg (1995 [1908]): *Soziologie: Untersuchungen über die Formen der Vergesellschaftung*. Frankfurt am Main, Suhrkamp.

Smyth, Emer, Markus Gangl, David Raffe, Damian F. Hannan und Selina McCoy (2001): A Comparative Analysis of Transitions from Education to Work in Europe (CATEWE): Final Report. Dublin, ESRI. URL: www.mzes.uni-mannheim.de/projekte/catewe/publ/publ_e.html [Zugriff am: 12.05.2008].

Solga, Heike (2000): Displacement and Selection. Two Explanations for the Increasing Vulnerability of Less-Educated Persons. (Independent Research Group working paper 2/2000). Berlin, Max-Planck-Institut für Bildungsforschung.

Solga, Heike (2002): *Ohne Schulabschluss – und was dann? Bildungs- und Berufseinstiegsbiografien westdeutscher Jugendlicher ohne Schulabschluss, geboren zwischen 1930 und 1971 (Selbständige Nachwuchsgruppe „Ausbildungslosigkeit: Bedingungen und Folgen mangelnder Berufsausbildung"; Working Paper 2/2002)*. Berlin, Max-Planck-Institut für Bildungsforschung.

Stadt Frankfurt a. M. und AmkA (Hrsg.) (1993): *Zweieinhalb Jahre Amt für multikultuelle Angelegenheiten*. Frankfurt/Main.

Statistisches Bundesamt (Hrsg.) (2007): *Bevölkerung mit Migrationshintergrund - Ergebnisse des Mikrozensus 2005 - Fachserie 1 Reihe 2.2*. Wiesbaden, Statistisches Bundesamt.

Stone, Deborah A. (2002): *Policy Paradox: the Art of Political Decision Making.* New York, Norton.

Straßburger, Gaby (2001): *Evaluation von Integrationsprozessen in Frankfurt am Main: Studie zur Erforschung des Standes der Integration von Zuwanderern und Deutschen in Frankfurt am Main am Beispiel von drei ausgewählten Stadtteilen.* Bamberg, Europäisches Forum für Migrationsstudien.

Straßburger, Gaby und Can Aybek (2006): Förderung der Partzipation von Zuwanderern im Stadtteil. *On-line-Journal: www.stadtteilarbeit.de.* URL: http://212.12.126.151/cms/index.php?option=com_content&task=view&id=117& Itemid=320, [Zugriff am: 01.05.2008].

SVV Frankfurt/Main (1994): Beschluss § 2485 der 14. Sitzung der Stadtverordnetenversammlung am 16.06.1994. URL: http://www.stvv.frankfurt.de/parlis/parlis.htm, [Zugriff am: 21.12.2007].

SVV Frankfurt/Main (2000): Beschluss § 5426 der 29. Sitzung der Stadtverordnetenversammlung am 27.01.2000. URL: http://www.stvv.frankfurt.de/download/PAR_5426_2000.pdf, [Zugriff am: 11.05.2007].

SVV Frankfurt/Main (2007): Beschluss § 2170 der 14. Sitzung der Stadtverordnetenversammlung am 05.07.2007. URL: http://www.stvv.frankfurt.de/download/PAR_2170_2007.pdf, [Zugriff am: 11.12.2007].

Thelen, Kathleen (1999): Historical Institutionalism in Comparative Politics. *Annual Review of Political Science.* 1999 (2), 369-404.

Thomas, William Isaac und Florian Znaniecki (1984 [1918-20]): *Polish Peasant in Europe and America.* Urbana, University of Illinois Press.

Titmuss, R. M. (1974): *Social Policy.* London, Allen and Unwin.

Ulrich, Joachim Gerd, Verena Eberhard, Mona Granato und Andreas Krewerth (2006a): Bewerber mit Migrationshintergrund: Bewerbungserfolg und Suchstrategien. In: Eberhard, Verena, Andreas Krewerth und Joachim Gerd Ulrich (Hrsg.): *Mangelware Lehrstelle: Zur aktuellen Lage der Ausbildungsplatzbewerber in Deutschland.* (Berichte zur beruflichen Bildung 279). Bonn, Bundesinstitut für berufliche Bildung, 197-211.

Ulrich, Joachim Gerd, Verena Eberhard und Andreas Krewerth (2006b): Die Entwicklung auf dem Ausbildungsmarkt von 1992 bis 2005: offene Fragen und Hintergründe der Untersuchung. In: Eberhard, Verena, Andreas Krewerth und Joachim Gerd Ulrich (Hrsg.): *Mangelware Lehrstelle: Zur aktuellen Lage der Ausbildungsplatzbewerber in Deutschland.* (Berichte zur beruflichen Bildung 279). Bonn, Bundesinstitut für berufliche Bildung, 5-28.

Ulrich, Joachim Gerd und Mona Granato (2006): „Also, was soll ich noch machen, damit die mich nehmen? Jugendliche mit Migrationshintergrund und ihre Ausbildungschancen. In: Friedrich-Ebert-Stiftung (Hrsg.): *Kompetenzen stärken, Qualifikationen verbessern, Potenziale nutzen: Berufliche Bildung von Jugendlichen und Erwachsenen mit Migrationshintergrund. Dokumentation einer Fachkonferenz der Friedrich-Ebert-Stiftung und des Bundesinstituts für Berufsbildung.* Bonn, Friedrich-Ebert-Stiftung, 30-50.

Ulrich, Joachim Gerd und Andreas Krewerth (2006): Determinanten des Erfolgs bei der betrieblichen Lehrstellensuche. In: Eberhard, Verena, Andreas Krewerth und Joachim Gerd Ulrich (Hrsg.): *Mangelware Lehrstelle: Zur aktuellen Lage der Ausbildungsplatzbewerber in Deutschland.* (Berichte zur beruflichen Bildung 279). Bonn, Bundesinstitut für berufliche Bildung, 161-174.

Vollhardt, Ulla-Britta (2005): Im Auge des Gesetzes: Revolutionäre, Studierende und Künstler aus dem Russischen Reich in München 1890–1914. In: Koch, Angela (Hrsg.): *Xenopolis: Von der Faszination und Ausgrenzung des Fremden in München (Begleitband zur Ausstellung „Xenopolis. Von der Faszination und Ausgrenzung des Fremden. Künstlerische Beiträge und Historische Perspektiven" in der Rathausgalerie München vom 27. April bis 12. Juni 2005).* Berlin, Metropol, 179-193.

Walther, Andreas (2006): Regimes of Youth Transitions: Choice, Flexibility and Security in Young People's Experiences across Different European Contexts. *Young - Nordic Journal of Youth Research.* 14 (2), 119-139.

Walther, Andreas und Axel Pohl (2005): Thematic Study on Policy Measures concerning Disadvantaged Youth. Tübingen, Iris e.V., Contract No. VC/2004/0139. URL: http://ec.europa.eu/employment_social/social_ inclusion/docs/ youth_study_en.pdf, [Zugriff am: 21.05.2006].

Walther, Andreas und Axel Pohl (2006): Benachteiligte Jugendliche in Europa. *Aus Politik und Zeitgeschichte.* 2006 (B-47), 26-36.

Walther, Andreas und Barbara Stauber (Hrsg.) (2002): *Misleading Trajectories: Integration Policies for Young Adults in Europe?* (An EGRIS publication). Opladen, Leske + Budrich.

Walther, Andreas, Barbara Stauber, Axel Pohl und Holger Seifert (2004): Potentials of Participation and Informal Learning in Young People's Transitions to the Labour Market: A Comparative Analysis in ten European Regions. National Report: Transitions to Work, Youth Policies and 'Participation' in Germany. Tübingen, IRIS, Institute for Regional Innovation and Social Research. URL: http://www.iris-egris.de/yoyo/pdf/YoYo_WP1_Germany.pdf, [Zugriff am: 23.02.2007].

Literaturverzeichnis

Werner, Dirk (2005): Ausbildung zwischen Strukturwandel und Investitionskalkül. In: Bundesinstitut für Berufsbildung (Hrsg.): *Der Ausbildungsmarkt und seine Einflussfaktoren. Dokumentation der Fachtagung der Arbeitsgemeinschaft Berufsbildungsforschungsnetz vom 01./02. Juli 2004.* Bonn, Bundesinsitut für Berufsbildung, 53-70.

Weymann, Ansgar (2004): *Individuum - Institution - Gesellschaft: Erwachsenensozialisation im Lebenslauf.* Wiesbaden, VS - Verlag für Sozialwissenschaften.

Windzio, Michael und Michael Grotheer (2002): Bleiben die Erfolgreichen übrig? Die Kombination von Sequenzmusteranalyse und log-linearen Pfadmodellen bei der Analyse des Zusammenhangs von Berufserfolg und Panelmortalität. *Zeitschrift für Soziologie.* 31 (6), 514-528.

Witzel, Andreas (2000): The Problem-Centered Interview. *Forum: Qualitative Social Research [On-line Journal].* 1 (1). URL: http://217.160.35.246/fqs-texte/1-00/1-00witzel-e.htm, [Zugriff am: 14.07.2008].

Printed by Publishers' Graphics LLC USA
DBT131222.20.11.119